Genossenschaften

Gisela Notz

Genossenschaften

Geschichte, Aktualität und Renaissance

Reihe
black books

Schmetterling Verlag

Bibliografische Informationen der Deutschen Nationalbibliothek
Die Deutsche Nationalbibliothek verzeichnet diese Publikation in der Deutschen Nationalbibliografie; detaillierte bibliografische Daten sind im Internet über http://dnb.d-nb.de abrufbar.

Schmetterling Verlag GmbH
Libanonstr. 72A
70184 Stuttgart
www.schmetterling-verlag.de
Der Schmetterling Verlag ist Mitglied von aLiVe,
der assoziation Linker Verlage.
ISBN 3-89657-030-7
2., durchgesehene und erweiterte Auflage 2023
Printed in Poland

Satz und Reproduktionen: Schmetterling Verlag
Druck: sowa, Warschau

Bildnachweis:
Seite 22, 39: Autorin; Seite 61 83, 135, 226, 261: gemeinfrei; Seite 140: Hamburger Genossenschafts-Museum; Seite 182: Roland Keinholz; Seite 256: RobinKruso

Inhalt

Ein Wort zuvor

Ohne Kollektivierung ist eine Überwindung des Kapitalismus nicht denkbar, sagte der Vorsitzende der Jungen Sozialdemokraten (Jusos), Kevin Kühnert, in einem Interview mit der ZEIT Anfang Mai 2019. Kollektivierung bezeichnet die «Überführung von Privat- in Gemeinschaftseigentum», man nennt das Sozialismus. Kühnert kann sich vorstellen, große Firmen zu kollektivieren und den Besitz von Immobilien in Deutschland beschränken zu lassen, anders sei die «Überwindung des Kapitalismus» nicht möglich. Von Kollektivierung oder Vergemeinschaftung erhofft er sich, dass das soziale Unrecht in unserer Gesellschaft und die umweltzerstörende Ressourcenvernichtung eingedämmt oder gar beendet werden wird. Kühnerts Aussagen haben in CDU/CSU, FDP, AfD und in Wirtschaftsverbänden für große Aufregung gesorgt. Kritik kam aber auch aus «seiner» Partei, der SPD.

Neu ist die Diskussion nicht. Linke fragen, wie schon früher in der Geschichte, danach, ob es nicht eine sozialistische Antwort geben müsste auf die Widersprüche einer weltweiten Umverteilung von Arm zu Reich und auf die zerstörerische Wachstumslogik. Kevin Kühnert forderte die Kollektivierung von Firmen wie zum Beispiel BMW und anderer großer Unternehmen und zwar könne er sich vorstellen, «auf demokratischem Wege» daraus einen «genossenschaftlichen Automobilbetrieb» zu kreieren. In der Wirtschaftsordnung, die er sich vorstellt, gäbe es auch kein Eigentum an Wohnraum mehr. Denn auch zur Lösung der Probleme auf dem Wohnungsmarkt sieht er Genossenschaften als gutes Zukunftsmodell.

Da kann er sich sogar auf den Artikel 15 des Grundgesetzes berufen haben, denn dieser besagt: «Grund und Boden, Naturschätze und Produktionsmittel können zum Zwecke der Vergesellschaftung durch ein Gesetz, das Art und Ausmaß der Entschädigung regelt, in Gemeineigentum oder in andere Formen der Gemeinwirtschaft überführt werden.» Artikel 74, Abs. 15 GG regelt «die Überführung von Grund und Boden, von Naturschätzen und Produktionsmitteln in Gemeineigentum oder in andere Formen Gemeinwirtschaft». Damit schreibt das Grundgesetz keine bestimmte Wirtschaftsordnung fest, jedoch wurden «weder Privateigentum noch Marktwirtschaft heiliggesprochen und das spiegelt eine gewisse antikapitalistische Grundstimmung, wie sie nach dem Zweiten Weltkrieg in den großen Parteien üblich war», so der SPD-Genosse Fritz Eberhard (1886–1982) über die Diskussionen im Parlamentarischen Rat[1]. Zudem forderte auch das Ahlener Wirtschafts- und Sozialprogramm der CDU teilweise eine Vergesellschaftung der Großindustrie.[2] In einigen Länderverfassungen der Westzonen, die die Handschrift der SPD trugen – in Hessen war u.a. Elisabeth Selbert (1896–1986) dafür verantwortlich –, waren zu dieser Zeit bereits Grundsätze für die Vergemeinschaftung festgelegt. Z.B. in Artikel 40 «Gemeineigentum ist Eigentum des Volkes» und Artikel 44 «Das Genossenschaftswesen ist zu fördern» der Verfassung des Landes Hessen oder in der Verfassung des Freistaates Bayern, in der es heißt: «Die selbständigen Kleinbetriebe […] sind in ihren Bestrebungen, ihre wirtschaftliche Freiheit und Unabhängigkeit sowie ihre Entwicklung durch genossenschaftliche Selbsthilfe zu sichern, vom Staat zu unterstützen.» Freilich sind Genossenschaften von ihren unterschiedlichen Entstehungsbedingungen her nicht unbedingt eine ‹sozialistische Veranstaltung›. Jedoch sind Demokratisierungsgrad und die Transparenz bezüglich der Verwendung des Kapitals hoch. ArbeitnehmerInnen fordern verstärkt Beteiligungsrechte und Gestaltungsmöglichkeiten, nicht nur über ihre Erwerbsarbeit, deren Bedingungen und Organisation, sondern auch über den Ertrag ihrer Arbeit und deren Sinnhaftigkeit und sie fordern Beteiligungsmöglichkeiten daran, wie sie zusammenleben und -wohnen, ihren Stadtteil, ihre Region und die Umwelt, also auch die kommunale und die «große Politik» gestalten.

Die Idee der Genossenschaft ist uralt, aber auch brandaktuell. Genossenschaften waren in der Geschichte und sind auch heute ein wichtiger Faktor in der bundesdeutschen Wirtschaft. Es wird sogar ein Aufschwung von Genossenschaftsgründungen in Deutschland festgestellt.[3] Manche sprechen von einer Renaissance der Genossenschaftlichkeit oder gar von einem

---

1 Fritz Eberhard, zit. nach Metall Nr. 8 vom 15.4.1982.

2 Siehe zur Diskussion im Parlamentarischen Rat: Gisela Notz, Christl Wickert: Die geglückte Verfassung. Sozialdemokratische Handschrift des Grundgesetzes, Berlin 2009, S. 52-54.

3 Ronald Hartz, Melanie Hühn, Irma Rybnikova, Markus Tümpel: Partizipationspraktiken in Genossenschaften, Düsseldorf 2019, S. 11.

neu entflammten Wunsch nach Kollektivität. Dennoch ist die Kenntnis über Genossenschaften noch immer gering. Auch ideologische und theoretische Reflexionen, wissenschaftliche Erklärungen und nicht zuletzt Erwartungen an genossenschaftliches Verhalten sind vielfältig. Viele Menschen in Deutschland stellen sich unter dem Begriff «Genossenschaften» lediglich Genossenschaftsbanken, bestenfalls Wohnungsgenossenschaften vor. Das ist schade, denn als Genossenschaften kann man vieles gründen.[4] Und Gründungen von Genossenschaften sind meist wirtschaftlich erfolgreicher als Einzelgründungen, vor allem wenn sie einen politischen Anspruch haben.

Vorwort zur 2. Auflage

Vor weniger als zwei Jahren ist die erste Auflage des Buches «Genossenschaften» erschienen. Sie erschien mitten in der weltweiten Corona-Pandemie, von deren Auswirkungen alle Menschen – aber nicht alle gleichermaßen – betroffen sind. Dass nun die zweite Auflage des Buches erscheint, zeigt das große Interesse an dem Thema. Die Pandemie ist auch an den Genossenschaften und an anderen Gemeinschaften nicht spurlos vorbeigegangen ist. Erstmals durften Hauptversammlungen, General- bzw. Vertreterversammlungen virtuell durchgeführt werden. Das war zwar gut, doch das vierte Prinzip der Genossenschaftlichkeit, die Förderung des Genossenschaftsgeistes, oder auch das Solidaritätsprinzip genannt, litten darunter. Dennoch hielten die Mitglieder des Genossenschaftsverbandes den Herausforderungen der Pandemie-Situation laut den Aussagen des Genossenschaftsverbandes «Verband der Regionen» stand. Der Genossenschaftsbericht 2022 verzeichnete 61 genossenschaftliche Neugründungen, das bedeutet eine Verdoppelung bei den Neugründungen. Im Trend liegen vor allem die Energiegenossenschaften mit 33 % der «neuen».

«Möglicherweise wird nach der Krise alles anders sein – aber wie anders?», schrieb ich am Ende der Einleitung zur ersten Auflage dieses Buches. In der Zwischenzeit sind die Masken weitgehend gefallen und fast alle Maßnahmen ausgelaufen. Ob die

4 Einige Ansätze sind dargestellt in Gisela Notz: Theorien alternativen Wirtschaftens. Fenster in eine andere Welt, Stuttgart 2012, 2., erweiterte Auflage, S. 32–38.

Menschen aus der Krise gelernt haben, dass Kooperation und Kollektivität wichtiger sind als Konkurrenz und Eigennutz, bleibt abzuwarten. Zudem haben in der Zwischenzeit neue Krisen das Land erschüttert. Vor über einem Jahr, am 24. Februar 2022, ist die russische Armee auf Befehl Wladimir Putins in der Ukraine einmarschiert. Seitdem tobt der Krieg. 150.000 Menschen sind schätzungsweise auf beiden Seiten ermordet worden, darunter unzählige Zivilpersonen. Zugenommen haben die Flüchtlingsströme, nicht nur aus der Ukraine, sondern auch aus anderen Kriegsgebieten der Welt. Die Bereitschaft unter der Bevölkerung den geflüchteten Menschen zu helfen, ist groß. Die genossenschaftliche FinanzGruppe, die Genossenschaften der deutschen Agrar- und Ernährungswirtschaft sowie die gewerblichen Genossenschaften und Verbundgruppen haben unter dem Motto «Genossenschaften helfen den Menschen in der Ukraine» eine Spendenaktion eingerichtet. «Unsere Werte sind auf Kooperation ausgerichtet – nicht auf Konfrontation und schon gar nicht auf Krieg.» So lautet der Auftakt einer aktuellen Erklärung des Zentralverbandes deutscher Konsumgenossenschaften (ZdK) zum Ausbruch der militärischen Auseinandersetzungen in Osteuropa und der Invasion russischer Truppen in der Ukraine. Aber auch die Genossenschaften, insbesondere die Agrargenossenchaften sind nach einer Umfrage des Genossenschaftsverbandes stark vom Ukraine-Krieg betroffen. Steigende Energiekosten und Inflation sowie die ohnehin schon ungleiche Verteilung von Einkommen und Vermögen verstärken die Armut in der Bundesrepublik und in vielen anderen Ländern und verschärften die Klassengegensätze. Nur zaghaft wehren sich Teile der Bevölkerung individuell und kollektiv dagegen, dass die Kosten der Finanzkrise auf sie abgewälzt werden.

Können wir von einer Renaissance der Genossenschaften sprechen?

Durch die uferlos steigenden Mietpreise und die Berliner Kampagne «Deutsche Wohnen und Co. enteignen» sind gemeinwirtschaftlich arbeitende Wohnungsbaugenossenschaften wieder in die Diskussion gekommen. 59,1 % der gültigen Stimmen, das waren über eine Million Menschen, stimmten am 26. September 2021 für die Vergesellschaftung der Immobilienkonzerne. In der Zwischenzeit fanden unter großer Beteiligung vorwiegend junger Menschen im Mai 2022 eine Enteignungskonferenz und im Oktober 2022 eine Konferenz zur Vergesellschaftung statt. Bei der zweiten Konferenz ging es vor allem darum, was aus der Entwicklung um den Wohnsektor auch für andere Sektoren gelernt werden kann. Es ging nicht mehr nur um Mietenwahnsinn, sondern auch um Wege aus der Klimakatastrophe, aus der globalen Ungerechtigkeit und um die ökologische Transformation zu einem Wirtschaftssystem, das am Gemeinwohl ausgerichtet ist. In diesem Zusammenhang wurde nicht nur diskutiert, dass Grund und Boden, Naturschätze und Produktionsmittel (Art. 15 GG), sondern auch die Energieproduktion, Krankenhäuser und andere Einrichtungen vergesellschaftet werden können. Die Idee ist nicht neu, aber brandaktuell. Zahlreiche aktuelle Veröffentlichungen beschäftigen sich seitdem mit den Themen Vergesellschaften, Enteignen und eben auch mit Genossenschaften und Selbstverwaltung.

In dem vorliegenden Buch wurde die Vielfalt der Entstehungsgründe von Genossenschaften aufgezeigt: Vom Wunsch derjenigen, denen der Gedanke an die sozialistische Revolution verhasst war und die ihre christlichen Moralvorstellungen verbreiten wollten oder «aus besitzlosen Arbeitern arbeitsame Besitzer» formen wollten, über die AnarchistInnen, die durch Genossenschaften eine neue Welt innerhalb der alten entstehen lassen wollten, die den Übergang zu einer neuen Formation der gesamten Gesellschaft zum Ziel hatte, bis zu denjenigen Akteuren, die sich erhofft hatten, durch die Gründung von Genossenschaften den Kapitalismus überwinden zu können. Vermutlich spielen alle diese Ansichten auch heute eine Rolle. Was bleibt jedoch heute vom Genossenschaftsgedanken, wenn sowohl die christlich-liberalen Werte kaum mehr eine Rolle spielen, als auch die Zielvorstellung einer klassenlosen sozialistischen Gesellschaft kaum mehr AnhängerInnen findet? Reichen die neuerdings oft genannten Ziele Ökologie, Ökonomie und Nachhaltigkeit zusammenzudenken? Besteht nicht die Gefahr, dass das Integrationspotential, das Genossenschaften heute bescheinigt wird, zur Vereinnahmung von Seiten konservativer und völkischer Initiativen, wie sie sich heute (nicht nur) in Deutschland in vielen Regionen bilden, dienen kann? Das Genossenschaftswesen mit Leben und mit emanzipatorischen Zielvorstellungen zu verbinden ist das Gebot von Gegenwart und Zukunft. Es geht um die heute noch ferne Utopie einer «wirklich befreiten

Gesellschaft», in der es gelingt, «alle Verhältnisse umzuwerfen, in denen der Mensch ein erniedrigtes, ein geknechtetes, ein verlassenes, ein verächtliches Wesen ist» (Karl Marx). Dazu soll dieses Buch einen Beitrag leisten.

Gisela Notz, im April 2023

Einleitung

Die Genossenschaftsbewegung wird meist als «Nothilfe» oder «soziale Reformbewegung» bezeichnet. Genossenschaften seien «Kinder der Not». Sie hätten sich vor allem immer dann gegründet, wenn Menschen dringend auf Alternativen angewiesen waren, beispielsweise bei der Versorgung mit Wohnraum oder Konsumgütern. Genossenschaften waren aber schon in der Geschichte mehr als ein Instrument zur gemeinschaftlichen Nothilfe gegen Existenzverlust und Armut. Genossenschaftlich oder in Gemeinschaft leben und/oder arbeiten ist eine kooperative Handlungsform und eine Form kollektiven Lebens und Arbeitens gegen die herrschende neoliberale Ellbogengesellschaft. Sie ist reale Utopie, die hier und heute verwirklicht werden kann.

Genossenschaften gibt es seit mindestens zweihundert Jahren, Vorläuferinnen schon früher. Genossenschaftliche Verbände spielten bereits im Mittelalter eine bedeutende Rolle. Zu den bekannten Ausprägungen von mittelalterlichen Genossenschaften gehören u.a. die Gilden, die Marktgenossenschaften, Sippen und Zünfte. Im Rahmen der bis ins 19. Jahrhundert vorherrschenden herrschaftlich-genossenschaftlichen Agrarverfassung war das Genossenschafts-Prinzip eines der tragenden Grundelemente der Landnutzung. Der die Genossenschaft bildende Personenverband war die Gemeinde oder die Nachbarschaft und das genossenschaftliche Gesamteigentum bildete die Allmende.[5] So weit soll in diesem Buch jedoch nicht zurückgegangen werden.

In diesem Buch geht es um die «modernen» Genossenschaften. Angesichts der gesellschaftlich und ökonomisch krisenhaften Entwicklung, die Umweltzerstörung, Klimawandel, Erwerbslosigkeit, Präkarisierung, Orientierungslosigkeit, soziale Ausgrenzung und Armut mit sich bringen, kann man der Meinung sein, es sei illusorisch, über alternative Wirtschaftskonzepte nachzudenken. Man kann es aber gerade anlässlich dieser komplexen Probleme, die das kapitalistische System hervorruft, für notwendig halten, Alternativen zu traditionellen

5 Die Allmende, das Gemeineigentum wird heute meist Commons genannt.

Wirtschaftskonzepten und zu einer kapitalistisch-patriarchalen und familistischen Gesellschaft, die soziale, rassistische, klassenbezogene und sexistische Ungleichheiten immer wieder produziert und reproduziert, zu entwickeln.[6]

Deshalb soll das vorliegende Buch einen möglichst umfassenden Überblick über die Genossenschaftsbewegungen in Geschichte und Gegenwart geben. Da es sich um eine Einführung in ein sehr breites Thema handelt, kann freilich vieles nur angerissen werden. Es ist zu hoffen, dass es gerade deshalb geeignet ist, Menschen zu erreichen, die von der Notwendigkeit der Entwicklung von Alternativen zum kapitalistischen, profitorientierten und umweltzerstörenden Wirtschaften noch nicht überzeugt sind. Das Buch soll Anregung sein, sich weiter mit dem Thema zu beschäftigen und sich an Experimenten und Aktivitäten mit basisdemokratischen Strukturen und bedarfsorientierten Wirtschafts- und Wohnformen zu beteiligen. Deshalb ist es weder ein rein theoretisches Buch noch ein Praxisbericht, sondern es versucht, Theorie und Praxis sinnvoll zu verbinden. Dadurch soll auch ein Beitrag dazu geleistet werden, die vorurteilsfreie Diskussion über dieses Thema, das oft noch immer auf Unverständnis und Abwehr stößt, zu forcieren. Im bürgerlichen Mainstream, aber auch in Teilen der Linken, wird Privateigentum so behandelt, als ob es aus der menschlichen Natur nicht wegzudenken sei. Naturgesetze hinterfragt man nicht. Der Mut zur Utopie, das heißt zum prinzipiell gesellschaftsverändernden Denken, scheint für viele verlorengegangen zu sein. Durch den Zusammenbruch des «realen Sozialismus» fühlen sich viele enttäuscht. Praktizierter individueller Konsumverzicht, Veganismus, ökologischer Anbau im Garten des Eigenheims oder Schrebergarten wird übergreifenden politischen Aktionen gegen die zerstörerische Umwelt vorgezogen. Die Tatsache, dass das Eine ohne das Andere sinnlos ist, gerät aus dem Blick. Andere speisen ihre Vorurteile aus Experimenten mit Genossenschaften, die gescheitert sind – das sind oft diejenigen, die schon immer «wussten», dass es keine Alternative gibt. Vielleicht haben sie es selbst versucht, projektieren ihre Erfahrungen mit dem Schei-

6 Siehe auch: Gisela Notz: Die sozialistische Genossenschaftsbewegung als die dritte Säule der Arbeiterbewegung. Geschichte und Perspektiven, in: Axel Weipert (Hg.): Demokratisierung von Wirtschaft und Staat. Studien zum Verhältnis von Ökonomie, Staat und Demokratie vom 19. Jahrhundert bis heute, Berlin 2014, S. 100–118.

tern *einer* Genossenschaft auf alle, weil sie schlecht informiert, schlecht beraten waren oder doch das Eigentum in individueller Hand dem Gemeineigentum vorzogen. Andere verdrängen, dass sie selbst in Genossenschaften einmal ein Schaufenster in eine andere Welt gesehen haben, sie richten sich ein, trennen sich von euphorisch begonnenen Konzepten, passen sich an und stellen keine Fragen mehr. Gescheiterte oder aufgegebene Alternativen müssen nicht zur Folge haben, dass diejenigen, die sie versucht und diejenigen, die sie einmal als Gegenmodelle betrachtet haben, sich mit den herrschenden Verhältnissen abfinden. Misserfolge können auch politische Herausforderung sein. Notwendig wäre eine kritisch-solidarische Studie über das Scheitern von Gemeinschaften und Genossenschaften, damit gleiche und ähnliche Fehler sich nicht immer wiederholen. Das kann hier nicht geleistet werden, obwohl Kritik und Schwierigkeiten – auch Widersprüche anhand der aufgezeigten real existierenden Genossenschaften, die alle noch bestehen – nicht zu kurz kommen werden.

Aus der Lektüre dieses Bandes soll deutlich werden, dass es immer und zu allen Zeiten ein Potential nicht anpassungsbereiter Menschen gab, die nicht nur Protest äußerten, sondern Handlungskonzepte entwickelten, die sie in einem kollektiven Prozess umsetzten. Obwohl in diesem Zusammenhang nur eingetragene Genossenschaften aufgezeigt werden, kann eine kollektive Gemeinschaft auch genossenschaftsähnliche Strukturen aufweisen, wenn sie als Verein, als kommunitäre Lebens- und Arbeitsgemeinschaft oder freier Zusammenschluss nach selbst gewählten Vereinbarungen lebt und arbeitet. Viele «moderne Genossenschaften» existieren in der Zwischenzeit seit über hundert Jahren, entwickelten sich weiter und versuchen auch die Zukunft mitzugestalten.

Zunächst soll danach gefragt werden, was Genossenschaften sind, dann geht es um einen Blick in die Geschichte der Genossenschaften in Deutschland aus der sozialistischen und der bürgerlichen Perspektive. Den Schwerpunkt bilden die sozialistischen genossenschaftlichen Utopien. Dabei geht es weniger um einen Blick zurück, sondern darum, anhand der geschichtlichen Entwicklung die Abhängigkeit des Genossenschaftsgedankens von den jeweiligen gesellschaftlichen, politischen, ökonomischen und ideologischen Bedingungen nachzuzeichnen. So können auch aktuelle politische Tendenzen anhand verschütteter Traditionen und nicht genutzter Handlungsspielräume der Vergangenheit kritisch beleuchtet und daraus Schlüsse für gegenwärtiges und zukünftiges Vorgehen gezogen werden. Oder, wie es August Bebel bereits gesagt haben soll: «Nur wer die Vergangenheit kennt, kann die Gegenwart verstehen und die Zukunft gestalten.» In diesem historischen Teil werden auch einige Best-practices-Beispiele dargestellt, die alle heute noch, wenn auch manchmal in veränderter Form, existent sind. Das muss zwangsläufig kursorisch geschehen, denn es ist ein Gang durch mehr als 160 Jahre unserer Geschichte.

Es folgt die Auseinandersetzung mit der Kritik und/oder kritischen Würdigung des Genossenschaftsgedankens durch Karl Marx, Friedrich Engels, Rosa Luxemburg, August Bebel, Franz Oppenheimer und Eduard Bernstein. Anschließend wird Aufstieg und Fall der Genossenschaften während verschiedener politischer Epochen und politischer Systeme in Deutschland nachgezeichnet und deren Bedeutung nach der Wiedervereinigung aufzeigt. Abschließend wird nach dem utopischen Gehalt der «neuen Genossenschaften» gefragt,[7] die als Teil der Alternativen Wirtschaft oder auch Solidarischen Ökonomie betrachtet werden. Auch hier zeigen ausgesuchte Praxisbeispiele aus dem breiten Spektrum der Genossenschaften, dass es möglich ist, «Fenster in eine andere Welt» zu öffnen. Schließlich geht es um Zukunftsperspektiven für eine Gesellschaft in der es niemandem an den Ressourcen und Möglichkeiten fehlt, die er oder sie für das «gute Leben» brauchen.

Die Auswahl der dargestellten Genossenschaften ist nicht systematisch, sondern sie erfolgte nach persönlichen Schwerpunktsetzungen und hat deshalb eher exemplarischen Charakter. In keiner Weise erhebe ich den Anspruch der Vollständigkeit; das ist bei der Fülle der verschiedenen Genossenschaftsformen nicht möglich.

Viele der Genossenschaften kenne ich selbst, habe da gelebt, bin dort zu Besuch gewesen, vorbeigekommen, selbst Genossin geworden, habe dort eingekauft oder habe mich im Zuge von Forschungsarbeiten mit ihnen beschäftigt. Viele AkteurInnen kenne ich auch aus meiner jahrelangen Mitarbeit im

7 Siehe u. a. auch: Notz: Die sozialistische Genossenschaftsbewegung. Gisela Notz: Genossenschaften und Utopie, in: Alexander Neupert-Doppler (Hg.): Konkrete Utopien. Unsere Alternativen zum Nationalismus, Stuttgart 2018, S. 309–324.

Theorie-Arbeitskreis «Alternative Ökonomie (TAK AÖ)» oder in den Zusammenhängen der solidarischen Ökonomie oder habe auf Tagungen und im Rahmen von Vorträgen mit ihnen diskutiert. Das trifft auch für die internationalen Beispiele aus der Genossenschafts- und Kooperativwirtschaft zu. Es sind Beispiele für selbstorganisierte Basisorganisationen, wie es sie auf der ganzen Welt gibt. Im Abschnitt «Das Genossenschaftsexperiment von Mondragón» wird die Entstehungsgeschichte, Entwicklung und Struktur der Produktivgenossenschaft im Baskenland, die sich bis zum Spanischen Bürgerkrieg zurückverfolgen lässt, nachgezeichnet. Vor vielen Jahren habe ich die GenossInnen gemeinsam mit KollegInnen aus dem «TAK AÖ» besucht, vor kurzer Zeit hat das Elisabeth Voß getan, auf deren aktuellen Bericht ich mich ebenso bezogen habe wie auf den von Peter Heisig, der in einem Buch veröffentlicht ist, das ich mit herausgegeben habe.[8] Die Teebeutelfabrikanten lernte ich bei einer Veranstaltung in Berlin kennen. El Ceibo in Bolivien interessierte mich besonders aufgrund seiner internationalen Vernetzung und Verzahnung und weil ich in Deutschland und in der Schweiz immer wieder auf Produkte treffe, die in diesem Zusammenhang entstehen und fair gehandelt sind.

Die letzten Abschnitte des Buches sind im Zeichen der Corona-Pandemie ab März 2020 geschrieben worden. Das war zu einer Zeit, in der der Ausgang noch offen war, sich für viele Menschen das Leben zum Teil aber bereits dramatisch geändert hatte und niemand absehen konnte, was der nächste Tag, die nächste Woche bringt. Schul-, Geschäfts- und Produktionsschließungen, staatlicher Aufruf zu «social distancing» und drohende Ausgangssperren haben auch die Arbeit an diesem Buch beeinträchtigt. Schließlich waren Archive und Bibliotheken geschlossen und beabsichtigte Projektbesuche und Interviews mussten abgesagt werden. Was blieb, waren wenige Mails und Telefongespräche.

Die Leitfrage, die die Beschäftigung mit dem Thema Genossenschaften durchzieht, zeigt zugleich ein altbekanntes Dilemma: Kann man genossenschaftliche Alternativen entwickeln im Schoße des Bestehenden? Kann innerhalb des bestehenden kapitalistischen Systems, im Hier und Jetzt, überhaupt ein «Fenster in eine andere Welt» aufgestoßen werden? Gibt

8 Gisela Notz, Klaus-Dieter Heß, Theo Bühler u.a. (Hg.): Selbstverwaltung in der Wirtschaft. Alte Illusion oder neue Hoffnung?, Köln 1991.

es ein richtiges Leben im falschen? Eine Frage, die auf Adorno zurückgeht und die immer wieder neu gestellt wird. Die aktuelle Krise bringt neue Aspekte und Dringlichkeiten, auch für die politische Auseinandersetzung in und mit Gemeinschaften und Genossenschaften. Denn möglicherweise wird nach der Krise alles anders sein – aber wie anders?

1 Was sind Genossenschaften?

Mitgliederbuch des Großvaters der Autorin, Bauverein Schweinfurt eG von 1917

Viele Genossenschaften entstanden in Zeiten von Marktversagen, sie stellten nicht über den Markt zu erhaltende Angebote und Problemlösungen bereit. Sie deshalb als «Kinder der Not» zu bezeichnen, greift jedoch nicht, um die Genossenschaftsbewegung zu beschreiben. Immer waren sie auch mit dem Wunsch nach anderen Lebens- und Arbeitsbedingungen verbunden. Allerdings ist eine Abgrenzung zwischen genossenschaftlicher und kapitalistischer oder staatlich organisierter Wirtschaft nicht immer trennscharf vorzunehmen.

Genossenschaften haben sich seit ihrem Bestehen teilweise als reformistische Ergänzung bzw. humanere Variante der kapitalistischen Marktwirtschaft verstanden, teilweise haben sie das Ziel der Überwindung des Kapitalismus verfolgt. Genossenschaften existieren oft auf lokaler Ebene, können aber auch über große räumliche Entfernungen vernetzt sein, wie z. B. die Einkaufsgenossenschaften oder die ganze Regionen umfassende Genossenschaft «Mondragón» im Baskenland.[9] Nachdem 2012 von den Vereinten Nationen das Internationale Jahr der Genossenschaften ausgerufen wurde und darauf folgend durch den Internationalen Genossenschaftsbund die Dekade der Genossenschaften verkündet wurde, erfahren die Genossenschaften heute international neue Aufmerksamkeit. Auch in Deutschland wird diese Rechtsform wieder bekannter. Dass sie auch ein wirtschaftliches und ein politisches Konzept verkörpert, ist weniger bekannt.

Daher eine kurze Erklärung: Genossenschaften sind Zusammenschlüsse mehrerer Personen mit dem Ziel, durch gemeinschaftlichen Geschäftsbetrieb den Einzelnen und die Gemeinschaft zu fördern. Und gemeinsam – das sollte der Grundgedanke einer jeden genossenschaftlichen Kooperation sein – kann man allemal mehr erreichen als alleine. Genossenschaften sind gelebte Sozialutopie, die nicht nur nach den ökonomischen Vorgaben des Marktes funktioniert, sondern die menschlichen Bedürfnisse in den Mittelpunkt stellen soll. Charakteristisch für die Organisationsform der Genossenschaft sind die drei «S-Prinzipien»: Selbsthilfe, Selbstverantwortung und Selbstverwaltung.

Nach den Leitlinien der «International Co-operative Alliance» werden Arbeits- und Wirtschaftsweise einer Genossenschaft von folgenden sieben Grundsätzen bestimmt:[10]

- freiwillige und offene Mitgliedschaft,
- demokratische Kontrolle (eine Person, eine Stimme),
- gleichwertige ökonomische Partizipation der Mitglieder,
- Autonomie und Unabhängigkeit,
- Bildung, Fortbildung und Information,
- Kooperation innerhalb der Genossenschaftsbewegung,
- Gemeinwohlorientierung.

Eine wichtige Aufgabe ist die Übernahme sozialer Verantwortung, individuell und kollektiv. Genossenschaften sind parteipolitisch und religiös ungebunden. Mit der Genossenschaft wird Eigentum vergemeinschaftet, denn es gehört keinem Investor

9 Siehe hierzu Abschnitt 8.1.2 sowie Elisabeth Voß: Genossenschaftsverbund Mondragón im spanischen Baskenland: Solidarisch Wirtschaften in der Krise?, in: Contraste (353), 2014, S. 7.

10 International Co-operative Alliance: Cooperative identity, values & principles. ICA COOP. https://www.ica.coop/en/cooperatives/cooperative-identity (Zugriff 13.4.2021); vgl. Holger Martens: Anders Wirtschaften – genossenschaftliche Selbsthilfe, in: Aus Politik und Zeitgeschichte (35–37), 2015, S. 40ff..

oder Großkonzern, keinem Unternehmer und keiner wohlhabenden Privatperson, sondern den GenossInnen selbst.

Die Gründerväter der modernen Genossenschaften entwickelten mit ihren Konzepten zur Unterstützung der Mitglieder zugleich Lösungen der damals drängenden «sozialen Frage». Kollektive Selbsthilfe war für sie ein Instrument zur Verbesserung der Lebensverhältnisse der Mitglieder und darüber hinaus ein Weg zur Überwindung der um die Mitte des 19. Jahrhunderts herrschenden wirtschaftlichen Nöte und sozialen Missstände.[11]

Weltweit sind rund 800 Millionen Menschen in Genossenschaften, auch Kooperativen genannt, organisiert. Genossenschaften arbeiten in den unterschiedlichsten Branchen erfolgreich für die Ziele ihrer Mitglieder. In Deutschland gibt es fast 8.000 Genossenschaften mit mehr als 22 Millionen Mitgliedern. Seit mehr als 160 Jahren sind Genossenschaften im Finanzwesen, in der Landwirtschaft, in Handel und Gewerbe oder im Wohnungsbau erfolgreich.[12] In jüngster Zeit gewinnen die 2000 Wohnungsgenossenschaften mit 2,2 Millionen Wohnungen an Bedeutung. Da sie als «Garanten für bezahlbare Mieten und stabile Nachbarschaften»[13] betrachtet werden können, ist ihr Ausbau angesichts der akuten Wohnungsnot dringend erforderlich. Auch das Gesetz, das für alle eingetragenen Genossenschaften (eG) gilt, hat eine lange Geschichte. Es stammt noch von den Gründungsvätern und wurde seitdem wenig verändert. Heute sind Genossenschaften ein unersetzliches Standbein unserer Wirtschaft. Sie stellen knapp vier Millionen Arbeitsplätze in Deutschland und erfüllen zentrale gesellschaftliche Aufgaben, ohne dabei Unternehmensgewinne in den Mittelpunkt zu stellen. Vor allem die in den letzten Jahren neu gegründeten Genossenschaften stellen soziale und ökologische Unternehmenskriterien in den Mittelpunkt. Für den anstehenden Umbau hin zu einer nachhaltigen Lebens-, Wohn- und Wirtschaftsweise kommt ihnen Pionierfunktion zu.

---

11 Günther Ringle: Genossenschaften sollen Mitgliedern dienen. DENK-doch-MAL. Das Online-Magazin. https://www.denk-doch-mal.de/wp/genossenschaften-sollen-mitgliedern-dienen-2/ (Zugriff: 30.3.2020).

12 DGRV: Genossenschaftsidee ist immaterielles Kulturerbe der Menschheit. Pressemitteilung (30.11.2016). https://gdw.de/uploads/pdf/Pressemeldungen/PM_73-16_Immaterielles_Kulturerbe_Genossenschaften.pdf (Zugriff: 13.4.2021).

13 Berliner Mieterverein: Selbsthilfe, Solidarität und Sicherheit. Wohnen in Genossenschaften, in: MieterMagazin (11), 2017, S. 14–18.

1.1 Das Genossenschaftsgesetz

Am 27. März 1867 verabschiedete Preußen nach einem Entwurf von Hermann Schulze-Delitzsch das erste Genossenschaftsgesetz und stellte damit die Genossenschaft auf eine Stufe mit der Aktiengesellschaft (AG).[14] Allerdings stellte die Werteorientierung der Genossenschaft zunächst einen Gegenentwurf zur AG dar, weil nicht das Kapital im Mittelpunkt stand, sondern das Mitglied. Zu den demokratischen Prinzipien gehörte schon damals das Prinzip: Ein Mann, eine Stimme, unabhängig von seinen Kapitalanteilen.[15]

Nach dem «Gesetz betreffend die Erwerbs- und Wirtschaftsgenossenschaften (GenG)» vom Mai 1889, das bis 2006 kaum verändert wurde, sind Genossenschaften «Gesellschaften von nicht geschlossener Mitgliederzahl, deren Zweck darauf ausgerichtet ist, den Erwerb oder die Wirtschaft ihrer Mitglieder oder deren soziale und kulturelle Belange durch gemeinschaftlichen Geschäftsbetrieb zu fördern», so steht es im §1.[16]

Durch die Novellierung des über einhundert Jahre alten Genossenschaftsgesetzes für die BRD im August 2006 sollte es kleineren und mittelgroßen Betrieben und Zusammenschlüssen oder FreiberuflerInnen erleichtert werden, die Genossenschaft als Betriebsform zu wählen und genossenschaftliche Kooperationen von Mittelstandsunternehmen zu bilden. Seit der gesetzlichen Erleichterung reichen drei statt vorher sieben natürliche und/oder juristische Personen, um eine Genossenschaft zu gründen. Zudem ermöglicht das Gesetz die Gründung von Sozial- und Kulturgenossenschaften. Auch durch das «Gesetz zum Bürokratieabbau und zur Förderung der Transparenz bei Genossenschaften»[17], das 2017 verabschiedet wurde, sollen

---

14 Martens: Anders Wirtschaften, S. 41.

15 Helmut Faust: Geschichte der Genossenschaftsbewegung, Frankfurt/M., 1977, S. 193–233.

16 Gesetz betreffend die Erwerbs- und Wirtschaftsgenossenschaften (Genossenschaftsgesetz GenG) vom 1.5.1889 – Neugefasst durch Bekanntmachung vom v. 16.10.2006 I 2230; zuletzt geändert durch Art. 10 G v. 25.5.2009 I 1102, www.gesetze-im-internet.de/bundesrecht/geng/gesamt.pdf (Zugriff: 21.5.2013).

17 Gesetz zum Bürokratieabbau und zur Förderung der Transparenz bei Genossenschaften vom 17. Juli 2017, Bundesgesetzblatt Jahrgang 2017 Teil I Nr. 48, ausgegeben zu Bonn am 21. Juli 2017, S. 2434–2438.

vor allem die kleinen und bürgerschaftlich getragenen Genossenschaften weiter entlastet werden.

Anlass für die Überarbeitung war eine EU-Verordnung zur Europäischen Genossenschaft, die auch im nationalen Recht Anpassungsbedarf auslöste. Das zog eine Modernisierung des Genossenschaftsrechts der BRD nach sich. Mit der Neuordnung wurde es nun auch möglich und attraktiv, gemeinnützige Genossenschaften im Gesundheits-, Sozial-, Kultur- und Dienstleistungsbereich zu gründen oder die Unternehmensnachfolge durch MitarbeiterInnen als Genossenschaft weiterzuführen sowie genossenschaftliche Zusammenschlüsse von EinzelunternehmerInnen zu ermöglichen.

Die Reformierung des Gesetzes hat auch dazu geführt, dass das Genossenschaftswesen in Deutschland wieder verstärkt in den Blick von UnternehmerInnen und BetriebsgründerInnen gerückt ist. Zunehmend greifen nicht nur die traditionell genossenschaftlich organisierten Branchen, sondern auch neue auf die Rechtsform der eingetragenen Genossenschaft zurück. Auch wenn SteuerberaterInnen, wie immer wieder zu erfahren ist, permanent davon abraten. Viele gründen dennoch Genossenschaften mit innovativen Geschäftsideen oder bieten branchenübergreifend Produkte und Dienstleistungen an.[18]

Am Grundgedanken hat auch die Gesetzesänderung nicht gerüttelt. Das Prinzip einer jeden genossenschaftlichen Kooperation sollte nach wie vor sein, dass die GenossInnen die Überzeugung gewonnen haben, dass sie gemeinsam ihre Ziele besser erreichen können als im Alleingang.

Seit 2006 können auch innerhalb der Europäischen Union Genossenschaften mit der Rechtsform «Europäische Genossenschaften (SCE)» gegründet werden. Dadurch soll die Organisation von Genossenschaften auf europäischer Ebene erleichtert und damit ein weiterer Schritt zur Verbesserung des Binnenmarkts getan werden. In Deutschland wurde das «Gesetz zur Einführung der Europäischen Genossenschaft und zur Änderung des Genossenschaftsrechts» (EGSCE) vom 14. August 2006 erlassen. Ebenso wie die eG besitzt die SCE Rechtspersönlichkeit und das Grundkapital ist in Geschäftsanteile zerlegt. Der in der Satzung festgelegte Sitz einer SCE muss in einem Mitgliedstaat der EU oder im EWR liegen. Die SCE bildet das Gegenstück auf

18 Dagmar Wöhrl: Vorwort, in: Potenziale der Genossenschaften für Gründerinnen (11), Leonberg 2007, S. 3.

europäischer Ebene zu den nationalen genossenschaftlichen Rechtsformen in den Mitgliedstaaten. Auch der Zweck der SCE besteht parallel zur eG hauptsächlich in der Förderung von Tätigkeiten der Mitglieder und in der Befriedigung von Mitgliederbedürfnissen.[19] Im Unterschied zur eG kann die SCE von mindestens fünf juristischen oder natürlichen Personen gegründet werden, die ihren Wohnsitz in zwei verschiedenen Mitgliedsstaaten des Europäischem Wirtschaftsraums (EWR) haben.

In der Statistik des Genossenschaftsverbandes werden fünf Genossenschaftssektoren beschrieben: Konsumgenossenschaften, Wohnungsbaugenossenschaften, gewerbliche Genossenschaften, Genossenschaftsbanken, ländliche Genossenschaften.[20] Nicht alle neuen Genossenschaften lassen sich umstandslos diesen fünf Bereichen zuordnen. Allen Sektoren gemeinsam ist, dass die GenossInnen als EigentümerInnen kollektiv und gleichberechtigt die wichtigsten betriebsinternen sowie produkt- und projektorientierten Entscheidungen treffen.

Das Kapital der Genossenschaften besteht aus den eingezahlten Beiträgen der Mitglieder (GenossInnen) sowie aus den angesammelten Rücklagen. Wenn Gewinne erzielt werden, erfolgt die Verteilung durch die jährliche Dividende, welche die Mitglieder anteilig an ihren Geschäftsguthaben erhalten.

1.2 Organe der Genossenschaften

Nach dem Genossenschaftsgesetz gibt es einen Aufsichtsrat, der den Vorstand in seiner Geschäftsführung zu fördern, zu beraten und zu überwachen hat. Vorstand und Aufsichtsrat müssen nach § 19 Abs. 2 GenG zugleich Mitglieder der Genossenschaft sein. Seine Überwachungsfunktion ist vor allem auf die Einhaltung und Ausgestaltung des Fördergrundsatzes im Interesse der Mitglieder ausgerichtet. Die Rechte des Aufsichtsrates werden durch Gesetz und Satzung begrenzt. Er besteht aus mindestens drei und maximal sieben Personen, die persönlich Mitglied der Genossenschaft und natürliche Personen sein müssen. Der Aufsichtsrat wird für fünf Jahre gewählt.

19 Gesetz zur Einführung der Europäischen Genossenschaft und zur Änderung des Genossenschaftsrechts (EGSCE), 14. August 2006 (BGBl. I, S. 1911).

20 Michael Stappel: Genossenschaften in Deutschland, Frankfurt/M. 2011, S. 10.

Der Vorstand leitet die Genossenschaft in eigener Verantwortung. Er besteht aus mindestens zwei Personen, die Mitglieder der Genossenschaft und natürliche Personen sein müssen. Bei Genossenschaften mit weniger als zwanzig Genossenschaftsmitgliedern reicht eine Person und es kann auch auf den Aufsichtsrat verzichtet werden, dann übernimmt die Genossenschaftsversammlung seine Funktion. Die Vorstandsmitglieder werden vom Aufsichtsrat bestellt. Seit der Genossenschaftsnovelle von 1973 wurde der von Schulze-Delitzsch übernommene § 127 Abs. 1 GenG (Leitungsverfassung der Genossenschaft) geändert. Der seitdem geltende Wortlaut schließt Weisungsbeschlüsse der Generalversammlung gegenüber dem Vorstand nachdrücklich aus und betont nunmehr im Gleichklang mit dem Aktien-Gesetz: «Der Vorstand leitet die Genossenschaft unter eigener Verantwortung. Er hat dabei (nur) die Beschränkungen einzuhalten, die durch die Satzung festgesetzt sind.» Das heißt die Genossenschaftsversammlung kann nicht mehr über alle Einzelfragen der Geschäftsführung entscheiden. Bei kleinen Genossenschaften scheint dies wenig Sinn zu machen. Daher hat der Gesetzgeber im Rahmen der Genossenschaftsnovelle 2017 durch eine Änderung des § 127 Abs. 1 GenG für Kleinstgenossenschaften mit nicht mehr als zwanzig Mitgliedern die Möglichkeit eröffnet, durch eine Satzungsregelung den Vorstand wieder an Weisungen der Generalversammlung zu binden.

Das höchste Gremium ist die Genossenschaftsversammlung (auch Generalversammlung oder – je nach Mitgliederzahl – Vertreterversammlung), in der alle GenossInnen gleiches Stimmrecht haben, d. h. es gilt die Regel «ein Mann eine Stimme» – so hieß es früher – heute kann es auch eine Frau sein, unabhängig davon, wie viel Geld (Genossenschaftsanteile) oder Arbeitsleistung er oder sie in die Genossenschaft eingebracht hat. Dadurch sind alle GenossInnen vor der rechtlichen Beherrschung durch ein Mitglied mit Kapitalmehrheit geschützt. Die Kosten für die einzubringenden Anteile variieren von Genossenschaft zu Genossenschaft und können von niedrigen zwei- bis zu vierstelligen Eurobeträgen reichen. Die Anzahl der Anteile, die ein Einzelner oder eine Einzelne zeichnen kann, ist meist begrenzt, um das demokratische Prinzip von Genossenschaften nicht zu gefährden. Bankgenossenschaften nehmen oft nur Mitglieder auf, die im Geschäftsbereich wohnen, Landwirtschaftsgenossenschaften nur landwirtschaftliche Betriebe.

Genossenschaftsmitglieder haben Kündigungsfristen, die von drei Monaten bis zu mehreren Jahren reichen können. Mitglieder können die Mitgliedschaft kündigen und können, wenn sie das möchten, ihre eingezahlten Anteile wiedererhalten. Er oder sie kann aber nichts von den stillen Reserven und Wertsteigerungen des Projektes mitnehmen. Eine Abfindung kann vereinbart werden. Ob es überhaupt Gewinne geben sollte oder nicht und wofür diese verwendet werden, darüber gibt es unterschiedliche Auffassungen[21] und Praktiken. Die eingetragene Genossenschaft muss über eine Satzung mit gesetzlich vorgeschriebenen Mindestinhalten verfügen. Nachdem ein Gutachten durch den Prüfungsverband erstellt wurde, wird sie in das Genossenschaftsregister des zuständigen Amtsgerichts eingetragen.

1.3 Prüfungsverbände

Jede Genossenschaft gehört einem gesetzlichen Prüfungsverband an. Solche sind der Deutsche Genossenschafts- und Raiffeisenverband e. V., der Zentralverband Deutscher Konsumgenossenschaften e. V., der Prüfungsverband der kleinen und mittelständischen Genossenschaften e. V., der Bundesverband Unabhängiger Deutscher Genossenschafts-, Prüfungs- und Mitunternehmerverbände. Daneben gibt es verschiedene branchenspezifische und regionale Prüfungsverbände.[22]

Der jeweilige Prüfungsverband macht Gründungsberatungen und nimmt Kontroll- und Aufsichtsrechte gegenüber der eingetragenen Genossenschaft (eG) wahr. In regelmäßigen Zeitabständen (meist jährlich) führt er eine Jahresabschlussprüfung durch. Dabei werden nicht nur die wirtschaftlichen Verhältnisse geprüft, sondern auch die Ordnungsmäßigkeit der Geschäftsführung. Der Prüfungsverband betreut seine Mitgliedsgenossenschaften in betriebswirtschaftlichen, rechtlichen und steuer-

21 Elisabeth Voß: Im Sinne von Degrowth anders Wirtschaften – für globale Gerechtigkeit und Demokratie. Impulspapier für Degrowth Leipzig 09/14. https://eli-voss.de/2014-Degrowth-ElisabethVoss-DE.pdf (Zugriff: 11.1.2020).

22 Bundesverband zur Förderung des Genossenschaftsgedankens e.V.: Liste der anerkannten Prüfungsverbände mit Prüfungsrecht nach §53 GenG. Genossenschaftsgedanke (26.10.2014). https://www.genossenschaftsgedanke.de/wp-content/uploads/2014/10/Liste-der-anerkannten-Prüfungsverbände-26.10.2014.pdf (Zugriff: 13.1.2020).

lichen Fragen. Für die Mitgliedschaft und die Prüfung entstehen einerseits Kosten, die für neue und kleinere Genossenschaften belastend sein können. Andererseits schützt die regelmäßige Prüfung die Mitglieder vor finanziellem Schaden. Die Genossenschaft ist auch aus diesem Grund seit vielen Jahren die mit Abstand insolvenzsicherste Rechtsform in Deutschland. 2012 lag die Insolvenzrate eingetragener Genossenschaften nur bei 0,06 % (18 von 28.297).[23]

In der jüngsten Genossenschaftsnovelle findet sich ein eindeutiger Auftrag an die genossenschaftlichen Prüfungsverbände. Sie haben im Prüfungsbericht dazu Stellung zu nehmen, ob und auf welche Weise die Genossenschaft im Prüfungszeitraum einen zulässigen Förderzweck – für ihre Mitglieder – verfolgt hat.

1.4 Genossenschaftliche Dachverbände

Durch die rege Öffentlichkeitsarbeit der «Väter des Genossenschaftsgedankens» breitete sich die Genossenschaftsidee schnell aus. Daraus entstand der Wunsch nach einer stärkeren Vernetzung. 1859 fand auf Einladung von Hermann Schulze-Delitzsch[24] der erste «Allgemeine Genossenschaftstag» in Weimar statt, auf dem er den Vorschlag machte, ein «Centralkorrespondenzbureau der deutschen Vorschuss- und Kreditvereine» als gemeinsame Verbindungsstelle zu errichten. Zwei Jahre später wurde der Vorschlag verwirklicht. Der Verband verzeichnete vorwiegend kleinere Genossenschaften, er lehnte die Staatshilfe ab. 1862 wurde die Umwandlung des Correspondenzbureaus in eine Anwaltschaft deutscher Erwerbs- und Wirtschaftsgenossenschaften vollzogen, um so neben den Vorschussvereinen auch anderen gewerblichen Genossenschaften und auch den Konsumvereinen gerecht zu werden. 1864 wurde die Anwaltschaft schließlich nochmals umbenannt in «Allgemeiner Verband der auf Selbsthilfe beruhenden Deutschen Erwerbs- und Wirtschaftsgenossenschaften». Er bestand aus 337 Vorschuss-

---

23 SozialInvestieren: Insolvenzsicherste Rechtsform – Genossenschaften bleiben unangefochten Sieger. SozialInvestieren. https://web.archive.org/web/20140126232331/http://www.sozialinvestieren.de/blog/insolvenzsicherste-rechtsform-genossenschaften-bleiben-unangefochten-sieger/ (Zugriff: 14.4.2020).

24 Zu Hermann Schulze-Delitzsch siehe Abschnitt 2.3.

vereinen, 40 Rohstoff-, Magazin- und Produktionsgenossenschaften sowie 15 Konsumvereinen.[25]

Ursprünglich hatte Friedrich Wilhelm Raiffeisen[26] die Verbindung seiner Genossenschaftsorganisation mit dem Verband Schulze-Delitzschs noch 1866 als wünschenswert bezeichnet, doch nach einer Phase der Auseinandersetzung mit Schulze-Delitzsch über die praktische Ausgestaltung ihrer Genossenschaftsideen verwarf er den Gedanken. Von da an kam es zu einer Vielzahl zum Teil konkurrierender (Dach-)Verbänden, was für die genossenschaftliche Idee nicht immer effektiv war.

Im Sommer 1877 traten die landwirtschaftlichen Genossenschaften aus dem «Allgemeinen Verband» aus und gründeten einen eigenen Verband: Als ersten Spitzenverband seiner ländlichen Genossenschaften rief Raiffeisen am 26. Juni 1877 unter Beteiligung von 24 Darlehnskassen-Vereinen in Neuwied den «Anwaltschaftsverband ländlicher Genossenschaften» ins Leben. Der Verband sollte bei der Verbreitung der Darlehnskassen-Vereine helfen und «ihre Interessen in jeder Beziehung nach Kräften fördern». Letzteres umfasste neben der Vertretung gegenüber Behörden und Politik insbesondere auch den gemeinschaftlichen Bezug von landwirtschaftlichen Waren sowie den gemeinsamen Verkauf landwirtschaftlicher Produkte.[27]

Auf Einladung von Eduard Pfeiffer (1835–1921) fand 1867 in Stuttgart eine Versammlung von etlichen Konsumgenossenschaften statt, die einen eigenständigen «Verband deutscher Consumvereine» gründete.[28] Aufgabe sollte der gemeinsame Einkauf von Waren für die Konsumvereine in ganz Deutschland sein, für die meisten Waren sollten Zonen des gemeinschaftlichen Einkaufs gebildet werden. Bei der Gründung des Verbandes wurde als Verbandsorgan die Zeitung «Der Consumverein» geschaffen, die Pfeiffer herausgab. Allerdings gelang es dem Verband nicht, sich deutschlandweit zu etablieren. Deshalb entschlossen sich seine Mitglieder 1872 für einen geschlossenen Übertritt in den «Allgemeinen Verband» von Schulze-Delitzsch. Durch das Eindringen vieler klassenbewusster Arbeiter änderte sich die so-

25 Marvin Brendel: Erste Zusammenschlüsse. Entwicklung der Genossenschaftsverbände (I). Genossenschaftsgeschichte. https://genossenschaftsgeschichte.info/entwicklung-genossenschaftsverbaende-01-403 (Zugriff: 28.4.2020).

26 Zu Friedrich Wilhelm Raiffeisen siehe Abschnitt 2.4.

27 Brendel: Entwicklung der Genossenschaftsverbände.

28 Zu Eduard Pfeiffer siehe Abschnitt 2.5.

ziale Zusammensetzung und viele Arbeiter-Konsumvereine wollten gar nicht in den mittelständigen allgemeinen Verband eintreten oder waren dort auch nicht gern gesehen. Infolge dieses Konfliktes provozierte der «Allgemeine Verband»im September 1902 mit einem Ausschließungsantrag den Ausschluss von circa einhundert sozialistisch orientierten Konsumgenossenschaften. Diese gründeten 1903 unter Heinrich Kaufmann (1864–1928) in Hamburg ihren eigenen «Zentralverband deutscher Konsumvereine» (ZdK). 1920 schlossen sich die im «Allgemeinen Verband» verbliebenen Konsumvereine an.

Parallel dazu gründete sich 1909 der «Verband westdeutscher Konsumvereine e. V.» als der Spitzenverband der auf der christlich-gewerkschaftlichen Tradition beruhenden Konsumgenossenschaften. Er wurde 1913 zum «Reichsverband deutscher Konsumvereine e. V.», der die sogenannte «schwarze» Konsumgenossenschaftsbewegung der «Kölner Richtung», repräsentierte,[29] im Gegensatz zur «roten», der «Hamburger Richtung» des Zentralsverbandes. Im Jahr 1933 ging im Zuge der nationalsozialistischen Gleichschaltung der Reichsverband in dem nationalsozialistischen «Reichsbund der deutschen Verbrauchergenossenschaften GmbH» (GEG) auf.

Der «Zentralverband deutscher Konsumvereine» wurde 1933 durch die Nazis aufgelöst und 1948 wieder ins Genossenschafttsregister eingetragen. Durch die Verschmelzung 1967 mit den regionalen Prüfungsverbänden wurde er als «Revisionsverband deutscher Konsumgenossenschaften e. V.» zentraler Prüfungsverband der Konsumgenossenschaften in der BRD.

Ab 1972 wurde die Interessenvertretung vom «Bund deutscher Konsumgenossenschaften GmbH (BdK)», später dem «Bundesverband deutscher Konsumgenossenschaften e. V. (BVK)» übernommen. 1997 bekam der Verband den alten Namen und seine Aufgaben wieder zurück. 2002 wurde die Prüfungsabteilung auf den ostdeutschen Konsum-Prüfverband e. V. übertragen, aus diesem wurde der «Prüfungsverband deutscher Konsum- und Dienstleistungsgenossenschaften e. V. (PdK)». Der ZdK gab sein Prüfungsrecht 2003 auf. Seit 2007 ist der ZdK als vierter Bundesfachverband wieder Mitglied im «Deutschen Ge-

29 Martin Broszat, Hermann Weber: SBZ-Handbuch, Oldenbourg; 2. Auflage 1993, 2. Auflage.

nossenschafts- und Raiffeisenverband (DGRV)».[30] Heute ist der ZdK als Beratungs- und Interessenvertretungsverband für seine Mitglieder tätig, eingebunden in die nationale und internationale Genossenschaftsorganisation.

Auf internationaler Ebene agieren besonders zwei große Genossenschaftsallianzen. Ziele der weltweit agierenden Vereinigungen sind die Förderung und der Schutz der genossenschaftlichen Werte und Prinzipien. Zudem kümmern sie sich um die Förderung des Austauschs zwischen nationalen Genossenschaftsorganisationen und koordinieren internationale Entwicklungsprogramme der Genossenschaftsorganisationen.

Die Werte der internationalen Bündnisse «Internationaler Genossenschaftsbund» (IGB) und «Europäische Vereinigung der Genossenschaftsbanken» (EACB) sind von den anerkannten Genossenschaftsprinzipien der Rochdaler Pioniere geprägt.[31] Sie bestimmen ihre Arbeitsweise. Der IGB definiert eine Genossenschaft ähnlich wie die deutschen Genossenschaften. Genossenschaften, so heißt es in den Grundsätzen des IGB, «basieren auf den Werten Selbsthilfe, Selbstverantwortung, Demokratie, Gleichheit, Gerechtigkeit und Solidarität».

1.5 Wie gründet mensch eine eingetragene Genossenschaft eG?

Am Anfang steht die Idee: Nicht alleine, sondern mit anderen zusammen will eine Person ein Unternehmen gründen. Das kann eine Werkstatt, ein Einkaufsladen, ein Wohnhaus, eine Siedlung oder eine andere Unternehmung sein, die gemeinsam betrieben werden soll und deren Leistungen die zukünftigen GenossInnen (Mitglieder) nutzen sollen.

Dann wird das Gründungsteam zusammengestellt: Dafür braucht es mindestens drei potentielle GenossInnen (Gründungsmitglieder). Für ein umfangreicheres Vorhaben sollten es mindestens fünf sein, um die notwendigen Gremien (Aufsichtsrat und Vorstand) entsprechend besetzen zu können.

Nun wird das Wirtschaftskonzept / der «Businessplan» aufgestellt: Es muss mindestens für einen Zeitraum von drei Jahren

30 ZDK: Zentralverband Deutscher Konsumvereine. ZDK https://www.zdk-hamburg.de/der-zdk/geschichte/zentralverband-deutscher-konsumvereine/ (Zugriff: 12.5.2020).

31 Siehe hierzu Abschnitt 2.1.

erstellt werden. Daraus soll deutlich werden, wie die Genossenschaft wirtschaften möchte. Dazu gehört: was möchte/muss/kann sie ausgeben und was möchte sie einnehmen. Was gibt es für Investitionen – und wie sollen diese finanziert werden. Damit bekommt die Genossenschaft eine wichtige Entscheidungsgrundlage, ob das Geschäftsmodell so oder anders umgesetzt wird. Das ist auch wichtig für die Gründungsprüfung durch den genossenschaftlichen Prüfungsverband.

Weiter wird die Struktur der Genossenschaft festgelegt: Es muss überlegt werden, wie die Genossenschaft arbeiten soll. Dazu gehört die Verteilung der Aufgaben und Kompetenzen, die Erarbeitung einer Liste der «zustimmungspflichtigen» Geschäfte.

Jetzt geht es an die Erarbeitung der Gründungssatzung: Die Satzung sollte vor der Gründung von einem Verband oder auch Rechtsanwalt, der sich mit dem Genossenschaftsgesetz auskennt, geprüft werden, denn das Genossenschaftsgesetz kennt eine Reihe von Regelungen, die in der Satzung zwingend aufgenommen werden müssen.

Die Personen, die in der zukünftigen Genossenschaft Ämter übernehmen sollen, sollten jetzt ausgewählt werden.

Die Gründung kann nun erfolgen: Durch die Unterschrift unter der Gründungssatzung wird die Genossenschaft gegründet. Voraussetzung ist, dass die Gruppe vom Konzept überzeugt ist und sich auf eine Struktur/Satzung geeinigt hat.

Nun können auch der Aufsichtsrat gewählt und der Vorstand bestellt werden. Die Beteiligung eines Notars an der Gründungssitzung ist nicht erforderlich.

Die Gründungsprüfung durch einen genossenschaftlichen Prüfungsverband kann jetzt erfolgen. Dieser prüft insbesondere das Wirtschaftskonzept, die Vermögenslage und die Satzung. Das Ergebnis der Prüfung ist eine Stellungnahme, welche die Voraussetzung für den Eintrag im Genossenschaftsregister ist.

Die Genossenschaft kann nun beim Genossenschaftsregister eingetragen werden. Vorausgesetzt, dass der Prüfungsverband sie positiv begutachtet hat. Dazu ist ein Eintragungsantrag notwendig, der in einem elektronischen Verfahren über einen Notar an das zuständige Registergericht übermittelt wird.[32]

---

32 Vgl. Zentralverband deutscher Konsumgenossenschaften: Wie wird die Genossenschaft gegründet? Genossenschaftsgründung. https://genossenschaftsgruendung.de/wie-wird-genossenschaft- gegruendet/ (Zugriff: 15.4.2020).

1.6 Grundprinzipien der Genossenschaften

In Abgrenzung zu anderen Unternehmen und auch hinsichtlich der «Genossenschaftlichkeit von Unternehmen» weisen GenossenschaftswissenschaftlerInnen auf die Notwendigkeit hin, zwischen der rechtlichen Frage und der sozialen Organisation zu unterscheiden. Nicht jede eingetragene Genossenschaft ist auch von ihrer sozialen Ausgestaltung als genossenschaftlich zu bezeichnen. Umgekehrt gibt es zahlreiche Unternehmen, die als Genossenschaften bezeichnet werden könnten, auch wenn sie die Rechtsform nicht gewählt haben.[33] Insofern erscheint es sinnvoll, deren Genossenschaftlichkeit anhand der vier wesentlichen Prinzipien einer Genossenschaft zu reflektieren: dem Förder-, Identitäts-, Demokratie- und Solidaritätsprinzip.[34]

Das Förderprinzip ist der gesetzliche Ausgangspunkt nach § 1 des Genossenschaftsgesetzes, wonach die Genossenschaften die Förderung des Erwerbs oder der Wirtschaft mittels gemeinschaftlichen Geschäftsbetriebes bezwecken. In der genossenschaftlichen Wirtschaftspraxis soll nicht die Kapitalverwertung und das Erwirtschaften von Gewinn, sondern die Befriedigung von Bedürfnissen der Mitglieder in dem jeweiligen Geschäftsfeld im Vordergrund stehen.

Das Identitätsprinzip besagt, dass in der Personengruppe der GenossenschaftlerInnen zwei Rollen zusammenfallen, die sich üblicherweise am Markt gegenüberstehen, Anbieter und Nutzer identisch sind und die Nutzer sogleich die Träger der gemeinschaftlichen Leistungen sind. Während bei Produktionsgenossenschaften Kapitaleigner und die im Betrieb Beschäftigten identisch sind, sind es bei den absatzorientierten Konsumgenossenschaften HändlerInnen und VerbraucherInnen als Nutznießer der Produkte und bei den Wohnungs- und Siedlungsgenossenschaften sind es MieterInnen und VermieterInnen.

Das dritte unabdingbare Charakteristikum der Genossenschaft, das die Genossenschaften am stärksten verbindet, ist das *Demokratieprinzip*, mit der bereits erwähnten «urdemokra-

---

33 Siehe hierzu Kapitel 6.3.1.

34 Burghard Flieger: Produktivgenossenschaft als fortschrittliche Organisation. Theorie, Fallstudie, Handlungshilfen, Marburg 1996, S. 21–33 sowie Herbert Klemisch, Burghard Flieger: Genossenschaften und ihre Potenziale für Innovation, Partizipation und Beschäftigung. Der Beitrag von Genossenschaften zur sozialen Verantwortung von Unternehmen, Köln 2007, KNi Bericht (01/07), S. 5.

tischen» Rechtsform, nach der in der Generalversammlung, unabhängig davon wie viel Kapitalanteile, Arbeit, Erfahrungen er oder sie eingebracht hat, «ein Mensch eine Stimme» hat.

Das vierte Prinzip, der *Genossenschaftsgeist* oder das *Solidaritätsprinzip*, kann freilich weder in einem Gesetz festgeschrieben noch verordnet werden. Es geht um die Ausprägung genossenschaftlicher Werte, Einstellungen und Verhaltensweisen, durch die genossenschaftliche Unternehmen eine höhere Stabilität erreichen können. Im Idealfall unterstützen sich die GenossInnen gegenseitig, wobei Solidarität weniger Wohltätigkeit für andere sein sollte, sondern gegenseitige Unterstützung zum gemeinschaftlichen Nutzen.[35] Grundwerte hierfür wurden auf dem 29. Kongress des internationalen Genossenschaftsbundes im Juli 1988 in Kopenhagen festgelegt. Es entstand ein Wertekatalog, der Werte der Selbsthilfe und der gegenseitigen Selbsthilfe ebenso enthält wie nichtgewinnorientierte Werte, demokratische Werte und Werte auf Freiwilligkeitsbasis, Erziehungswerte sowie zielgerichtete Werte. Der Streit darüber, ob Genossenschaften ein spezifisches menschliches Verhalten oder gar einen «homo cooperativus»[36] und damit auch eine besondere Form der Erziehung, Bildung und Ausbildung voraussetzen, ist bis heute nicht beendet.

Durch die seit den 1990er-Jahren zunehmende Neoliberalisierung von Wirtschaft und Gesellschaft, verbunden mit der Re-Privatisierung öffentlicher Güter und der Prekarisierung von Arbeits- und Lebensbedingungen, stehen Genossenschaften und genossenschaftsähnliche Betriebe, Wohnprojekte und andere Einrichtungen – auch wenn sie nicht ausnahmslos die Rechtsform der Genossenschaft gewählt haben – vermehrt im Zentrum des alternativ-ökonomischen Interesses oder der Solidarischen Ökonomie – ein Begriff, der seit dem gleichnamigen Kongress im November 2006 in Berlin bevorzugt wird, zumal er weltweit verbreitet ist. Dass Genossenschaften in praktischer und theoretischer Hinsicht zentraler Bestandteil der alternativen Wirtschaft oder der Solidarischen Ökonomie sind, wird allzu oft

35 Jens Thomas: Wie wirtschafte ich solidarisch? Interview mit Elisabeth Voß und Rupay Dahm. CCB Magazin (6. März 2017). https://www.creative-city-berlin.de/en/ccb-magazine/2017/3/6/interview-solidarisches-wirtschaften-und-passende-rechtsform/ (Zugriff:10.2.2020).

36 Georg Draheim: Die Genossenschaft als Unternehmenstyp, Göttingen 1955, S. 48.

vergessen. Auch wenn sie im Verlauf der Geschichte zu Trägerinnen sehr unterschiedlicher politischer und sozialer Inhalte und Ziele wurden.[37]

Um den Genossenschaftsgedanken zu leben, kann die rechtliche Form der Genossenschaft hilfreich sein, denn sie ist die demokratischste und beste juristische Rechtsform, um eine Gemeinschaft abzusichern; sie ist die einzige, die auf kollektives Wirtschaften angelegt ist – betriebswirtschaftlich und juristisch ist sie auch rechtssicher. Es kann jedoch auch Gründe geben, sich als Unternehmen oder Organisation an genossenschaftlichen Prinzipien zu orientieren, aber eine andere Rechtsform zu wählen. Umgekehrt ist keineswegs gesagt, dass in jeder juristischen Genossenschaft auch wirklich der Genossenschaftsgedanke gelebt wird. Aber man kann die juristische Form auch nehmen, um weitergehende Selbstbestimmung und Selbstorganisation zu praktizieren, wie es bereits vielerorts vor allem in kleineren selbstverwalteten Unternehmen und auch in Wohnprojekten vorgelebt wird. Das heißt, man kann die Genossenschaft durch freie Vereinbarungen ergänzen.[38]

Beispielsweise beschreibt das «Mietshäuser-Syndikat» – eine Initiative für selbstorganisiertes und marktunabhängiges Wohnen – auf seiner Homepage die Gründe, warum es sich für eine GmbH- und gegen eine Genossenschaftsgründung entschieden hat: «Die Hausprojekte im Mietshäuser Syndikat sind von der Idee her genossenschaftliche Projekte. Trotzdem wurde beim Austüfteln des Organisationsmodells Anfang der 1990er-Jahre nicht die deutsche Rechtsform der eingetragenen Genossenschaft (eG) gewählt. Dafür gibt es viele Gründe: Einzelgenossenschaften lassen sich nicht miteinander verknüpfen wie GmbHs im Syndikatsmodell; eine Dachgenossenschaft hingegen, der alle Häuser gehören, ließe den einzelnen Hausprojekten zu wenig eigenen Spielraum. Außerdem ist die Rechtsform eG mit komplizierterer Gründung und Kontrolle durch den Genossenschaftsverband schwerer zu handhaben.»[39] Damit lehnt das «Mietshäuser-Syndikat» – ebenso wie eine Reihe

---

37 Vgl. Notz: Die sozialistische Genossenschaftsbewegung, S. 100–118.

38 Die freie Vereinbarung ist ein Organisationsprinzip des Anarchismus und wird zwischen freien und selbstbestimmten Personen eingegangen. Vgl. Peter Kropotkin: Die freie Vereinbarung: Ein anarchistisches Organisationsprinzip, Osnabrück o.J.

39 Mietshäuser Syndikat GmbH (Hg.): Das Mietshäusersyndikat und die Hausprojekte. Die Häuser denen, die drin wohnen, Freiburg 2016, S. 7.

selbstverwalteter Betriebe und Projekte – die Genossenschaft nicht grundsätzlich ab, sondern verfolgt seit 1999 die Absicht der «Entmietung» hin zu bezahlbaren Wohnungen in selbstverwalteten Gemeinschaften, die nicht einer Verwertungslogik unterliegen, nach einem eigenen Modell, das man auch als erweiterte Genossenschaft betrachten kann. Dass das Syndikat 2012 mit dem Klaus-Novy-Preis für Innovationen beim genossenschaftlichen Bauen und Wohnen ausgezeichnet wurde und dass es diese Auszeichnung mit Stolz annahm, zeigt seine Nähe zur Genossenschaft.[40]

Ein anderes Beispiel ist die Stiftung trias. Sie wurde 2002 von über 180 StifterInnen gegründet und bezeichnet sich selbst als fachlich orientierte Bürgerstiftung. «Grund und Boden ist Gemeingut. Er muss allen Menschen zugänglich sein», so die Prämisse der Stiftung. Sie erwirbt und entzieht Grundstücke der Spekulation und führt sie mittels Erbbaurecht dauerhaft einer sozialen und ökologischen Nutzung zu. Damit ermöglicht und sichert sie innovative Projekte des Wohnens und Arbeitens.[41]

Die Stiftung trias ist beispielsweise auch bei der Regenbogenfabrik in Berlin engagiert. Ein Projekt, das seit 1981 besteht und aus den damaligen Besetzungen hervorging und vor dem Abriss gerettet wurde. Aus der dem Abriss geweihten Immobilie, die das Wohnprojekt der Fabrik beherbergt, ist ein voll funktionierendes, ökologisch beispielhaftes Haus geworden. Die BewohnerInnen des ca. im Jahr 1900 erbauten Mehrfamilienhauses mit rund 1.170 qm, darunter viele Gemeinschaftsflächen, haben 2020 einen 99-jährigen Erbbaurechtsvertrag mit der Stiftung trias abgeschlossen. Sie haben sich dafür entschieden, ihr Haus über die SelbstBau eG zu kaufen und als selbstverwaltete Gemeinschaft dem Immobilienmarkt zu entziehen.[42]

40 Diesen Preis vergibt die Spar- und Bauverein eG in Solingen (das ist die zweitgrößte Wohnungsgenossenschaft in NRW) alle fünf Jahre.

41 Stiftung trias: Die Stiftung. Ein kurzer Überblick. https://www.stiftung-trias.de/home/ (Zugriff: 5.3.2023).

42 Hinterm Regenbogen: https://www.stiftung-rias.de/fileadmin/media/projekte/Flyer_Hinterm_Regenbogen.pdf sowie Webseite der Regenbogenfabrik: https://regenbogenfabrik.de und Webseite der Berliner Zeitung über das Projekt, 2022: https://www.berliner-zeitung.de/b-history/wohnen/adresse-berlin-kreuzberg-hinterm-regenbogen-li.224265 (Zugriffe: 10.3.2023).

2 Kleine Genossenschaftsgeschichte

Älteste Winzergenossenschaft Mayschoss-Altenahr eG, gegr. 1868

Die Idee der gemeinschaftlichen Arbeit und gegenseitigen Unterstützung reicht bis in die Antike zurück. So weit soll in diesem Buch nicht zurückgegangen werden. Immer wieder schlossen sich Menschen zusammen, die andere Wünsche und Vorstellungen hatten und alternative Konzepte zu den bestehenden entwickelten.[43] Man denke zum Beispiel an die Utopien des englischen Philosophen Thomas Morus (1478–1535), des italienischen Philosophen, Dichters und Politikers Tommaso Campanella (1568–1639) und des französischen Gesellschaftstheoretikers und Kritikers des frühen Kapitalismus Charles Fourier (1772–1837). Besonders die Konzepte des schottischen Sozialreformers, Unternehmers und Gewerkschafters Robert Owen (1771–1858) sind in die heute noch bestehenden Produktions-, Konsum- und Baugenossenschaften eingeflossen.

Die moderne Genossenschaftsbewegung entwickelte sich mit der Herausbildung des industriellen Kapitalismus und seinen ökonomisch-sozialen Umwälzungen während der zweiten

43 Notz: Theorien alternativen Wirtschaftens, S. 32.

Hälfte des 19. Jahrhunderts in Europa.[44] Unzureichende Wohnverhältnisse und schlechte Versorgung mit Nahrungsmitteln sowie ausbeuterische und krankmachende Arbeitsverhältnisse führten zur Verarmung breiter Bevölkerungskreise in den wachsenden Industriegebieten. Witterungsbedingte Ernteausfälle lösten zusätzliche Hungerkrisen aus. In Deutschland finden sich sowohl von den sozialen Interessenlagen als auch von den politischen Orientierungen her unterschiedliche theoretische und praktische Ansätze zur Begründung von Genossenschaften.[45] Sie reichen von christlich-konservativen Ideen über liberal-soziale Programme bis zu libertär-anarchistischen Vorstellungen. Auch innerhalb der Arbeiter- und Gewerkschaftsbewegung sind Genossenschaften durchaus kein monolithischer Block. Die Idee der gemeinschaftlichen und genossenschaftlichen Zusammenschlüsse nahm im Verlauf der Zeit verschiedene theoretische Deutungen und praktische Gestalten an. Stets wurden sie unterschiedlich beurteilt, gewürdigt und auch kritisiert.

2.1 Die redlichen Pioniere von Rochdale

Als Urzelle der «modernen Konsumgenossenschaftsbewegung» wird die im Jahre 1844 gegründete Konsumgenossenschaft in der kleinen englischen Industriestadt Rochdale in der Nähe von Manchester bezeichnet. Die Grundsätze der 28 «einfachen Arbeiter», die als die «redlichen Pioniere von Rochdale» in die Geschichte eingingen, formulierten damals Prinzipien, die den Grundstein der mächtigen britischen Bewegung legten.[46] Die Konsumgenossenschaft breitete sich schnell aus. Hunderte von Läden entstanden in allen großen Städten und in vielen Dörfern im Norden Englands. Von da aus fand sie Verbreitung in allen Kulturländern der Erde. Die Ideen leben bis heute und finden sich zum Teil noch in den sieben Prinzipien des «Internationalen Genossenschaftsbundes». Es sind dies: freiwillige und offene Mitgliedschaft, demokratische Strukturen («ein Mensch,

44 Vgl. Hans Joachim Sperling: Ein Blick zurück: Arbeiterbewegung und Genossenschaften, in: Gisela Notz u. a. (Hg.): Selbstverwaltung in der Wirtschaft. Alte Illusion oder neue Hoffnung?, Köln 1991, S. 28 ff.

45 Helmut Faust: Geschichte der Genossenschaftsbewegung.

46 Robert Schloesser: Die Frauenfrage in der Genossenschaftsbewegung. Ein Beitrag zum Genossenschaftswesen und zur modernen Frauenbewegung, Düsseldorf-Reisholz 1922, S. 93.

eine Stimme»), gleichwertige ökonomische Partizipation der Mitglieder, politische und religiöse Neutralität, Bildung, Fortbildung und Information, Kooperation innerhalb der Genossenschaftsbewegung, Gemeinwohlorientierung.[47]

In den meisten Veröffentlichungen werden lediglich die Pioniere – also die 28 Männer genannt. So entsteht der Eindruck, dass Frauen bei den «Pionieren» keine Rolle spielten. Der «Geschichtsschreiber der Rochdaler Genossenschaft», George Jacob Holyoake (1817–1906), veröffentlichte in seinem 1893 erstmals erschienenen Buch über die Geschichte der Rochdaler Pioniere eine Liste der 28 Arbeiter[48], darunter ist an vorletzter Stelle auch eine Frau, Ann Tweedale, die zu Unrecht vergessen ist. David Thompson nennt neben ihr noch zwei weitere Frauen, Mary Bromley und Eliza Brierley, die ebenso zu den vergessenen Frauen gehören. Thompson vergleicht Ann Tweedale mit einem «unbekannten Soldaten» und bezeichnet sie als Repräsentantin derjenigen, die gekämpft haben, ohne dass man sie beachtet hat: «we know little to nothing about her».[49]

Sowohl Holyoake als auch Thompson ist es zu verdanken, dass wir überhaupt etwas über die Frauen wissen. Holyoake schreibt in seiner Geschichte der «redlichen Pioniere»,[50] dass der Erfolg, den die Männer hatten, wohl «ebenso sehr dem gesunden Verstande der Frauen, als dem Selbstvertrauen der Männer zugeschrieben werden [musste]». Ohne das Interesse der Frauen, die selbst «treue Genossenschafter» wurden und in den Genossenschaftsläden ihre Einkäufe tätigten, wären die Läden überflüssig gewesen. Das wussten auch die Pioniere. Und das war sicher auch der Grund dafür, dass Frauen, die zu dieser Zeit noch wenig staatsbürgerliche Rechte hatten, egal ob sie alleinstehend oder verheiratet waren, Mitglieder werden konnten und Stimmrecht hatten. Beide Rechte wurden von ihnen auch ausgeübt. Mehr als dreißig Genossenschafterinnen waren bereits vor 1888 Mitglied. Der Mann konnte die auf den Namen der Frau angesammelten Ersparnisse nicht ohne ihre

47 International Co-operative Alliance: cooperative identity, values & principles. https://www.ica.coop/en (Zugriff: 14.3.2020).

48 Georg Jakob Holyoake: The History of the Rochdale Pioneers, London 2016, zuerst erschienen 1893.

49 David J. Thompson: Weavers of Dreams. Founders of the Modern Co-operative Movement, University of California 1994, S. 92f.

50 Georg Jakob Holyoake: Geschichte der redlichen Pioniere von Rochdale, Leipzig 1977.

schriftliche Einwilligung abheben. Zwar wäre ihm dies nach den gesetzlichen Bestimmungen möglich gewesen, dafür hätte er aber über die bürgerlichen Gerichte klagen müssen, wozu es offenbar in keinem Fall kam, weil die Männer offensichtlich ein Interesse daran hatten, dass «ihre» Frauen durch die Genossenschaft sparsam mit dem knappen Haushaltsgeld wirtschaften konnten. Das sah auch der Chronist Holyoake, wenn er schrieb: «Die Kunst, mit dem auszukommen, was man hat, ist eine Begabung.» Auch er betrachtet Frauen schließlich als Anhängsel der Familienväter, denn er räumte ein, dass zwar viele Frauen diese «Eigenschaften» besitzen, dass man jedoch die Rochdaler Pioniere (!) bewundern muss, weil sie es verstanden haben, den Frauen diese Kunst beizubringen und den Familien den Stolz einzuflößen, ohne Schulden auszukommen.[51] Nicht alle Rochdaler Frauen waren Teil von Familien, vielleicht hatten sie die Belehrungen der Pioniere auch satt, als sie 1883 ihren eigenen Verein: die «Co-operative Women's Guild» gründeten. Die Cooperative wurde die größte Frauenorganisation in England.[52] Die Frauen kauften nicht nur günstig ein, sondern trafen sich wöchentlich zu Diskussionen, sie nahmen ihre Rechte als Mitglieder ernst und beteiligten sich an den Generalversammlungen der «redlichen Pioniere».[53]

Großbritannien wurde zum Vorbild der GenossenschaftsbefürworterInnen in anderen Ländern. Auch SozialreformerInnen aus Deutschland blickten in Bezug auf die Lösung der «Sozialen Frage» nach England. So zum Beispiel der christlich-konservative Sozialforscher und erste Genossenschaftstheoretiker in Deutschland, Victor Aimé Huber, der beobachtet hatte, dass mit der Arbeiterschaft eine ganze Bevölkerungsschicht zu verelenden drohte. Dem wollte er entgegentreten. Er fuhr 1844 nach Manchester, im selben Jahr, in dem auch Friedrich Engels dort die Lage der arbeitenden Klasse erforschte, und setzte sich mit den Ideen von Robert Owen und den «redlichen Pionieren von Rochdale» auseinander.

51 Georg Jakob Holyoake: Genossenschaften und Frauen, London 1857.

52 Thompson: Weavers of Dreams, S. 105.

53 Holyoake, Genossenschaften und Frauen.

2.2 «Aus besitzlosen Arbeitern arbeitssame Besitzer formen» Victor Aimé Huber (1800–1869)

Auf der Studienreise nach England lernte Victor Aimé Huber nicht nur die Problematik der modernen Industriegesellschaft kennen, indem er die Wohnviertel der Fabrikarbeiter durchwanderte, sondern auch die dortigen Anfänge der Genossenschaftsbewegung durch den Besuch von Robert Owens Pioniergenossenschaft in Rochdale. Er war beeindruckt vom Experiment der Konsumgenossenschaft und auch er vergaß nicht, den Beitrag der Frauen am Gelingen hervorzuheben.[54] Zurück in Deutschland propagierte Huber 1846 unter dem Titel «Über innere Colonisation» ein Konzept für Wohnungsgenossenschaften, mit dem er der Verarmung der ArbeiterInnen gegensteuern wollte.[55]

Nach seinem Plan sollten Cottage-Siedlungen entstehen, die den Arbeiterfamilien ausreichend Wohnraum zur Verfügung stellten, um ein geregeltes, christliches Familienleben führen zu können. Über die Mietzahlungen sollten die Arbeiter nach einiger Zeit zu Wohnungseigentümern werden und so ihre finanzielle Lage absichern. Ferner sah Huber vor, die MieterInnen durch Angebote verschiedener christlicher Bildungseinrichtungen in die Lage zu versetzen, eine solidarische Gemeinschaft zu bilden. Erst wenn die Arbeiterfamilien von den christlichen Eliten zur Erfüllung des Gemeinschafts- und Selbsthilfegedankens herangebildet waren, sollten sie sich auch aktiv am Geschehen der Genossenschaften beteiligen. Um das für sein Vorhaben notwendige Kapital anzusammeln, sendete er einen Aufruf zur Gründung, Finanzierung und Leitung der Wohngenossenschaften an wirtschaftlich und gesellschaftlich Bessergestellte.

Tatsächlich wurde Hubers sozialpolitische Vorstellung, «aus besitzlosen Arbeitern arbeitsame Besitzer» zu formen, auch praktisch verwirklicht. Von 1849 bis 1852 war er Vorstandsmitglied der liberal geprägten «Berliner gemeinnützigen Baugesellschaft» von 1848, die auf den Grundstücken Schönhauser Allee

---

54 Victor Aimé Huber: Die gewerblichen und wirtschaftlichen Genossenschaften der arbeitenden Klassen in England, Frankreich und Deutschland, Tübingen 1860.

55 Victor Aimé Huber: Über innere Colonisation, Berlin 1846.

58/58a sechs Kleinhäuser für 15 Familien baute.[56] Die «Bremer Höhe» genannte Siedlung sollte ein Musterbeispiel der «inneren Kolonisation» werden, hatte aber (in ihrer frühen Form) keinen langen Bestand. 1888/89 wurden die letzten mittlerweile verwahrlosten Cottages abgerissen und machten Platz für eine neue, dichtere Bebauung. Huber gilt heute als Wegbereiter des sozialen Wohnungsbaus und auch geistiger Wegbereiter der Genossenschaftsbewegung in Deutschland. Seine Bedeutung liegt dabei weniger in seinem praktischen Werk oder einer eigenständigen Theorie als vielmehr in seiner Tätigkeit als Multiplikator. Unermüdlich sammelte er auf Reisen nach Belgien, England und Frankreich Informationen, was ihn zum führenden Kenner des europäischen Genossenschaftswesens machte, der vor allem im Ausland hohes Ansehen genoss. Die gewonnenen Informationen publizierte er in unzähligen Artikeln und Broschüren sowie auf Tagungen.[57]

In Deutschland stieß Huber zu Lebzeiten auf keine nennenswerte Resonanz. Mit seinen christlich-konservativ gefärbten Genossenschaftsplänen saß er buchstäblich zwischen den Stühlen aller relevanten sozialpolitischen Strömungen seiner Zeit: Den Konservativen war sein Genossenschaftsgedanke zu liberal, den Liberalen waren Hubers Ansichten zu konservativ-monarchistisch, den Sozialisten zu paternalistisch-reaktionär und dem politischen Katholizismus zu protestantisch.

56 Ernst-Wilhelm Gäbler: Idee und Bedeutung der Berliner gemeinnützigen Baugesellschaft, Berlin 1848.

57 Eike Baumann: Der Konvertit Victor Aimé Huber (1800–1869). Geschichte eines Christen und Sozialreformers im Spannungsfeld von Revolution und Reaktion, Leipzig 2009.

2.3 «Der Geist der freien Genossenschaft ist der der freien Gesellschaft» Hermann Schulze-Delitzsch (1808–1883)

Als Vater des Genossenschaftsgedankens wird oft der deutsche liberale Sozialreformer, Jurist und Nationalpolitiker Hermann Schulze-Delitzsch genannt, der vor allem die sich aufgrund der Herausbildung des kapitalistischen Wirtschaftssystems rapide verschlechternde sozial-ökonomische Lage der handwerklich Beschäftigten im Auge hatte und durch die Bildung von Kredit-, Rohstoff- und Konsumvereinen in strikter Selbsthilfe und Selbstverantwortung hoffte, deren Situation zu verbessern.[58] Mit Hilfe von Genossenschaften wollte er vor allem zur Stärkung der Wettbewerbsfähigkeit des kleingewerblichen Mittelstandes beitragen, weil er der Überzeugung war, dass dessen Lage nur zu verbessern war, wenn er sich zusammenschloss und so mit den sich herausbildenden Industrien konkurrieren konnte. Als Patrimonialrichter, ein Amt, das er seit 1841 bekleidete, war er für mehrere Rittergüter im Königreich Preußen zuständig. Dabei lernte er die Nöte von Handwerkern und kleinen Betrieben kennen, die mit der immer bedeutender werdenden Industrialisierung zu kämpfen hatten. Als es 1846 zu einer schlechten Ernte kam, half er, ein Notkomitee zu gründen, das die Aufgabe hatte, neues Getreide zu beschaffen und für den Fortbestand einer Mühle und einer Bäckerei zu arbeiten. Ohne diese Hilfe hätten die Bauern je einzeln auf überteuerte Darlehen von Wucherern zurückgreifen müssen, was sie faktisch von diesen abhängig gemacht hätte. 1848 wurde Schulze-Delitzsch als Politiker in die Preußische Nationalversammlung gewählt; als Mitbegründer des Nationalvereins, der für einen Nationalstaat eintrat, gehörte er zur demokratischen Linken.[59] Auch in der Nationalversammlung setzte er sich für die Belange von Handwerkern und kleinen Gewerbetreibenden ein. Unter dem Einfluss der Revolution von 1848 gründete er 1849 in Delitzsch eine Schuhmachergenossenschaft. Das entwickelte Genossenschaftskonzept wendete er auch auf andere Bereiche

58 Rita Aldenhoff: Schulze-Delitzsch, Baden-Baden 1984.

59 Er kämpfte für die Überwindung der Vielstaaterei in Deutschland und damit für seine Einheit. Vgl. Wilhelm Kaltenborn: Schein und Wirklichkeit. Genossenschaften und Genossenschaftsverbände. Eine kritische Auseinandersetzung, Berlin 2014, S. 33.

an, so entstand die Idee von Spar- und Konsumvereinen sowie Vorschuss- und Kreditvereinen. 1853 führte er für die entstandenen Selbsthilfeeinrichtungen die Bezeichnung «Genossenschaften» ein, entwarf ein erstes Genossenschaftsgesetz, das 1867 in Preußen verabschiedet wurde und in weiten Teilen heute noch Gültigkeit hat. Es gab den Genossenschaften eine größere rechtliche Sicherheit. Ihre Gründung war nun nicht mehr von einer staatlichen Konzession und damit vom Wohlwollen der regionalen Behörden abhängig.

Die von Hermann Schulze-Delitzsch gegründeten Vorschussvereine, von denen er 1855 sechs gegründet hatte, vermehrten sich bis 1869 auf 735; die Summe der Mitglieder von 1532 auf 304772.[60] Aus diesen Vorschussvereinen gingen später die Volksbanken hervor, die bis in die Gegenwart wirken.

Tatsächlich wurde Schulze, der aus Delitzsch kam – so war sein Name entstanden – zum Wegbereiter der mittelständischen Genossenschaften. Er verfolgte vor allem liberal-politische und sozialreformerische Ziele, sowohl mit seinen gesellschaftspolitischen Konzepten als auch in seiner praktischen Arbeit. Am wichtigsten wurden für ihn die Produktivgenossenschaften. Durch sie erhoffte er auch Auswirkungen auf die Arbeitsbedingungen in den kapitalistischen Betrieben, z. B. höhere Löhne.

Schultze-Delitzsch´ Erwartungen, durch das Aufblühen der Produktivgenossenschaften die soziale Frage zu lösen, sind nicht erfüllt worden. Die «Soziale Frage seiner Zeit» ist auf anderen Wegen als durch die durch ihn propagierte Selbsthilfe gelöst worden, nämlich mit Hilfe der Bildung von Gewerkschaften und durch «die fortschreitende Etablierung des Sozialstaates» seit Bismarcks Krankenversicherungsgesetz von 1883. Jedenfalls sieht der Genossenschaftsforscher Wilhelm Kaltenborn das so.[61] Allerdings sieht Kaltenborn auch ein, dass Schulze, wie er ihn nennt, die Blumen, die er zu seinem zweihundertsten Geburtstag auf sein Grab gelegt hat, mehr als verdient hat. Schließlich schuf «Schulze» eine neue demokratische Unternehmensform, die sich in der Gegenwart zunehmender Beliebtheit erfreut.

---

60 Krishna Bayer: Solidarisch wirtschaften mit Genossenschaften. Episode 2. ZMML. https://ml.zmml.uni-bremen.de/uploads/material/5db70d0ed42f1c07118b4567/K09E02_Fertig_Fertig.pdf (Zugriff: 23.2.2020).

61 Vgl. Kaltenborn: Schein und Wirklichkeit, S. 35 und 39.

2.4. «Was dem Einzelnen nicht möglich ist, das vermögen viele...» Friedrich Wilhelm Raiffeisen (1818–1888)

Friedrich Wilhelm Raiffeisen entwickelte etwa zur gleichen Zeit wie Hermann Schultze-Delitzsch die Idee der gegenseitigen Unterstützung. Aus seinen Ideen entstanden – zunächst vor allem im ländlichen Bereich – die noch heute bestehenden Darlehenskassen, Raiffeisen-Banken und Warengenossenschaften. Sie waren weniger wirtschaftliche Zweckverbände als Vereinigungen karitativer Selbsthilfe zur Abhilfe der «Noth der ländlichen Bevölkerung und der Handwerker und Arbeiter».[62] Raiffeisen war in jungen Jahren Bürgermeister im Westerwald und lernte so die Probleme der mittellosen Landbevölkerung aus erster Hand kennen. Er ging von christlichen Moralvorstellungen und karitativen Werten aus und beklagte die fehlende «Nächstenliebe». Nach einer schweren Missernte im Jahr 1856 bildete er in Weyerbusch gemeinsam mit wohlhabenden Bürgern den «Weyerbuscher Brotverein», der zunächst der Verteilung von Lebensmittel an die Verarmten diente. Er begnügte sich jedoch nicht damit, Almosen zu verteilen, es ging ihm auch darum, die Armen zu ermutigen, selbst tätig zu werden. Also half er ihnen beim gemeinschaftlichen Bezug von Saatgut und der Errichtung eines Gemeindebackofens. Ermutigt durch den Erfolg gründete er 1849 den «Falmmersfelder Hülfsverein zur Unterstützung unbemittelter Landwirte», wobei ihm wieder wohlhabende Einwohner durch mildtätige Spenden halfen. 1852 gründete er in Heddesdorf einen Wohltätigkeitsverein, zu dessen Aufgaben neben der Gewährung von Darlehen an unbemittelte Landwirte und der gemeinschaftlichen Beschaffung von Vieh auch die Fürsorge und Erziehung verwahrloster Kinder, die Beschäftigung sozial benachteiligter Personen und entlassener Häftlinge sowie der Aufbau einer Volksbibliothek gehörten.[63]

62 Friedrich Wilhelm Raiffeisen: Die Darlehnskassen-Vereine als Mittel zur Abhilfe der Noth der ländlichen Bevölkerung, sowie auch der städtischen Handwerker und Arbeiter: praktische Anleitung zur Bildung solcher Vereine, gestützt auf sechszehnjährige Erfahrung, als Gründer derselben, Neuwied 1866, Neuauflage Berlin 2020.

63 Siehe Marvin Brendel: Friedrich Wilhelm Raiffeisen und die ländlichen Genossenschaften. Einer für alle, alle für einen. Genossenschaftsgeschichte. https://genossenschaftsgeschichte.info/friedrich-wilhelm- raiffeisen-laendliche-genossenschaften-613 (Zugriff: 12.5.2020).

Nachdem die Wohlfahrtsarbeit an Zuspruch verlor, musste er eingestehen, dass die von ihm immer wieder betonte christliche «Nächstenliebe» keine nachhaltige Grundlage für seine Vereine bot und er besann sich auf seinen früheren Selbsthilfegedanken. Nun gründete er «Darlehenskassen-Vereine als Mittel zur Abhilfe der Noth» und schrieb ein Buch darüber, das viel gelesen wurde und dem Genossenschaftsgedanken Auftrieb gab.[64]

Mit Hilfe der Darlehenskassen sollte gegen die Not der ländlichen Bevölkerung angekämpft werden. Sie sollten selbst in die Lage versetzt werden, sich aus der Abhängigkeit von den «Wucherern» zu lösen, die ihre wirtschaftliche Not vor allem bei Missernten und Viehsterben ausnutzten, um möglichst hohe Zinsraten für das geliehene Geld zu bekommen. An seiner christlichen Mission hielt Raiffeisen fest. Er machte sowohl für die Not der Bauern, aus der das «Creditbedürfnis» entstand, als auch für das «Wucherthum der Geldverleiher», die diese Not ausnutzten, die «Entchristlichung unserer Zeit», verantwortlich.[65] Die mangelnde Christlichkeit, die er beklagte, fand sich allerdings ganz offensichtlich auch bei den christlichen Kirchen selbst. Kredite, die zu seiner Zeit von Kirchengemeinden an Bauern vergeben wurden, zeichneten sich ebenso durch wucherische Bedingungen aus wie die anderer Geldgeber.[66] In jedem Fall drohte die Zwangsversteigerung der Höfe, wenn die Bauern nicht fristgerecht zurückzahlen konnten. Raiffeisens Idee der Selbsthilfe verbreitete sich rasant. In ganz Deutschland entstanden Warengenossenschaften; über Viehvermarktungs- und Molkereigenossenschaften bis zu Fischereigenossenschaften reichte das Spektrum der ländlichen Genossenschaften, die sich in Genossenschaftsverbänden zusammenschlossen.

Friedrich Wilhelm Raiffeisen wird heute oft als Vater des mittelständischen Genossenschaftswesens, das bis in die Gegen-

---

64 Friedrich Wilhelm Raiffeisen: Die Darlehenskassen-Vereine als Mittel zur Abhilfe der Noth.

65 Friedrich Wilhelm Raiffeisen: Die Darlehnskassen-Vereine, in Verbindung mit Consum-, Verkaufs-, Winter-, Molkerei-, Viehversicherungs- etc. Genossenschaften als Mittel zur Abhilfe der Noth der Ländlichen Bevölkerung. Praktische Anleitung zur Gründung und Leitung solcher Genossenschaften. Heddendorf-Neuwied 1883, 4., theilweise umgearb. u. verb. Aufl., S. 14.

66 Albert Schäfer: Der «Flammersfelder Hülfsverein zur Unterstützung unbemittelter Landwirthe», o.O. 2009.

wart reicht, gefeiert. Sein Modell fand weltweite Verbreitung, zahlreiche Denkmäler wurden ihm gesetzt. Wilhelm Kaltenborn scheut sich jedoch nicht, ihn einen «Antisemiten» zu nennen, weil er dem «Wuchertum», für das er offensichtlich Juden verantwortlich machte, den Kampf ansagte. Die Filialen der Raiffeisenbank eG an vielen großen und kleinen Orten erfreuen sich großen Zulaufs. Heute ist sie eine Bank wie viele andere und vielleicht wissen viele Kunden nichts über ihre genossenschaftliche Geschichte. Sie aber bezieht sich gerne auf die Gründerfigur und dessen Leitmotiv: «Was dem Einzelnen nicht möglich ist, das vermögen viele», ergänzt durch: «Gemeinsam für die Region» und – ganz aktuell anlässlich der Corona-Pandemie 2020: «Wir sind auch in diesen besonderen Zeiten für sie da.»[67]

Aimé Hubert, Hermann Schulze-Delitzsch und Friedrich-Wilhelm Raiffeisen haben sicher ihre jeweiligen Ziele – die armen Arbeiter in den Mittelstand zu heben bzw. Teil einer umfassenden staatsfernen Demokratiebewegung oder Teil einer christianisierten Gesellschaft zu werden, nicht erreicht. Sie haben offenbar zu Lebzeiten auch kräftig miteinander gestritten. Ein wesentlicher Streitpunkt war die Bildung des Kapitalstocks der Genossenschaften. Während Schulze-Delitzsch jede Form der Staatshilfe konsequent ablehnte, waren für Raiffeisen Kapitaleinlagen und Finanzzuschüsse der öffentlichen Hand durchaus denkbar. Raiffeisen zielte auf solidarische Haftpflicht innerhalb der Dorfgemeinschaft, die den Einzelnen kreditwürdig und unabhängig von wucherischen Geldgebern machen sollte. Ab 1872 spalteten sich Raiffeisens Universalgenossenschaften, indem es zur Gründung einzelner Spartengenossenschaften z. B. durch Wilhelm Haas (1839–1913) kam. Er gründete u. a. die landwirtschaftlichen Kredit- oder Molkereigenossenschaften.[68] Trotz aller Divergenzen bilden gewerbliche Vorschuss- und Kreditvereine sowie ländliche Spar- und Darlehnskassen die Grundlage für die Entwicklung des deutschen Genossenschaftswesens. In Vergessenheit sollten sie nicht geraten.

---

67 Volksbank Raiffeisenbank eG: Corona. Informationen, Hinweise und Hilfestellungen. VRHS. https://www.vrhs.de/kampagnen/vrnw/corona.html (Zugriff: 18.4.2020).

68 Marvin Brendel: Porträt. Wilhelm Haas (1893–1913). Genossenschaftsgeschichte. https://genossenschaftsgeschichte.info/wilhelm-haas-portraet-1742 (Zugriff: 27.4.2020).

Neben den Erwähnten gab es eine Vielzahl von TheoretikerInnen und PraktikerInnen, unter denen sich Konservative, überzeugte ChristInnen, Liberale, Linke, AnarchistInnen, UtopistInnen und noch andere befanden. Nur einige können hier genannt werden.

2.5 «Der Arbeiter hat jetzt gleiches Interesse, daß die Ordnung nicht gestört wird.» Eduard Pfeiffer (1835–1921)

Der Stuttgarter Bankier und Nationalliberale Eduard Pfeiffer wird als erster großer Künder und Pionier einer unabhängigen Konsumgenossenschaftsbewegung angesehen.[69] 1863 erschien sein erstes Buch «Über Genossenschaftswesen».[70] Auch Pfeiffer hielt soziale Reformen für dringend notwendig und sah den idealen Weg in einem gezielten und gelenkten Selbsthilfeprogramm. Ziel seiner Anstrengungen blieb zeitlebens, die Arbeiterschaft durch stetige Verbesserungen ihrer Lebensumstände an das bürgerliche Gesellschaftssystem zu binden und sie von sozialistischen bzw. kommunistischen Ideen fernzuhalten. Die Lösung der sozialen Frage hielt Pfeiffer nur durch die Kooperation zwischen besitzenden und arbeitenden Klassen für denkbar. Das vertrat er auch in seiner 1865 erschienenen Schrift «Die Consumvereine, ihr Wesen und Wirken. Nebst einer practischen Anleitung zu deren Gründung und Einrichtung». Weitere Publikationen zu volkswirtschaftlichen Themen folgten. Bald setzte er die Idee des Konsumvereins in die Tat um und gründete im November 1863 den «Stuttgarter Consum- und Ersparnisverein», der zum Modell für die meisten Konsumgenossenschaften in Deutschland wurde. 1866 gründete er den «Verein für das Wohl der arbeitenden Klassen» und die nationalliberale Deutsche Partei, weil er auf einen von Preußen geführten Nationalstaat hoffte. Als erster jüdischer Bürger bekam er 1868 einen Sitz im württembergischen Landtag. Er gründete Arbeiterheime und unterstützte Maßnahmen im Wohnungsbau, in der Arbeitsvermittlung und im Gesund-

69 Erwin Hasselmann: Im Strom der Zeit, 60 Jahre Zentralverband deutscher Konsumgenossenschaften, in: Beiträge zur Theorie und Geschichte des Genossenschaftswesens, Hamburg 1963, S. 6.

70 Eduard Pfeiffer: Über Genossenschaftswesen. Was ist der Arbeiterstand in der heutigen Gesellschaft? Und was kann er werden?, Leipzig 1863.

heitswesen. Unter anderem stiftete er den Bau eines Heims für Fabrikarbeiterinnen, gehörte er zu den Gründern von drei öffentlichen Badeanstalten und zwei Volksbibliotheken. Dem 1867 gegründeten «Verband deutscher Konsumvereine» traten sämtliche nach seinem System errichteten deutschen Konsumvereine bei. 1869 rief er die erste Großeinkaufsgenossenschaft in Mannheim ins Leben, die wegen mangelnder Resonanz auf scharfe Kritik bei den Führern der Schulze-Delitzschen Genossenschaftsbewegung stieß. 1872 schloss sich der «Verband deutscher Konsumvereine» dem «Allgemeinen Genossenschaftsverband» an, womit die Abkehr von Pfeiffers System vollzogen wurde. Dennoch gilt Pfeiffer als wichtigster Wegbereiter, Theoretiker und Organisator der gesamtdeutschen Konsumvereinsbewegung.[71]

2.6 «Nicht ruhen noch rasten darf, wer den Kapitalismus bekämpfen will!» Adolph von Elm (1857–1916)

Adolph von Elm war eine bedeutende Persönlichkeit der deutschen Genossenschaftsgeschichte. Der Hamburger Zigarrenmacher gründete 1892 eine Produktivgenossenschaft, die Tabakarbeiter-Genossenschaft (TAG), deren Geschäftsführer er wurde und die eine Fabrik in der Paulinenallee 32 unterhielt.[72] Mit dem Jahresabschluss 1909 ist die TAG 1910 in der «Großeinkaufs-Gesellschaft Deutscher Consumvereine mbH» aufgegangen. Schon als Kind musste von Elm seinem Vater, der Zigarrenhausarbeiter war, helfen «vom frühen Morgen bis spät in die Nacht».[73] Im Alter von 15 Jahren begann er eine Lehre als Zigarrensortierer. Zigarrensortierer war die einzige Berufsgruppe unter den Tabakarbeitern, die eine Lehre absolvierte und anschließend relativ gut verdiente.[74] Aber es war eine gesund-

71 Vgl. Anne Hermann: Pfeiffer, Eduard in: Neue Deutsche Biographie (20), München 2001, S. 316–317.

72 Die Geschichte der TAG hat Adolph von Elm 1910 erstmals in der Genossenschaftlichen Rundschau veröffentlicht. Burchard Bösche: Adolph von Elm: Geschichte der Tabakarbeitergenossenschaft – ein Lehrstück, Hamburg 2012.

73 Adolph von Elm: Reichstagsrede, in: Protokolle des Deutschen Reichstags, 96. Sitzung, 5. Mai 1906, S. 2956.

74 siehe Burchard Bösche: «Der Junge wird keine dreißig.» Adolph von Elm (1857–1916): Gewerkschafter, Genossenschafter, Sozialdemokrat,

heitsschädliche Arbeit. Schon als Schüler war von Elm, da er des Lesens kundig war, als Vorleser in einer der Tabakarbeiterbuden, die von den Arbeitern selbst organisiert wurden, tätig. In einer Zeit, in der die Sozialdemokraten und die Gewerkschafter gerade dabei waren, sich zu organisieren und ihren Platz in der Gesellschaft zu finden, kam er mit deren Ideen durch die Zeitungen und Bücher, die er vorlas, in Berührung. Im Gegensatz zu den bisher beschriebenen «Gründungsvätern» kam von Elm aus der Arbeiterklasse und wurde früh Sozialist. 1875 trat er dem Deutschen Arbeiterverein bei, wurde dort Schriftführer und fand 1878 keine Arbeit mehr aufgrund von Bismarcks «Gesetz gegen die gemeingefährlichen Bestrebungen der Sozialdemokratie». So wanderte er im gleichen Jahr in die USA aus. Er wurde Vizepräsident des Local 8 der Cigar-Packers-Union (CPU). 1882 kehrte er nach Deutschland zurück und wurde wieder Mitglied im «Freundschaftsclub der Zigarrensortierer», aus dem unter seiner Führung der «Verband der Zigarrensortierer und Kistenbekleber» hervorging. Am 10. Juli 1885 wurde Adolph von Elm zum Geschäftsführer des neu gegründeten «Unterstützungsvereins deutscher Cigarrensortierer» gewählt.

Nach der großen Hamburger Tabakarbeiteraussperrung von 1890/91 gründete er 1892 die Tabakarbeitergenossenschaft (TAG), um Arbeitsplätze für gemaßregelte Arbeiter zu schaffen und wurde deren Geschäftsführer. Die Genossenschaft mit ihren Fabriken in Hamburg, Hockenheim (Baden) und Frankenberg (Sachsen) sicherte er gegen die oft unfaire Konkurrenz der anderen Zigarrenfabrikanten, in dem er für sie die Konsumgenossenschaften als Absatzmarkt erschloss. Bis 1910, 18 Jahre lang, stellte dies seine einzige bezahlte Stelle neben seinen zahlreichen ehrenamtlichen Tätigkeiten dar.[75] Burchard Bösche sieht Adolph von Elm als Begründer der *Drei-Säulen-Theorie*[76], zumal er selbst mit großem Einsatz in allen der Säulen der Arbeiterbewegung aktiv war: als sozialdemokratischer Reichstagsabgeordneter und Landagitator in Schleswig-Holstein, als Gewerkschaftsgründer und jahrzehntelanger Vorsitzender der Zigarrensortierer

---

in: Adolph von Elm: Geschichte der Tabakarbeitergenossenschaft – ein Lehrstück, Hamburg 2012, S. 27–57.

75 Siehe NGG: Thema 6: Menschen in der NGG. Adolph von Elm. NGG – Der Vorleser . https://150.ngg.net/menschen-in-der-ngg/adolph-von-elm/index.htm (Zugriff: 14.7.2020).

76 Siehe hierzu Abschnitt 4.1.

und als Geschäftsführer der Tabakarbeitergenossenschaft und vielfältiger Funktionsträger im Rahmen der Konsumgenossenschaftsbewegung, u. a. als Gründer und langjähriges Aufsichtsratsmitglied des hamburgischen Konsum-, Bau- und Sparvereins «Produktion». Seine sozialistische Überzeugung brachte er bis an sein Lebensende in alle drei Säulen ein. Die Autonomie der einzelnen Säulen war ihm stets wichtig, sie sollten zusammengehören, aber keine sollte den Vorrang haben.[77]

Der Gründer der «Produktion» hoffte den Kapitalismus durch die Gründung von Genossenschaften überwinden zu können. «Nur durch den Zusammenschluss aller derer, die unter dem Joche des Kapitalismus leiden, in einer einheitlichen Konsumentenorganisation kann das Ziel erreicht werden! Nicht ruhen noch rasten darf, wer den Kapitalismus wirtschaftlich bekämpfen will; das Wüten der Scharfmacher in Hamburg gegen die ‹Produktion› beweist, dass sie auf dem rechten Wege ist. Die ‹Produktion› hat der Arbeiterschaft Hamburgs mehr gegeben, als Worte zu sagen vermögen: den Glauben an ihre Kraft!»[78] Das waren seine Worte, bevor er 1916 an seinem Schreibtisch sitzend starb. Im Gegensatz zu seinen bürgerlich-liberalen Zeitgenossen ist er heute beinahe vergessen.

2.7 «Das Genossenschaftswesen verfocht sie leidenschaftlich.» – Eine Gründungsmutter der Genossenschaften: Helma Steinbach (1847–1918)

Die aus einer verarmten Kaufmannsfamilie stammende Helma Steinbach war eine Pionierin der Genossenschaftsbewegung und eine der wenigen Frauen, die im 19. und zu Beginn des 20. Jahrhunderts aus diesem damals von Männern dominierten Bereich herausragten.[79] Bevor sie 1899 in Hamburg den Konsum-, Bau- und Sparvereins «Produktion» (PRO) mit gegründet hatte, war die gelernte Schneiderin, Plätterin und spätere Vorleserin

77 Bösche: Der Junge wird keine dreißig, S. 27.

78 Adolph von Elm: Wertevolle soziale Arbeit, Vortrag, gehalten am 20. Oktober 1919 im Gewerkschaftshaus Hamburg, in: Zentralverband deutscher Konsumgenossenschaften e. V. Hamburg: Die soziale Seite der Genossenschaften, Hamburg 2005.

79 Siehe Rita Bake, Brita Reimers: Stadt der toten Frauen. Frauenportraits und Lebensbilder vom Friedhof Hamburg Ohlsdorf, Hamburg 1997.

in einer Zigarrenfabrik bereits in der Gewerkschaftsbewegung und in der SPD aktiv und setzte sich dort besonders für die Arbeiterinnen ein. Die vorzügliche Rednerin gründete u.a. 1890 den «Zentralverband der Plätterinnen» und schrieb auch in der damals von Clara Zetkin herausgegebenen Sozialdemokratischen Frauenzeitschrift «Die Gleichheit». Sie war 1896 beim großen Hamburger Hafenarbeiterstreik beteiligt und kämpfte mit den Arbeitern für höhere Löhne und bessere Arbeitsbedingungen. Gemeinsam mit Luise Zietz (1865–1922)[80] organisierte sie für die Frauen der streikenden Hafenarbeiter Versammlungen, um sie davon zu überzeugen, dass sie ihre Männer beim Streik unterstützten. Als das Geld in der Unterstützungskasse knapp wurde, entstand die Idee, die hungernden Streikenden mit Lebensmitteln zu unterstützen. Die Waren sollten im Großen eingekauft und dann preiswert an die Arbeiterfamilien abgegeben werden. Durch den Einsatz von Streikbrechern erzielte der Streik nicht den erhofften Druck auf die Arbeitgeber. Er musste erfolglos aufgegeben werden. Aus der Idee von der Großeinkaufsmöglichkeit entwickelte sich eine Initiative für den Konsum- und Sparverein. Helma Steinbach gehörte im August 1897 als einzige Frau einem Ausschuss von neun Personen an, der den Satzungsentwurf für eine Konsumgenossenschaft ausarbeiten sollte. Nachdem ein Entwurf von 134 Paragraphen ausgearbeitet worden war, konnte am 3. Februar 1899 die «Produktion» ins Genossenschaftsregister eingetragen werden.

Helma Steinbach war auch die einzige Frau unter den Gründungsmitgliedern der «PRO» und gehörte – wiederum als einzige Frau – von der Gründung bis zu ihrem Tode dem Aufsichtsrat an. Auf der ersten reichsweiten sozialdemokratischen Frauenkonferenz im Jahre 1900 in Mainz vertrat sie energisch den Konsumgenossenschaftsgedanken. Sie konnte aber auch den Genossenschaften gegenüber kritisch sein. So scheute sie sich nicht, auf dem Genossenschaftstag von 1904 einzelnen Genossenschaften vorzuhalten, dass sie die Genossenschaften schwächen würden, weil sie nicht genügend Waren bei der «Großeinkaufsgesellschaft Deutscher Consumvereine» (GEG) einkauften.[81]

---

80 Siehe Gisela Notz: Alle, die ihr schafft und euch mühet im Dienste anderer, seid einig! Luise Zietz, geb. Körner (1865–1922), in: Jahrbuch für Forschungen zur Geschichte der Arbeiterbewegung (2), 2003, S. 135–149.

81 Burchard Bösche: Adolph von Elm: «Der ungekrönte König von Hamburg.» Gewerkschafter, Genossenschafter, Sozialdemokrat, Hamburg 2015, S. 60-67.

In der Zeit ihres Wirkens – gemeinsam mit Adolph von Elm – wurde die «Produktion» zu einem international bewunderten modernen Unternehmen, das 1910 seine 46500 Mitglieder durch 69 Läden versorgte, eine große Brotfabrik und die modernste Fleischwarenfabrik Deutschlands unterhielt. Dass die 820 Personen, die die «Produktion» beschäftigte, bessere Arbeitsbedingungen und höhere Löhne erhielten als ArbeiterInnen in kapitalistischen Betrieben, war für sie selbstverständlich. Sie kannte aus ihrer Arbeit in einer «Tabakbude», in der Schulauer Zuckerfabrik und in anderen Fabriken die Not der Arbeiterinnen. Helma Steinbach war auch eine der Frauen, denen es zu verdanken ist, dass die Gewerkschaften die Widerstände gegen die Aufnahme von Frauen aufgaben. Dass die «Produktion» für ihre Mitglieder sechshundert Wohnungen baute, erhält heute angesichts der vielen Wohnungssuchenden und der für zahlreiche Menschen nicht mehr bezahlbaren Mieten besondere Relevanz.[82]

2.8 Geschlechterverhältnisse und Genossenschaften

Während vor dem Ersten Weltkrieg in Amerika, England, Schottland, Irland, Holland, Finnland und in der Schweiz bereits genossenschaftliche Frauengilden oder Frauenkommissionen und Frauengruppen bestanden, unter denen die Organisationen in Großbritannien die bedeutendsten waren,[83] gewannen Frauen für die Genossenschaftsbewegung in Deutschland nur langsam an Bedeutung. Obwohl die Geschlechterfrage für die Genossenschaften, insbesondere in den Konsumgenossenschaften, bereits während der Gründungsphase der Genossenschaften in Deutschland einen breiten Raum einnahm – schließlich waren es die Frauen, die vor allem die Lebensmittel einkauften – stellte sich in der Zeit vor dem Ersten Weltkrieg der «Zentralverband deutscher Konsumvereine» der Frauenbewegung in

82 Zu Helma Steinbach siehe Burchard Bösche: Helma Steinbach (1847–1918): Pionierin der Gewerkschaften und Genossenschaften, in: Barbara Bollwahn: Frauengenossenschaften – Genossenschaftsfrauen, Berlin 2008 sowie Gisela Notz: Gründet Genossenschaften!, in: Ossietzky (5), 2020, S. 151–154.

83 1883 wurde in England ein Verein weiblicher Genossenschafter gegründet, der 13000 Mitglieder hatte. Vgl. Lily Braun: Die Frauenfrage, Bonn 1979, S. 448.

den Genossenschaften ablehnend gegenüber. Lily Braun führte das auf Lassalles Ansicht zurück, «daß die Konsumvereine eine Lohnherabsetzung zur Folge haben würden», was zwar längst widerlegt sei, aber noch in den Köpfen spuke.[84]

Die rechtliche Stellung der Frau im deutschen Genossenschaftsrecht unterschied sich seit Inkrafttreten des Genossenschaftsgesetzes vom 1. Mai 1889 nur wenig von der der Männer. Frauen konnten – trotz des gültigen Reichsvereinsgesetzes von 1850, nach dem es ihnen fast überall in Deutschland verboten war, politischen Vereinen oder Parteien beizutreten, und das erst 1908 außer Kraft gesetzt wurde – stets einer Genossenschaft beitreten. Weder brauchten verheiratete Frauen eine Genehmigung des Ehemanns für einen Beitritt, noch hatte dieser für die Ehefrau ein Kündigungsrecht. Dagegen konnte das Geschäftsguthaben an die Ehefrau nur mit Einwilligung des Ehemanns ausgezahlt werden. Frauen konnten von der Teilnahme an Generalversammlungen einer Genossenschaft ausgeschlossen werden. Damit konnten Frauen – obwohl es das Gesetz zugelassen hätte – nicht in den Vorstand oder Aufsichtsrat gewählt werden.

Der Erste Weltkrieg unterbrach die Arbeit der Genossenschaftsfrauen ebenso wie die der sozialistischen Frauenorganisationen. Internationale Kontakte wurden so gut wie unmöglich. Erst mit der Einführung des Frauenwahlrechts 1918 wurde auch die Teilnahme weiblicher Mitglieder an Generalversammlungen allgemein üblich, aber noch lange nicht selbstverständlich. Der «Reichsverband deutscher Konsumvereine» beantragte sogar im Jahre 1919 eine Änderung des bestehenden Gesetzes, der sich auch die anderen Genossenschaftsverbände anschlossen. Danach sollte der Ausschluss von Frauen aus der Generalversammlung nicht mehr möglich sein.[85] Die Änderung konnte allerdings nicht durchgesetzt werden. Frauen, die als Mitarbeiterinnen und Kundinnen tragend für die Genossenschaften waren, waren meist überhaupt nicht Mitglied derselben, denn es galt als selbstverständlich, dass der «Mann als Haushaltungsvorstand» Genosse war. Da aber in die Gremien nur Mitglieder gewählt werden konnten, bestand für Frauen gar keine Möglichkeit ihren rechtmäßigen Einfluss auf die Leitung der Genossenschaften auch wahrzunehmen.

---

84 Braun: Die Frauenfrage, S.448.

85 Schloesser: Die Frauenfrage, S. 102f.

Kein Wunder, dass die Auseinandersetzung, ob Frauen eine eigene genossenschaftliche Frauenbewegung anstreben sollten oder ob und wie sie sich in die bereits bestehenden durch Männer dominierten Zusammenschlüsse einbringen sollten, bald einen breiten Raum einnahm. 1920 ergriffen Frauen des «Reichsverbands deutscher Konsumvereine» die Initiative für die Organisierung der Genossenschaftsfrauen und gründeten nach englischem Vorbild die «Deutsche Frauengilde für Gemeinwirtschaft auf verbrauchergenossenschaftlicher Grundlage» mit ersten Ortsgruppen in Köln und Dresden.[86] Offensichtlich blieb die Frauengilde ohne Bedeutung; sie «verlief im Sande».[87] Deshalb war keine Frau aus Deutschland beim ersten Internationalen Kongress der Genossenschaftsfrauen, der 1921 in Basel stattfand, vertreten. So versäumten sie die Gründung der «Internationalen Genossenschaftlichen Frauengilde (ICWG – International Cooperative Women's Guild)» ebenfalls. Zur Präsidentin wurde die Österreicherin Emmy Freundlich (1887–1948) gewählt. Das Amt behielt sie bis zu ihrem Tod. Getreu der Ansicht, dass sozialistische Frauen Schulter an Schulter mit den Männern kämpfen sollten, vertrat Freundlich die Meinung, dass die Frauengenossenschaften ein Teil der gesamten Organisation sein müssten und niemals gegen dieselbe arbeiten dürften.[88]

Mit zunehmender Bedeutung der Genossenschaften in Deutschland während der Weimarer Republik nahm auch unter den Arbeiterinnen und Arbeiterfrauen, insbesondere unter den Sozialdemokratinnen, das Bewusstsein zu, dass es sinnvoll sei, sich – besonders in den Konsumgenossenschaften – zu organisieren. Es entstand eine breite genossenschaftliche Frauenliteratur und die Genossenschaftspresse brachte eine Reihe von Artikeln und Sondernummern zum Thema «die Frau in der Genossenschaft» heraus.[89] Dennoch wurde beklagt, dass «die Mannliteratur auf das genossenschaftliche Frauenproblem wenig oder gar nicht ein[geht]». Wenn überhaupt, dann wird in der Literatur die große Bedeutung der Agitation unter den

86 A. Schloesser-Nickel: Die Aufgaben der Deutschen Frauengilde, in: Schloesser: Die Frauenfrage, S. 68f.

87 Vgl. Claudius Torp: Konsum und Politik in der Weimarer Republik, Göttingen 2011, S. 128.

88 Schloesser: Die Frauenfrage, S. 41f.

89 Ebd., S. 8–27.

Frauen für die Konsumvereine hervorgehoben.[90] Denn die Konsumgenossenschaftsbewegung wurde zu allen Zeiten als die ureigene Aufgabe der Frauen angesehen. «Hausfrau, erkenne Deine Macht!» war aus gutem Grunde der Titel einer Schrift, die Peter Schlack, damals Vertreter der christlichen Konsumgenossenschaften, verfasst hatte.[91]

Das Werben um die Hausfrau ging mit einer gleichzeitigen Aufwertung der privaten Hausfrauenrolle einher. Indem die Arbeiter-Ehefrauen auf ihre große wirtschaftliche Macht hingewiesen wurden, wurden sie zugleich über ihre geschlechtsspezifisch zugeschriebene Hausfrauenrolle und über ihre Rolle als politisch gestaltende Akteurinnen angesprochen. Die bürgerlichen Frauenvereinigungen, welche sich mit Fragen der Hauswirtschaft beschäftigen und die bürgerliche Frauenbewegung insgesamt, insbesondere die kirchlichen Frauenorganisationen, beschäftigten sich wenig mit dem Genossenschaftsgedanken.[92] Der größte Teil der Mitglieder in den Konsumvereinen kam aus der Arbeiterschaft, die «besser gestellten Damen» kauften nicht im Konsum ein; sie konnten sich Nahrungsmittel und Bedarfsgüter zu höheren Preisen erlauben, die sie durch ihre Dienstbotinnen einkaufen ließen.

Sozialistische/sozialdemokratische Frauen sahen bald die emanzipatorischen Vorteile der Konsumvereine «als treffliche Ausgangs- und Stützpunkte, um Aufklärung unter das weibliche Proletariat zu tragen».[93] Die sozialdemokratische Frauenzeitschrift «Die Gleichheit» berichtete nun, im Gegensatz zu den Zeitschriften der bürgerlichen Frauenbewegung, regelmäßig über die Genossenschaftsbewegung.

Auch wenn den Frauen die Einflussnahme auf der Ebene der Verbände weitgehend versperrt blieb, stand einer «ehrenamtlichen» Betätigung der Frauen, insbesondere in der «Propaganda- und Erziehungsarbeit» für die Genossenschaften, nichts entgegen. Dass es sich dabei um unbezahlte Arbeit handelte, problematisierten erfahrene Genossenschafterinnen. Schließlich waren es die Frauen und Töchter der Arbeiter, die die Haupt-

90 Ebd., S. 15.

91 Peter Schlack: Hausfrau, erkenne Deine Macht!, zit. nach Torp: Konsum und Politik, S. 128.

92 Schloesser: Die Frauenfrage, S. 20.

93 Beispielsweise Henriette Fürth und Helma Steinbach (beide SPD) zitiert nach ebd., S. 24f.

trägerInnen der Genossenschaften waren und die konnten neben der notwendigen Erwerbs-, Haus- und Sorgearbeit nur schwer für erforderliche Umsonstarbeit herangezogen werden, zumal ihnen die Gratisarbeit keinen Einfluss verschaffte.[94] Was der Zeitgenosse Havelock Ellis (1858–1939) über die Frau im Wirtschaftsleben schrieb, galt auch für die Frauen in vielen Genossenschaften: «Die Frauen leiden gegenwärtig darunter, daß sie zu ihrem Anteil an der Last der Arbeit nicht zugleich eine Teilnahme an der Organisation und Überwachung der Arbeit und der Arbeitsbedingungen erhalten haben.»[95] Die Frage, ob die Arbeiten bezahlt oder unbezahlt geleistet werden sollten, beschäftigte die Genossenschafterinnen so lange, bis eine Reihe von engagierten Genossenschafterinnen eindeutig für die Anstellung von bezahlten Frauensekretärinnen plädierten und die ersten hauptamtlich eingestellt wurden.[96]

Es sollte lange dauern, bis sich die Benachteiligung von Frauen auf breiter Ebene änderte. Selbst nach der Gründung der Bundesrepublik und der Verabschiedung des Grundgesetzes, nachdem Männer und Frauen gleichberechtigt waren, war es für eine verheiratete Frau nicht einfach, selbstbestimmtes Mitglied einer Genossenschaft und damit auch Mitglied in den Gremien zu werden. Bis zum Gleichberechtigungsgesetz von 1958 holten viele Genossenschaften die Zustimmung des Ehemanns ein, wenn eine Frau beitreten wollte. Sonst hätte der Mann zum Beispiel die Einzahlung des Geschäftsanteils verhindern können, wenn er mit dem Beitritt nicht einverstanden war. Denn bis 1958 oblag es laut Gesetz dem Mann, das Vermögen seiner Ehefrau zu verwalten.

Erst mit dem Bundestagsbeschluss vom 6. März 2015 werden große Unternehmen in Deutschland gesetzlich verpflichtet, Aufsichtsratsposten mit mindestens 30 % Frauen zu besetzen.[97] Das «Gesetz für die gleichberechtigte Teilhabe von

94 F. B.: Genossenschaftliche Frauenbewegung, in: Schweizer Konsumverein (52), 1991.

95 Havelock Ellis: Mann und Weib, Leipzig 1894, S. 363f.

96 Elsa Rupprecht: Zur Frage der Frauensekretärinnen, in: Konsumgenossenschaftliche Rundschau (10), 1922.

97 Bundesministerium der Justiz und für Verbraucherschutz: Mehr Frauen in die Führungsetagen. Bundestag beschließt Quote. BMJV (6. März 2015), Pressemitteilung. https://www.bmjv.de/SharedDocs/Pressemitteilungen/DE/2015/03062015_Frauenquote.html (Zugriff: 14.4.2021).

Frauen und Männern an Führungspositionen» trat am 1. Januar 2016 in Kraft.[98] Effektiv gilt die vorgegebene 30-Prozent-Quote für 108 börsennotierte und voll mitbestimmungspflichtige Unternehmen (mit mehr als 2000 MitarbeiterInnen), für weitere etwa 3500 Unternehmen gilt die Pflicht, sich eine beliebige Zielvorgabe zur Erhöhung des Frauenanteils in Aufsichtsräten, Vorständen und obersten Management-Ebenen zu setzen. Das Gesetz stellt keine reine Frauenquote, sondern eine Geschlechterquote dar.[99] Über die Zielgrößen und deren Erreichung müssen die Betriebe öffentlich berichten. Der Kreis der betroffenen Unternehmen erfasst neben Aktiengesellschaften und Kommanditgesellschaften auch GmbHs, eingetragene Genossenschaften und Versicherungsvereine auf Gegenseitigkeit, die in der Regel mehr als fünfhundert ArbeitnehmerInnen beschäftigen. Eine Mindestzielgröße ist nicht vorgesehen. Die Unternehmen/Genossenschaften können sie selbst setzen, dürfen dabei aber nicht hinter dem tatsächlichen Status Quo zurückbleiben. Nach Angaben der Raiffeisen-Stiftung liegt der Anteil weiblicher Führungskräfte in ländlichen Genossenschaften bislang deutlich unter dem Durchschnitt in anderen Wirtschaftsbereichen. Die Stiftung verweist darauf, dass es nicht nur eine Frage der Gleichstellung, sondern auch des bestmöglichen Ressourceneinsatzes für die Genossenschaften sei, wenn der Anteil von Frauen in leitenden Positionen genossenschaftlicher Unternehmen erhöht wurde, da Frauen in der Regel sehr gut ausgebildet seien. In Zusammenarbeit mit dem «Deutschen LandFrauenverband e. V.» (dlv) wurde eine Seminarreihe entwickelt, die qualifizierte Frauen motivieren und dazu beitragen soll, ihnen den Weg in die genossenschaftlichen Gremien zu ebnen.[100]

98 Gesetz über die gleichberechtigte Teilhabe von Frauen und Männern an Führungspositionen in der Privatwirtschaft und im öffentlichen Dienst. BGBl. Nr. 17 vom 30. April 1915.

99 Ebd.

100 Raiffeisen-Stiftung: Frauen in Führungspositionen von Genossenschaften.Raiffeisen-Stiftung. https://www.raiffeisen-stiftung.de/frauen/ (Zugriff: 28.2.2020).

3 Positionen zum Genossenschaftswesen

Wollspinnereifabrik New Lanark von Robert Owen

3.1 Frühsozialisten

Bereits die «utopischen Frühsozialisten» entwarfen Konzepte, bei denen das Privateigentum an Produktions- und Konsumtionsmitteln aufgehoben werden sollte. Der englische Philosoph Thomas Morus (1478–1535) entwarf in seinem Werk «Utopia» (1516) eine Zukunftsgesellschaft. In seinem idealen Staat, den er auf eine Insel verlegte, gibt es kein Privateigentum, kein Geld oder andere Tauschmittel.

Etwas später entwickelte Charles Fourier (1772–1837) eine genossenschaftliche Utopie, die er «Harmonie» nannte. Das Hauptgewicht seines Wirtschaftsmodells lag auf der Ackerbaugenossenschaft, die er als wichtigste Grundlage für die menschliche Existenz ansah. Aber auch Hauswirtschaft, Handel und Gewerbe, die gemeinsame Kindererziehung, die Künste und die Wissenschaften sollten genossenschaftlich betrieben werden. Arbeit sollte keine Last, sondern eine Lust sein, daher solle jede/r nur das arbeiten, was ihm oder ihr Spaß machte. Das erforderte häufigen Tätigkeitswechsel und kurze Arbeitssitzungen sowie eine Zusammenarbeit in kleinen Gruppen von Gleichgesinnten, die die Arbeit kollektiv verrichten. Morus entwickelte die «Phalanx», d.h. ein Zentrum mit produzierenden und konsumierenden Kommunen, in denen ca. 2.000 Personen arbeiten und leben sollten. Ein 1832 gestarteter Versuch, sein Konzept umzusetzen, scheiterte nach kurzer Zeit an Geldmangel.[101]

Eine reale Utopie als Modell, das nicht auf einer einsamen Insel fernab der Realität entstehen sollte, sondern innerhalb des herrschenden Systems, im Hier und Jetzt auf dem Wege einer Genossenschaft entwickelte Robert Owen (1771–1858). In seiner Wollspinnereifabrik New Lanark verband er die neuen Techniken der Industrialisierung mit Sozialreformen. 1825, nachdem er die Fabrik verkauft hatte, weil er nicht länger Fabrikherr sein wollte, gründete er eine Kommune in New Harmony (Indiana/USA). In der basisdemokratisch organisierten Genossenschaft wurden alle, Männer und Frauen, gleich gut ausgebildet, bekamen alle den gleichen Lohn, es gab eine eigene Währung und alle durften wählen. Aus den Genossenschaften sollte ein völlig neues Menschengeschlecht hervorgehen, das den Sozialismus so lange verbreiten sollte, bis die ganze Gesellschaft davon erfasst war.[102] Die Genossenschaft scheiterte nach zwei Jahren, lediglich die Bildungseinrichtungen konnten überleben. Über das Scheitern gibt es verschiedene Theorien. Owen selbst sah sein Werk nicht als gescheitert an, er war sich sicher, dass er einfach seiner Zeit voraus gewesen war.[103] Der Einfluss Owens auf das Entstehen der weltweiten Genossenschaftsbewegung war nachhaltig.

Robert Owens Schüler William Thompson (1785–1833) entwickelte die Lehren Owens weiter und ergänzte sie durch eine Kritik an der kapitalistischen Ausbeutung. Thompsons Ideen beeinflussten sowohl die Genossenschafts- als auch die Gewerkschaftsbewegung. In seinem 1824 in London (in Deutschland 1903/1904)[104] erschienenem Buch ging Thompson davon aus, dass die Arbeit die alleinige Quelle des Reichtums ist, daher ste-

101 Vgl. Notz: Theorien alternativen Wirtschaftens., S. 35f.

102 Gerhard Stavenhagen: Geschichte der Wirtschaftstheorie, Göttingen 1969, S. 134f.

103 Notz: Theorien alternativen Wirtschaftens, S. 37.

104 William Thompson: Untersuchung über die Grundsätze zur Verteilung des Reichtums zu besonderer Beförderung menschlichen Glücks, Berlin 1903/04. Karl Marx setzte sich in seinem Werk «Das Elend der Philosophie», Antwort auf Proudhons «Philosophie des Elends» und auch im «Kapital» mit Thompsons Thesen auseinander.

he dem Arbeiter der gesamte Ertrag seiner Produktion ebenso zu wie die Steuerung der Produktion. Deshalb müssten sich die Lohnabhängigen in Genossenschaften zusammenschließen, um Land- und Kapitalansprüche durchzusetzen und durch die Bildung kleiner Gemeinschaften ihre Geschicke selbst in die Hand zu nehmen. Selbsthilfe, das hieß ohne die Hilfe des Staates und ohne die Hilfe der Reichen und Mächtigen. Darin unterschieden sich Owen und Thompson.

3.2 Sozialistische Genossenschaften

Owens und Thompsons Ideen inspirierten ganz offensichtlich auch Karl Marx (1818–1883) und Friedrich Engels (1820–1895), die utopischen Entwürfen als Anhänger des wissenschaftlichen Sozialismus sonst kritisch gegenüberstanden. Schließlich verfolgten sie das Ziel der Überwindung des Kapitalismus. Die Konzepte der Frühsozialisten erregten ihren Widerspruch, beeinflussten aber auch Marx' Denken. Es ist den Umständen der Zeit des frühen Kapitalismus mit einer noch wenig entwickelten Arbeiterklasse geschuldet, wenn er über das Anliegen der Frühsozialisten schreibt: «Die phantastische Schilderung der zukünftigen Gesellschaft entspringt in einer Zeit, wo das Proletariat noch höchst unentwickelt ist, also selbst noch phantastisch seine eigene Stellung auffasst, seinem ersten ahnungsvollen Drängen nach einer allgemeinen Umgestaltung der Gesellschaft.»[105]

Akteure der sozialistischen Genossenschaften waren meist Arbeiter und Handwerker der sozialdemokratischen, sozialistischen, anarchistischen und kommunistischen Arbeiterbewegung. Historisch hatten sie höchst unterschiedliche Vorstellungen darüber, welche politische Reichweite Genossenschaften haben können und ob Betriebe im Eigentum und in der Verwaltung der Arbeitenden geeignet seien, um die kapitalistische Wirtschaft (schrittweise) zu überwinden. Auch innerhalb der sich mit der Industrialisierung entwickelnden Arbeiter- und Gewerkschaftsbewegung nimmt die Idee der genossenschaftlichen Selbsthilfe und der Arbeiterselbstverwaltung im Verlauf der Geschichte unterschiedliche Deutungen und praktische Gestalt an.

105 Karl Marx, ebd.

Umstritten war die Position Ferdinand Lassalles (1825–1864), Präsident des «Allgemeinen Deutschen Arbeitervereins» und Gründungsvaters der SPD, während der Phase der Herausbildung der eigenständigen politischen Arbeiterbewegung in Deutschland. Er lehnte Konsumgenossenschaften ab, weil er von der nach seiner Ansicht liberalen Idee der Selbsthilfe nichts hielt.[106] Die von ihm entwickelte Lohntheorie, das «eherne Lohngesetz», das der Arbeiterklasse immer den vollen Arbeitsertrag vorenthält, hielt er für unumstößlich. Sie besagt, dass der durchschnittliche Arbeitslohn sich mittelfristig stets auf das Existenzminimum einpendelt. Steigt der Arbeitslohn über das Existenzminimum, steigt durch Vermehrung der Arbeiterbevölkerung das Arbeitsangebot, sodass der Lohn wieder sinkt. Sinkt hingegen der Lohn unter das Existenzminimum, führt eine Verminderung des Arbeitsangebots zu einem Anstieg der Löhne. Demnach würde eine Konsumgenossenschaft, durch deren gemeinsamen Einkauf sich die Kosten für die Lebenshaltung minimieren würden, lediglich den Arbeitgebern nützen.[107] Lassalle schloss aus dem ehernen Lohngesetz auch, dass eine nachhaltige Besserung der Lage der Arbeiterschaft nicht durch den Arbeitskampf der Gewerkschaften, sondern nur durch die Erringung einer parlamentarischen Mehrheit für die Arbeiterparteien möglich war. Diese Mehrheit sollte mit Hilfe des allgemeinen, gleichen und direkten Wahlrechts durchgesetzt werden, das allerdings nur indirekt ausgeübt werden sollte und Frauen ausschloss.

Seine Parole lautete: «Produktivgenossenschaften mit Staatshilfe». Formuliert wurde sie 1863 in seinem «Offenen Antwortschreiben» an das Leipziger Zentralkomitee zur Berufung eines allgemeinen Deutschen Arbeiterkongresses. Sie sollte der «Verbesserung der Lage des Arbeiterstandes in politischer, materieller und geistiger Beziehung» dienen. Da er von der unumstößlichen Geltung seines «ehernen Lohngesetzes» ausging, sah Lassalle die «einzige nicht illusionäre Verbesserung der Lage des Arbeiterstandes» darin, dass «sich der Arbeiterstand durch freiwillige Assoziationen als sein eigener Unternehmer organisiert». Dabei setzte er – anders als Schulze-Delitzsch – auf die «stützende und fördernde Hand des Staates» im Interesse des

---

106 Martens: Anders Wirtschaften, S. 41.

107 Vgl. Faust: Geschichte der Genossenschaftsbewegung, S. 235–254.

Arbeiterstandes.[108] Auf die Hilfe des Staates konnte er allerdings erst setzen, wenn die Arbeiter auch wählen durften.

Die Forderung nach der Einrichtung von Produktivgenossenschaften fand schließlich nach einigen Auseinandersetzungen zwischen den verschiedenen Flügeln der Sozialdemokratie Eingang in das «Gothaer Programm» der vereinigten Sozialistischen Arbeiterpartei (SAP) von 1875: «Die sozialistische Arbeiterpartei fordert, um die Lösung der sozialen Frage anzubahnen, die Errichtung von sozialistischen Produktivgenossenschaften mit Staatshilfe unter der demokratischen Kontrolle des arbeitenden Volkes. Die Produktivgenossenschaften sind für Industrie und Ackerbau in solchem Umfange ins Leben zu rufen, dass aus ihnen die sozialistische Organisation der Gesamtarbeit entsteht».[109] Damit hatte sich die Partei – zumindest programmatisch – entschieden, mit dem Aufbau genossenschaftlicher Projekte zu beginnen.

Tatsächlich kam es in den sechziger und siebziger Jahren des 19. Jahrhunderts zu einer ersten Welle von Gründungen von Produktivgenossenschaften.[110] Die meisten wurden von Mitgliedern der frühen Berufsgewerkschaften ins Leben gerufen, häufig solchen der liberal orientierten Hirsch-Dunckerschen Gewerkschaften, die mit der Unterstützung aus dem Bürgertum rechnen konnten.[111] Verbreitet waren sie in den Gewerken von TextilarbeiterInnen, Tischlern, SchneiderInnen, ZigarrenarbeiterInnen und Bauarbeitern.

3.3 Karl Marx (1818–1883) und Friedrich Engels (1820–1895)

Karl Marx lehnte die bestehenden unabhängigen Genossenschaften nicht grundsätzlich ab. Er sah sie jedoch als Experimente einzelner «Erfinder», für die das Proletariat (noch) nicht zur eigenen Klasse geworden war und keine eigenständige Bewegung darstellte. Selbst vertrat er die Auffassung, dass das

108 Ferdinand Lassalle: Aus seinen Reden und Schriften, Wien 1964.

109 Sozialistische Arbeiterpartei Deutschland: Gothaer Programm, zit. nach: Lothar Berthold, Ernst Diehl (Hg.): Revolutionäre deutsche Parteiprogramme, Berlin 1967, S. 48.

110 Christine Eisenberg: Frühe Arbeiterbewegung und Genossenschaften, Bonn 1985.

111 Vgl. Sperling: Ein Blick zurück, S. 30f.

Proletariat unter den damals gegebenen ökonomischen Verhältnissen nicht reif sei für genossenschaftliche Projekte und diese daher nur vereinzelte utopische Versuche sein konnten, die letztlich scheitern mussten. Schließlich bildete sich die Arbeiterbewegung gerade erst heraus und verfügte noch über keine schlagkräftige Organisation. Der Kommunismus existierte nur als Idee von Individuen oder als kleines Grüppchen. Deshalb fehlten alle objektiven Voraussetzungen für die Entwicklung eines breiteren Genossenschaftswesens. Auch war die Lebenslage des Proletariats prekär. Bedingt durch einen überlangen Arbeitstag und extreme Armut hatten die ArbeiterInnen offensichtlich gar keine zeitlichen und finanziellen Ressourcen, um Genossenschaften aufzubauen.[112]

Im «Kommunistischen Manifest» von 1944 schrieben Marx und Engels: «Die ersten Versuche des Proletariats, in einer Zeit allgemeiner Aufregung, in der Periode des Umsturzes der feudalen Gesellschaft direkt sein eigenes Klasseninteresse durchzusetzen, scheiterten notwendig an der unentwickelten Gestalt des Proletariats selbst wie an dem Mangel der materiellen Bedingungen seiner Befreiung, die eben erst das Produkt der bürgerliche Epoche sind. [...] Die eigentlich sozialistischen und kommunistischen Systeme, die Systeme St. Simons, Fouriers, Owens usw., tauchen auf in der ersten, unentwickelten Periode des Kampfes zwischen Proletariat und Bourgeoisie [...] Die Erfinder dieser Systeme sehen zwar den Gegensatz der Klassen wie die Wirksamkeit der auflösenden Elemente in der herrschenden Gesellschaft selbst. Aber sie erblicken auf der Seite des Proletariats keine geschichtliche Selbsttätigkeit, keine ihm eigentümliche politische Bewegung.»[113] Zwar sind sich die utopischen Sozialisten bewusst, «in ihren Plänen hauptsächlich das Interesse der arbeitenden Klasse als der leidendsten Klasse zu vertreten. Nur unter diesem Gesichtspunkt der leidendsten Klasse existiert das Proletariat für sie.»[114]

---

112 Hanns Graaf: Marx und die Genossenschaften. Aufruhrgebiet. https://aufruhrgebiet.de/2018/11/marx-und-die-genossenschaften/ (Zugriff: 21.2.2020).– Diese theoretische Annahme wurde allerdings durch die vielen praktischen von ArbeiterInnen losgetretenen Genossenschaften spätestens um die Wende vom 19. zum 20 Jahrhundert widerlegt.

113 Karl Marx, Friedrich Engels: Manifest der kommunistischen Partei, MEW Bd. 4., 4. Aufl., Berlin 1972, S. 489f.

114 Ebd., S. 490.

In der von Marx verfassten «Inauguraladresse der Internationalen Arbeiter Assoziation», dem Gründungsdokument der Ersten Internationale von 1864, vertrat er eindeutig die Meinung, dass die Umgestaltung der kapitalistischen Ökonomie allein durch die Eroberung der politischen Macht durch die Arbeiterklasse zu erreichen sei. Damit trat er der Auffassung entgegen, dass die Genossenschaftsbewegung in der Lage war, «die Massen zu befreien, ja die Wucht ihres Elends auch nur merklich zu erleichtern».[115] Dennoch hob er in diesem Dokument den Wert der Genossenschaftsbewegung fast überschwänglich hervor: «Der Wert dieser großen Experimente kann nicht überschätzt werden. Durch die Tat, statt durch Argumente, bewiesen sie, dass Produktion auf großer Stufenleiter und im Einklang mit dem Fortschritt moderner Wissenschaft vorgehen kann, ohne die Existenz einer Klasse von Meistern, die eine Klasse von ‹Händen› anwendet; dass, um Früchte zu tragen, die Mittel der Arbeit nicht monopolisiert zu werden brauchen als Mittel der Herrschaft über die Mittel der Ausbeutung gegen den Arbeiter selbst.»[116] In der Arbeiterbewegung in Deutschland fand die Utopie einer «assoziierten Arbeit, die ihr Werk mit williger Hand, rüstigem Geist und fröhlichen Herzens verrichtet», die Utopie eines «republikanischen und segensreichen Systems der Assoziation von freien und gleichen Produzenten»[117], die Marx hier als Kern des sozialen Experiments der Kooperativfabrik identifiziert, zunächst nur wenig Anhänger.[118]

Harsche Kritik übte Karl Marx am Gothaer Programm der SPD, das Lassalles Programmpunkt der Staatshilfe für Produktivgenossenschaften aufgenommen hatte. Er brandmarkte ihn als opportunistisch und als Kniefall der Sozialdemokraten vor den «Lassallianern». In seiner Programmkritik, den «Randglossen zum Gothaer Programm» von 1875 schrieb er, Genossenschaften hätten «nur Wert, soweit sie unabhängige, weder von den Regierungen noch von den Bourgeois protegierte Arbeiterschöpfungen sind».[119] Für Karl Marx war das Gothaer Pro-

115 Karl Marx: Inauguraladresse der Internationalen Arbeiter Assoziation. In: Der Social-Demokrat (2/3), 21 / 30.10.1864.

116 Ebd.

117 Karl Marx: Instruktionen für die Delegierten des Provisorischen Zentralrats, in: MEW, Bd. 16, Berlin 1968.

118 Vgl. Sperling: Ein Blick zurück, S. 34.

119 Karl Marx: Kritik des Gothaer Programms, MEW 19,4. Aufl., Berlin 1973, S. 13–32.

gramm kein Kompromiss zwischen den verschiedenen Flügeln der sozialdemokratischen Partei, sondern ein Sündenfall der deutschen Sozialdemokratie. Er wandte sich vor allem gegen die Vorstellung, dass man den bürgerlichen Staat durch Reformen in einen sozialistischen Staat transformieren könne, wenn er schrieb: «An die Stelle des existierenden Klassenkampfes tritt eine Zeitungsschreiberphrase – ‹die soziale Frage›, deren ‹*Lösung*› man ‹anbahnt›! [...] Statt aus dem revolutionären Umwandlungsprozesse der Gesellschaft ‹entsteht› die ‹sozialistische Organisation der Gesamtarbeit› aus der ‹Staatshilfe›, die der Staat Produktivgenossenschaften gibt, die *er*, nicht der Arbeiter, ‹*ins Leben ruft*›. Es ist dies würdig der Einbildung Lassalles, dass man mit Staatsanleihen ebenso gut eine neue Gesellschaft bauen kann wie eine neue Eisenbahn! Aus einem Rest von Scham stellt man ‹die Staatshilfe› – ‹unter die demokratische Kontrolle des arbeitenden Volks›. [...] Es liegt auch der Hauptanstoß nicht darin, dass man diese spezifische Wunderkur ins Programm geschrieben, sondern dass man überhaupt vom Standpunkt der Klassenbewegung zu dem der Sektenbewegung zurückgeht.»[120]

Karl Marx verweist auch darauf, dass die genossenschaftliche, auf Gemeingut an den Produktionsmitteln beruhende Gesellschaft «eben aus der kapitalistischen Gesellschaft *hervorgeht*, also in jeder Beziehung, ökonomisch, sittlich, geistig, noch behaftet ist mit den Muttermalen der alten Gesellschaft, aus deren Schoß sie herkommt. Demgemäß erhält der einzelne Produzent – nach den Abzügen – exakt zurück, was er ihr gibt. Was er ihr gegeben hat, ist sein individuelles Arbeitsquantum.»[121]

Demnach beginnen Genossenschaften zwar, das Verhältnis von Ökonomie und Politik zu verändern, aber eben nur auf einer Insel im kapitalistischen System. Ziel einer veränderten Gesellschaft ist aber – nach Marx – die Befreiung der Ökonomie von dem verselbständigten, desaströsen Prinzip der Kapitalverwertung als Selbstzweck, ihre Unterordnung unter die Vernunft für die gesamte Gesellschaft. Erst in einer höheren Stufe der Entwicklung könne sich die klassenlose Gesellschaft endgültig verwirklichen, dazu bedurfte es aber auch noch einer Veränderung von Arbeitsteilung und Arbeitsinhalten: «In einer höheren Phase der kommunistischen Gesellschaft, nachdem die knecht-

120 Ebd., S. 26f.
121 Ebd., S. 20.

ende Unterordnung der Individuen unter die Teilung der Arbeit, damit auch der Gegensatz geistiger und körperlicher Arbeit verschwunden ist; nachdem die Arbeit nicht nur Mittel zum Leben, sondern selbst das erste Lebensbedürfnis geworden; nachdem mit der allseitigen Entwicklung der Individuen auch ihre Produktivkräfte gewachsen und alle Springquellen des genossenschaftlichen Reichtums voller fließen – erst dann kann der enge bürgerliche Rechtshorizont ganz überschritten werden und die Gesellschaft auf ihre Fahne schreiben: Jeder nach seinen Fähigkeiten, jedem nach seinen Bedürfnissen!»[122]

Damit spricht er sich für eine gesamtgesellschaftliche Lösung aus, denn genossenschaftliche Betriebe, die für den kapitalistischen Markt produzieren, sind zweifellos nicht die Lösung des Problems. In der Praxis wurde bisher noch kein Weg gefunden, um das innerhalb der «alten Gesellschaft» zu lösen. Ohne Arbeiter-Selbstverwaltung in den Betrieben kann aber auf jeden Fall von einer Aneignung der gegenständlichen Bedingungen zur eigenen Reproduktion durch die Masse der Menschen nicht die Rede sein. Ohne genossenschaftliche Betriebe wird es keinen «Übergang in die volle kommunistische Wirtschaft» geben.[123]

Erst dann könnte auch auf gesamtgesellschaftlicher Ebene verwirklicht werden, was Marx und Engels im «Kommunistischen Manifest» schrieben: «An die Stelle der alten bürgerlichen Gesellschaft mit ihren Klassen und Klassengegensätzen tritt eine Assoziation, worin die freie Entwicklung eines jeden die Bedingung für die freie Entwicklung aller ist».[124]

Aber auch dann maßen Karl Marx und Friedrich Engels als Anhänger des wissenschaftlichen Sozialismus den basisnahen Konzepten der Genossenschaften für ihren Kampf um die Aufhebung der kapitalistisch-patriarchalen Wirtschafts- und Gesellschaftsordnung bestenfalls einen experimentellen Wert bei. Marx schrieb: «Die Kooperativfabriken der Arbeiter selbst sind, innerhalb der alten Form, das erste Durchbrechen der alten Form, obgleich sie natürlich überall, in ihrer wirklichen Organisation, alle Mängel des bestehenden System reproduzieren

122 Ebd., S. 21.

123 Robert Schloesser: Revolutionäres Minimalprogramm. Kurze Erläuterungen zum «Bochumer Programm». Trend onlinezeitung (10/11). www.trend.infopartisan.net/trd1011/t231011.html (Zugriff: 21.2.2020).

124 Marx, Engels: Manifest, S. 482.

müssen. Aber der Gegensatz zwischen Kapital und Arbeit ist innerhalb derselben aufgehoben, wenn auch zuerst nur in der Form, dass die Arbeiter als Assoziation ihr eigener Kapitalist sind, d.h. die Produktionsmittel zur Verwertung ihrer eigenen Arbeit verwenden.»[125]

Es handelt sich bei Marx und Engels weniger um eine Kritik am Genossenschaftswesen selbst, sondern an der Lassallschen Auffassung, die im Gothaer Programm für die Sozialdemokraten Dekret wurde. Schließlich waren auch Marx und Engels für die Aufhebung des Privateigentums. Im kommunistischen Manifest schrieben sie: «Ihr entsetzt euch darüber, daß wir das Privateigentum aufheben wollen. Aber in eurer bestehenden Gesellschaft ist das Privateigentum für neun Zehntel ihrer Mitglieder aufgehoben, es existiert gerade dadurch, daß es für neun Zehntel nicht existiert. Ihr werft uns also vor, daß wir ein Eigentum aufheben wollen, welches die Eigentumslosigkeit der ungeheuren Mehrzahl der Gesellschaft als notwendige Bedingung voraussetzt.»[126] Die zaghaften Versuche der Genossenschaftsgründungen waren für sie Beleg, dass die AkteurInnen andere als die kapitalistischen Produktionsbedingungen anstrebten. Marx und Engels kritisierten allerdings den nationalen Maßstab und den Aspekt der Staatsknete[127]: «Daß die Arbeiter die Bedingungen der genossenschaftlichen Produktion auf sozialem und zunächst bei sich, also [auf] nationalem Maßstab herstellen wollen, heißt nur, daß sie an der Umwälzung der jetzigen Produktionsbedingungen arbeiten.» Das hätte aber «nichts gemein mit der Stiftung von Kooperativgesellschaften mit Staatshilfe!», wie Lassalle sie propagierte. Marx betrachtete Genossenschaften vorrangig als ökonomische Strukturen in einer Übergangsgesellschaft, und nicht auch als politische, für den Klassenkampf relevante Faktoren. So konzentrierten sich Marx und Engels und die sich auf sie berufenden PolitikerInnen der Arbeiterbewegung v.a. auf politische und ideologische Fragen und auf den Aufbau politischer Strukturen (Parteien und Gewerkschaften) und widmeten sich kaum der Schaffung sozialer Strukturen wie Selbstverwaltungs- und Genossenschaftsprojekten.

---

125 Ebd., S. 427.

126 Ebd., S. 477.

127 Die Staatsknete-Diskussion tauchte innerhalb der selbstverwalteten Projekte und Genossenschaften der 1970er-Jahre erneut auf. Siehe Abschnitt 6.3.

In einem Brief an Bebel formulierte Engels das Problem folgendermaßen: «Und dass wir beim Übergang in die volle kommunistische Wirtschaft den genossenschaftlichen Betrieb als Mittelstufe in ausgedehntem Maß werden anwenden müssen, daran haben Marx und ich nie gezweifelt. Nur muss die Sache so eingerichtet werden, dass die Gesellschaft [...] das Eigentum an den Produktionsmitteln behält und so die Sonderinteressen der Genossenschaft, gegenüber der Gesellschaft im Ganzen, sich nicht festsetzen können.»[128]

Zusammengefasst kann man sagen, dass Marx betont, dass die Genossenschaften im Kontext der revolutionären Umwandlung gesehen werden müssen, die Staatshilfe ablehnt und die Genossenschaften nur dann als sinnvoll ansieht, wenn sie Gründungen der ArbeiterInnen selbst sind: «Was aber die jetzigen Kooperativgesellschaften betrifft, so haben sie nur Wert, soweit sie unabhängige, weder von den Regierungen noch von den Bourgeois protegierte Arbeiterschöpfungen sind.»[129] Das Eigentum an den Produktionsmitteln soll die Gesellschaft und damit im kapitalistischen Gesellschaftssystem der Staat behalten. Im Erfurter Programm der Sozialdemokratischen Partei (SPD) vom Oktober 1891 war von den Genossenschaften keine Rede mehr.[130] Aufzuhalten waren sie aber nicht.

3.4 Rosa Luxemburg (1871–1919)

Rosa Luxemburg, ebenfalls Vertreterin des wissenschaftlichen Sozialismus, machte kompromisslos deutlich, dass es um die «gänzliche Umbildung der herrschenden kapitalistischen Wirtschaftsordnung» gehe, «die nur durch Ergreifung der Staatsgewalt und niemals auf dem Wege der sozialen Reform im Schoße der heutigen Gesellschaft herbeigeführt werden kann».[131] Ein

128 Friedrich Engels: Brief an August Bebel vom 20.1.1886. MEW 36, S. 426.

129 Marx: Kritik des Gothaer Programms, S. 26.

130 Sozialdemokratische Partei Deutschlands: Das Erfurter Programm. Beschlossen auf dem Parteitag der Sozialdemokratischen Partei Deutschlands in Erfurt im Jahre 1891.

131 Rosa Luxemburg: Bemerkungen zur sogenannten Zusammenbruchstheorie, in: Protokolle über die Verhandlungen des Parteitages der SPD, abgehalten zu Hannover vom 9.–14. Oktober 1899, Berlin 1899, S. 101 ff.

wirklich sozialistisches Politik- und Wirtschaftsmodell kann nach ihrem Sozialismusverständnis erst nach der Machtergreifung der SozialistInnen realisiert werden. Daher sah sie die wichtigste Aufgabe der Arbeiterbewegung darin, die politische Macht zu erobern und den staatlichen Zwangsapparat zu zerschlagen.[132] Allerdings war sie sich unsicher, ob die erstrebte Revolution quasi automatisch zu einer menschenwürdigen Produktion führen würde. Sie stellte sich die Frage, «ob wir, wenn wir an die Macht kommen, imstande sind, die Produktion zu einer gesellschaftlichen zu gestalten».[133] Eine Überführung der Gesellschaft aus der kapitalistischen in die sozialistische Ordnung könne nicht «auf einen Schlag» geschehen, sondern setze einen langen, hartnäckigen Kampf voraus.[134] Produktivgenossenschaften inmitten der kapitalistischen Wirtschaft schienen ihr als Instrument des Kampfes nicht geeignet; sie waren für sie ein «Zwitterding […], eine im kleinen sozialisierte Produktion bei kapitalistischem Austausche».[135] Da der Austausch in der kapitalistischen Wirtschaft die Produktion beherrscht und, angesichts der Konkurrenz, rücksichtslose Ausbeutung durch die kapitalistischen Unternehmen zur Existenzbedingung macht, bestehe auch für die Genossenschaften die Notwendigkeit, die Arbeit möglichst zu intensivieren und «die Arbeitskraft je nach den Anforderungen des Absatzmarktes heranzuziehen oder sie abzustoßen und aufs Pflaster zu setzen, mit einem Worte, all die bekannten Methoden zu praktizieren, die eine kapitalistische Unternehmung konkurrenzfähig machen. In der Produktivgenossenschaft ergibt sich daraus die widerspruchsvolle Notwendigkeit für die Arbeiter, sich […] selbst gegenüber die Rolle des kapitalistischen Unternehmers zu spielen.»[136] An diesem Widerspruch müsse die Produktivgenossenschaft scheitern, indem sie sich entweder zur kapitalistischen Unternehmung zurückentwickelt oder, falls die Interessen der Arbeiter stärker sind, sich auflöst. Luxemburg sah darin kein Naturgesetz wie etwa Franz Op-

132 Notz: Theorien alternativen Wirtschaftens, S. 50.

133 Rosa Luxemburg: Rede über den politischen Kampf der deutschen Sozialdemokratie auf dem SPD-Parteitag 1898 in Stuttgart, in: Protokoll über die Verhandlungen des Parteitages der SPD, abgehalten zu Stuttgart vom 3.–8.19.1898, Berlin.

134 Rosa Luxemburg: Sozialreform oder Revolution, Leipzig 1899.

135 Ebd.

136 Ebd.

penheimer.[137] Die Genossenschaften könnten diesem Dilemma entgehen, indem sie sich den Gesetzen der freien Konkurrenz entziehen. Sie mussten sich also von Vornherein einen festen Kreis von Konsumenten sichern. Dafür dienten die Konsumgenossenschaften, die damit an die Produktivgenossenshaften gebunden waren und die schließlich tatsächlich zur Hauptträgerin der sozialistischen Reform wurden. Daraus wiederum folgte, dass sie auf kleinen lokalen Absatz und auf wenige Produkte des unmittelbaren Bedarfs beschränkt waren.[138] Luxemburg setzte allerdings keine Hoffnung in eine Einführung auf breiter Ebene «auf dem Boden der gegenwärtigen Gesellschaft». Diese würde ihrer Meinung nach die Abschaffung des Weltmarktes und die Auflösung der bestehenden Weltwirtschaft in kleine lokale Produktions- und Austauschgruppen erfordern. Darin konnte sie keine soziale Reform sehen, denn das setzte nach ihrer Meinung «einen Rückgang von großkapitalistischer auf mittelalterliche Warenwirtschaft» voraus.[139] «Die Genossenschaftlichkeit» inmitten der kapitalistischen Produktionsweise war für Rosa Luxemburg inakzeptabel, denn das Konzept verzichtete auf die Vergesellschaftung der Produktion und lief auf die Form des Handels durch den Konsumverein hinaus. Sie war klar in ihrer Zielvorstellung und ihrer Strategie. Daher entwickelte sie kein Minimalprogramm wie die Reformisten und keine «Übergangsforderungen» wie die Trotzkisten.[140] Deutlich drückte sie das noch einmal auf dem Gründungstag der KPD (1918/1919) aus: «Für uns gibt es jetzt kein Minimal- und kein Maximalprogramm; eines und dasselbe ist der Sozialismus: das ist das Minimum das wir heute durchzusetzen haben.»[141]

137 Siehe Abschnitt 3.6.

138 Vgl. Notz: Theorien alternativen Wirtschaftens, S. 52.

139 Luxemburg: Sozialreform, S. 57.

140 Vgl. Norman Gras: Rosa Luxemburg. Kämpferin für einen emanzipatorischen Sozialismus, Berlin 1979, S. 118.

141 Rosa Luxemburg: Gesammelte Werke -4: August 1914 bis Januar 1919, Berlin 1974, S. 496.

3.5 August Bebel (1840–1913)

August Bebel, damals Vorsitzender der Sozialdemokratischen Partei Deutschlands und bekennender Marxist, setzte sich mit Fouriers Theorie auseinander. Er kritisierte sie, weil sie auf die Versöhnung und Harmonie der gegensätzlichen Klassen gerichtet sei und sich nicht an die Arbeitenden richte, sondern an die Einsicht der «Großen und Reichen». Aus der Tatsache, dass alle seine Mühen, Geld für seinen Plan zu bekommen, scheiterten, zog Bebel den Schluss, dass Entwicklungsperioden, die das Bestehende von Grund auf umgestalten wollen, nie durch fertige, detaillierte Pläne von einer Idealgesellschaft herbeigeführt werden können, sondern dass sich die Umgestaltung aus dem Entwicklungsprozess der gesamten Gesellschaft vollziehen muss, wenn die Bedingungen einer neuen Gesellschaft vorhanden sind. «Sie wird nicht gemacht, sie vollzieht sich, und stets unter der Form von Klassenkämpfen, gegen den Willen der alten Gesellschaftsschichten.»[142] Dennoch hat er in seinem berühmtesten Werk «Die Frau und der Sozialismus» eine ganzheitliche sozialistische Realutopie entwickelt, die Produktions- und Reproduktionsarbeiten umfasste, alle Arbeitsmittel in Gemeineigentum überführen sollte und in der Frauen und Männer die gleichen Rechte haben sollten.[143] Die Umwandlung des häuslichen Lebens sollte von der individualisierten zur zentral organisierten Arbeit führen und damit zahllose Arbeiten erübrigen.

August Bebel war, ebenso wie sein Mitstreiter Wilhelm Liebknecht (1826–1900) und andere, bestrebt, den Kurs der Deutschen Arbeitervereine aus den Verbindungen zum Linksliberalismus zu lösen und auf einen stärker sozialistischen Kurs zu bringen. Ende November 1868 rief er zur Gründung von Gewerksgenossenschaften auf. «Arbeiter, organisiert euch! Vereinzelt seid ihr nichts, vereinigt alles!»[144] Die Gewerksgenossenschaften werden heute als Vorgängerinnen der Gewerkschaftsbewegung gesehen. Mit ihrer Hilfe sollten Fonds gebildet werden, die zur Unterstützung bei Maßregelung, Not und Streik dienen sollten. Hinzu kamen Krankenunterstützungs- und Sterbekassen, eine

142 August Bebel: Charles Fourier, sein Leben und seine Theorien 1890, Neuauflage: Teddington/Middleesex 2008.

143 August Bebel: Die Frau und der Sozialismus, Neuauflage: Bonn 1980.

144 August Bebel: Ausgewählte Reden und Schriften. Bd. 1. 1863 bis 1878. Berlin 1970, S. 39.

Alters- und Invalidenkasse, eine Wanderunterstützungskasse sowie Rechtsschutzunterstützung. Ursprünglich war auch eine Unterstützung bei Erwerbsarbeitslosigkeit vorgesehen. Die neuen Organisationen sollten – ganz ähnlich wie die Produktivgenossenschaften – von unten nach oben nach demokratischen Grundsätzen aufgebaut werden. Die Basis bildeten Lokalgenossenschaften. Im Herbst 1869 organisierten die Gewerksgenossenschaften zwischen 8000 und 15000 Mitglieder. Im Jahr 1870 hatte allein die «Internationale Gewerksgenossenschaft der Manufaktur-, Fabrik- und Handarbeiter» 5000 bis 6000 Mitglieder. Obwohl die Mitgliedschaft von Frauen ausdrücklich vorgesehen war, waren nur ein Sechstel Frauen. Verwunderlich war das nicht, denn das nach dem Scheitern der bürgerlichen Revolution verabschiedete preußische Vereins- und Versammlungsgesetz von 1850, ähnlich auch das bayerische Vereinsgesetz, untersagte Frauen die Mitgliedschaft in politischen Vereinen und die Teilnahme an politischen Versammlungen bis 1908. Schließlich waren die Gewerksgenossenschaften der Partei untergeordnet. Karl Marx bezeichnete sie als Schulen des Sozialismus. Nach seiner Meinung sollten sie sich nicht nur auf einen Kleinkrieg gegen die Wirkungen des bestehenden Systems beschränken, sondern müssten für die «Abschaffung des Lohnsystems kämpfen». Die Führungsrolle sollte allerdings auch in diesem Kampf der Partei vorbehalten bleiben.

3.6 Franz Oppenheimer (1864–1943)

Franz Oppenheimer war wohl der bedeutendste Kritiker der frühen Genossenschaften. Seine makrosoziologische bzw. volkswirtschaftliche Betrachtung hat die Diskussion über die «Funktionsfähigkeit» von Produktivgenossenschaften entscheidend geprägt. Er legte 1896 das «eherne Transformationsgesetz der Genossenschaften» (Oppenheimersches Transformationsgesetz) vor, demzufolge alle Genossenschaften sich über kurz oder lang in kapitalistische Unternehmen umwandeln müssen oder aufhören zu bestehen.

«Nur äußerst selten gelangt eine Produktionsgenossenschaft zur Blüte. Wo sie aber zur Blüte gelangt, hört sie auf, eine Produktivgenossenschaft zu sein».[145] Dieser Satz ist das Resümee

145 Franz Oppenheimer: Die Siedlungsgenossenschaft. Versuch einer positiven Überwindung des Kommunismus durch Lösung des Genossen-

seiner empirisch-theoretischen makrosoziologischen Aufarbeitung der Entwicklung produktivgenossenschaftlicher Unternehmen. Wie der Titel der Studie bereits ausdrückt, diskutierte er die Genossenschaften, besonders die Produktivgenossenschaften, unter dem Aspekt der Lösung der sozialen Frage innerhalb des bestehenden kapitalistischen Systems. Analog zur sozialistischen Gesellschaftskritik führte er die Armut der ArbeiterInnen auf das Lohnsystem und dieses wiederum auf das Privateigentum an Produktionsmitteln zurück.[146] Zur Lösung der sozialen Frage können Produktivgenossenschaften nach seiner Auffassung nur dann beitragen, wenn es mit ihrer Hilfe gelingt, dem Unternehmer die «Profitrate möglichst ganz zu entreißen.»[147] Aus seiner Analyse entwickelte er einen theoretischen Ansatz, der Eingang in die Genossenschaftswissenschaft fand und unter dem Begriff der Instabilitätsthese gefasst wird.

Mit dem Aufzeigen der besonderen Schwierigkeiten von Produktivgenossenschaften liefert Oppenheimer die empirisch fundierte Begründung für dieses Gesetz.[148] Er stellt fest, dass im Vordergrund der Probleme, die zur Transformation führen, Schwierigkeiten bei der Finanzierung, beim Absatz und vor allem «Disziplinprobleme» stehen.

Oppenheimer unterscheidet vier aufeinanderfolgende Phasen, die Produktivgenossenschaften durchlaufen. Sie sind Ausdruck für eine zunehmende Anpassung an die kapitalistische betriebliche Organisationsform: Die erste Phase ist die «Jugendform», in der die Anpassung bereits vorprogrammiert wird. Ihr folgt der «Kampf ums Dasein». In diesem Stadium geraten die meisten Produktivgenossenschaften entweder in Konkurs oder werden aufgelöst. Das dritte Stadium nennt er die «Auswahl des Passendsten». Nach seiner Forschung wird die dritte Stufe nur von wenigen Genossenschaften erreicht, weil die meisten vorher durch den Wettbewerb vom Markt gefegt werden. Die wenigen Überlebenden sind meist kleine, überschaubare, in Marktnischen angesiedelte Betriebe. In der vierten «Altersform» lässt sich bei den noch bestehenden Genossenschaften kein qualitativer Unterschied zu kapitalistischen Unternehmen feststellen, weder in organisatorischer noch in arbeitsinhaltli-

---

schaftsproblems und der Agrarfrage, Leipzig 1896, S. 45.

146 Vgl. ebd., S. 8f.

147 Ebd., S. 137.

148 Burghard Flieger: Produktivgenossenschaften, S. 128f.

cher Hinsicht. Diese Stufe wird als Abschlussphase des Transformationsprozesses bezeichnet.[149]

Während des Untersuchungszeitraums fand Oppenheimer keine einzige Produktivgenossenschaft, die die Aufgabe, «den Wettbewerb mit dem fabrikmäßigen Großbetrieb aufzunehmen», erfolgreich gelöst hätte.[150] Oppenheimer selbst stellte, nachdem er die Produktivgenossenschaften für gesellschaftliche Veränderungen als unbrauchbar qualifiziert hatte, die Siedlungsgenossenschaft als die zentrale Lösung für gesellschaftliche Veränderungen dar.

Kritiker sahen und sehen im «Transformationsgesetz» die Bestätigung dafür, dass genossenschaftliche Fabriken über kurz oder lang scheitern müssen, auch weil ArbeiterInnen gar nicht in der Lage seien, die Leitung eines Unternehmens zu übernehmen, so z.B. der Wortführer der revisionistischen Fraktion der SPD, Eduard Bernstein.[151]

3.7 Eduard Bernstein (1850–1932)

Im Gegensatz zu Karl Marx, der trotz aller Kritik die Bedeutung der Genossenschaften unter anderem darin sah, dass sie die Auffassung praktisch widerlegten, Arbeiter seien unfähig, Betriebe zu führen[152], vertrat Eduard Bernstein die gegenteilige Ansicht, nämlich dass Arbeiter per se dazu unfähig seien.[153] Er akzeptierte die Arbeitsteilung, nach der das Management die Dispositionsmacht über die Produktionstechnik, die Arbeitsorganisation und den Arbeitskräfteeinsatz ausüben muss. Er nahm die These von Franz Oppenheimer auf, um das Vertrauen in die Arbeiter, ihre Arbeit selbst zu organisieren, in Frage zu stellen. Er rechtfertigte die Leitung der Betriebe durch kapitalistische Unternehmer, weil die «sich selbst regierende genossenschaftliche Fabrik» nicht möglich sei: «Aber für die Aufgaben, welche die Leitung eines Fabrikunternehmens mit sich bringt,

149 Vgl. Oppenheimer: Die Siedlungsgenossenschaft, S. 48–75; Notz: Theorien alternativen Wirtschaftens, S. 63–66.

150 Oppenheimer: Die Siedlungsgenossenschaft, S. 79.

151 Eduard Bernstein: Die Voraussetzungen des Sozialismus und die Aufgaben der Sozialdemokratie, Reinbeck 1969, S. 131.

152 Siehe Abschnitt 3.3 in diesem Buch sowie Notz: Genossenschaften und Utopie, S. 313.

153 Bernstein: Die Voraussetzungen, S. 131.

wo Tag für Tag und Stunde für Stunde prosaische Bestimmungen zu treffen sind und immer Gelegenheit zu Reibereien gegeben ist, da geht es einfach nicht, dass der Leiter der Angestellten der Geleiteten, in seiner Stellung von ihrer Gunst und ihrer üblen Laune abhängig sein soll.»[154] Er warnte davor, sich der Illusion hinzugeben, dass mit der Entfernung der kapitalistischen Eigentümer als Zentrum, in dem alle anderen Organe zusammenlaufen, eine Umwandlung kapitalistischer Unternehmungen in lebensfähige sozialistische Gebilde geschehen kann. Daher solle man sie lieber in Ruhe lassen.[155]

Letztlich sei gerade die Produktivgenossenschaft die «allerunglücklichste Form» genossenschaftlicher Arbeit und habe keine ökonomische Kraft.[156] Bernstein sah die Ursache des Unterganges der Produktivgenossenschaften allerdings weniger in dem Auftreten finanzieller Probleme, sondern dadurch, dass eigene Organisationen und eigene Leiter nicht nur organisiert, sondern ausgesucht und erprobt werden müssen. Schließlich seien die meisten Genossenschaften an der mangelnden Disziplin der Arbeitenden gescheitert.[157] Wobei die Schwierigkeiten mit der Größe der Unternehmen wachsen würden. Auch bezweifelt er, dass zwischen beschäftigten Genossen unterschiedlicher Berufsgruppen und verschiedenem Bildungsgrad und Lebensweisen überhaupt die notwendige Solidarität zu erreichen ist. Denn Selbstbestimmung, wie sie die Arbeit in einer Genossenschaft erfordert, sei nur durch freiwillige Selbstbeschränkung zum Nutzen der Gemeinschaft, welche schließlich zur Erweiterung der persönlichen Freiheit führe, möglich. Weiter bezweifelt Bernstein, «daß mit der Entfernung des oder der kapitalistischen Eigenthümer schon das Wichtigste für die Umwandlung der kapitalistischen Unternehmungen in lebensfähige sozialistische Gebilde geschehen sei».[158] Ebenso kritisiert er die Arbeiterkonsumvereine, die er als eine Art Sparbank klassifizierte. Da aber der Spartrieb bei den ArbeiterInnen nicht intensiv

---

154 Ebd., S. 131f.

155 In der Zwischenzeit gibt es Beispiele für Betriebe, durch deren Existenz das Transformationsgesetz widerlegt wird. Siehe hierzu die Ausführungen über die Kommune Niederkaufungen, in: Notz, Theorien, S. 145 ff. Weitere Beispiele finden sich unter den Praxisbeispielen in diesem Band.

156 Bernstein: Die Voraussetzung, S. 9.

157 Ebd., S. 11.

158 Ebd., S. 12.

sei, gingen sie lieber beim nächsten Krämer einkaufen, weil das bequemer sei. Dennoch sah er in den Konsumgenossenschaften «eine Handhabe, mittels deren die Arbeiterklasse ohne unmittelbare Vernichtung von Existenzen, [...] einen erheblichen Theil des gesellschaftlichen Reichthums, der sonst dazu dienen würde, die Klasse der Besitzenden zu vermehren und dadurch auch zu stärken, für sich zu beschlagnahmen».[159]

Die Konsumgenossenschaften hatten zu jener Zeit an ökonomischer Bedeutung gewonnen. Allerdings sah Bernstein die Schwierigkeit, Frauen für die Konsumgenossenschaften zu gewinnen, solange wie sie durch «Unwissenheit und Kurzsichtigkeit» die Vorteile, die eine Genossenschaft bietet, nicht sehen können. Sie müssen also nicht nur gewonnen, sondern erzogen werden, denn: «Ein Konsumverein, der die Frauen für sich gewinnt, hat gewonnenes Spiel, ein Konsumverein, der die Frauen nicht für sich einzunehmen versteht, wird nie auf einen grünen Zweig kommen.»[160]

3.8 Gustav Landauer (1870–1919)

Um die Stellung der Genossenschaft in der anarchistischen Bewegung gab es, solange über die Unternehmensform diskutiert wurde, ebenfalls eine kontroverse Debatte. Gustav Landauer, der für einen anarchistischen Sozialismus eintrat, war im März 1895, gemeinsam mit dem Bauschlosser Wilhelm Wiese, auf dessen Anregung die Initiative zurückging, an der Gründung der Arbeiterkonsumgenossenschaft «Befreiung» mit Hauptsitz in der Kottbusser Straße 11 in Berlin beteiligt. Die Genossenschaft eröffnete dort ein erstes Ladenlokal und Landauer verfasste zur Eröffnung am 1. Oktober 1895 die wichtige Agitationsbroschüre «Ein Weg zur Befreiung der Arbeiter-Klasse».[161]

Aus dem Titel geht bereits hervor, wie wichtig Landauer die genossenschaftliche Produktion für die Verwirklichung des anarchistischen Sozialismus war. Er warb mit der Broschüre für die «Vereinigung des Konsums» als wichtigen ersten Schritt

159 Ebd., S. 13.

160 Eduard Bernstein: Über die genossenschaftliche Frauenfrage, in: Wochenbericht der G.E.G., Jahrgang 1900.

161 Gustav Landauer: Ein Weg zur Befreiung der Arbeiter-Klasse. Ausgewählte Schriften Bd. 14, Lich/Hessen 2018. Die Broschüre galt noch bis in die 1980er-Jahre als verschollen.

«im Befreiungskampf der Arbeiter».[162] Die Genossenschaften waren für ihn die konkrete Alternative zur kapitalistischen Unterdrückung. Hier produziere der arbeitende Mensch in seinen und nicht mehr nach den bürgerlichen Interessen. Mit genossenschaftlicher Arbeit – so Landauer – sei es auch möglich, die Arbeit sozial zu gestalten. Im Unterschied zu anderen Konsum- und Sparvereinen seiner Zeit war die «Befreiung» als regelrechte Kampforganisation konzipiert. Zwar wurden auch regionale, unverfälschte und günstige Produkte angeboten, etwa aus einer Genossenschaftsbäckerei und aus der «Obstbaukolonie Eden» bei Oranienburg.[163] Doch das Hauptziel war ausdrücklich nicht «das Sparen der einzelnen Arbeiter», sondern der Aufbau einer wirtschaftlichen Machtbasis durch die Organisation der Kundschaft und die «Umgehung des Zwischenhandels».[164] Aus dem kollektiv einbehaltenen Handelsprofit sollten in einem zweiten Schritt Produktivgenossenschaften gegründet werden, «die in unlöslicher Verbindung mit dem Konsumverband stehen». Nach dem Handelskapital sollte so auch das industrielle Kapital ausgeschlossen werden und allmählich im «Hier und Jetzt» eine «Arbeitergesellschaft innerhalb der bürgerlichen Welt» entstehen.[165] Durch «Absonderung zur Gemeinschaft» – so seine zentrale Vision – sollte Menschen mit gleicher Gesinnung der allmähliche Ausstieg aus der kapitalistischen Warengesellschaft gelingen: «wir wollen die neue Gemeinschaft dadurch aufbauen, daß wir uns absondern von der herrschenden Klasse und unsere Produktion unseren eignen Bedarf zur Verfügung stellen.»[166]

Die «Befreiung» unterhielt Filialen in Kreuzberg, Rixdorf (Neukölln) und Adlershof, die alle nach dem genossenschaftlichen Prinzip der Selbsthilfe arbeiteten. Das Prinzip galt auch bereits beim Aufbau der Ladenlokale: «Männer, die sich den ganzen Tag redlich geplagt hatten, sie kamen des Abends mit Hammer, Säge und Meißel und schnitten, hobelten und leimten, dass es nur so eine Lust war.»[167]

---

162 Ebd., S. 75.

163 siehe RE.FORM E.V.: RE:EDEN. RE.FORM. https://re-eden.org (Zugriff 14.4.2021).

164 Landauer: Ein Weg zur Befreiung, S. 82.

165 Ebd., S. 87. Vgl. auch Notz: Theorien alternativen Wirtschaftens, S. 39.

166 Gustav Landauer: «Alles oder Nichts!», in: Sozialist (o. Nr.),12.10.1895.

167 Landauer: Ein Weg zur Befreiung, S. 21f.

Auch Landauer hatte beobachtet, dass Produktivgenossenschaften, die etwa aus Streiks und ohne organisierten Kundenkreis entstanden, sich in der kapitalistischen Konkurrenz regelmäßig nicht behaupteten. Daher sei der bessere erste Schritt auf dem Weg zur genossenschaftlichen Produktion, die Gründung von Konsumgenossenschaften. Die Kundschaft der «Befreiung» war über das ganze Stadtgebiet verstreut, sodass man sogar daran ging, einen Versand einzurichten, was damals noch ungewöhnlich war. Der Umsatz war zu keiner Zeit sehr hoch und die Mitgliederzahl hat die dreihundert nie überschritten. Die Genossenschaft hatte von vornherein mit Problemen zu kämpfen. Anfeindungen von verschiedenen Seiten blieben nicht aus. Auch Anarchisten wollten ihr «Ideal» nicht «durch praktische Versuche von seiner erhabenen, reinen Höhe herabgezerrt» sehen.[168]

«Es ist endlich an der Zeit», so hatte Landauer bereits bei der Gründung der Genossenschaft geschrieben, «aufzuhören, frühere Revolutionen mechanisch nachstammeln zu wollen; der Umschwung, der an die Stelle der bürgerlichen die sozialistische Gesellschaft setzen wird, wird ohne Vorbild in der Vergangenheit gewesen sein, und ganz etwas anderes tut uns heute Not, als die Vorbereitung von Gewalttaten. [...] Ich sage nicht: Erst zerstören, dann aufbauen! Das überlasse ich denen, die in dem allgemeinen Chaos für sich eine Herrscherrolle herausfischen wollen. Vielmehr sei unsere Losung: Erst aufbauen! In der Zukunft wird es sich herausstellen, ob überhaupt noch etwas Zerstörenswertes aufrecht stehen geblieben ist.»[169]

Die «Befreiung» bestand nur fünf Jahre. Dennoch bildet sie als anarchistisches Genossenschaftsprojekt ein eigenes Kapitel in der Geschichte der Genossenschaften in Deutschland. Und sie ist ein Lehrstück des «praktischen Sozialismus», des «Anarchismus der Tat», nach dem innerhalb der bestehenden Gesellschaft mit dem «richtigen Leben» begonnen werden sollte. Durch die Bildung von Genossenschaften sollte eine neue Welt in der alten entstehen, als Übergang zu einer neuen Formation der gesamten Gesellschaft. Landauers Anarchismus zielte nicht auf die Vereinzelung des Individiums, sondern auf gemeinsames, solidarisches Wirtschaften und Gestalten: «Nicht der Vereinzelung bedarf es jetzt, sondern des gemeinsamen Ringens

168 Ebd., S. 228.
169 Ebd., S. 173.

nach der Zukunft, nicht der Wortgespinste, sondern des Streitens gegen das Gespenst der Not und der Ausbeutung und der Knechtung!»[170] Diese 1895 geschriebenen Sätze klingen heute immer noch aktuell. Landauer wurde am 2. Mai 1919 im Zuge der Niederschlagung der Münchner Räterepublik am Ende des Ersten Weltkrieges von Freikorps-Angehörigen brutal ermordet. Eine Geliebte Landauers, die sozialistische Anarchistin Margarethe Hardegger (1882–1963), die sich schon früher für die Gründung von Produktionsgenossenschaften eingesetzt hatte, nahm ein Zitat des Freundes auf: «Sozialismus ist die Willenstendenz geeinter Menschen, um eines Ideals willen Neues zu schaffen» und gründete Siedlungen nach Landauers Theorie. Den Kampf um eine freie Gesellschaft hat auch sie bis zu ihrem Tod nicht aufgegeben.[171]

170 Gustav Landauer: Unsere nächste Aufgabe, in: Sozialist (o. Nr.), 21.9.1895.

171 Vgl. Gisela Notz: Margarethe Hardegger, in: Gisela Notz (Hg.): Wegbereiterinnen. Berühmte, bekannte und zu Unrecht vergessene Frauen aus der Geschichte, Neu-Ulm 2019, 2. Aufl., S. 176–177.

4 Wie ging es weiter mit der Genossenschaftlichkeit?

Laden der «redlichen Pioniere» in Rochdale 1644

Die ersten Genossenschaften entstanden während der 1860er- und 1870er-Jahre oft in direktem Zusammenhang mit Streikaktionen als Formen kollektiver Selbsthilfe, um entweder die gewerkschaftlichen Streikkassen zu entlasten, indem Streikende die Arbeit in «Bauausführungsgenossenschaften» fortsetzten, oder um im Anschluss an den Streik gemaßregelten Arbeitern Beschäftigungsmöglichkeiten zu eröffnen. Der Genossenschaftsexperte Burchard Bösche geht davon aus, dass es gerade die Streiks waren, die das Projekt der Genossenschaftsfabriken voranbrachten.[172] Wenn die Genossenschaften auch selten von langer Dauer waren und überwiegend aus Kapitalmangel aufgegeben werden mußten. Oft war auch die Erfahrung, dass die Erwartungen an bessere Arbeitsbedingungen und demokratische Strukturen der Betriebe kaum eingelöst wurden, am Schei-

172 Burchard Bösche: Adolph von Elm «Der ungekrönte König von Hamburg». Gewerkschafter, Genossenschafter, Sozialdemokrat. Hamburg 2015, S. 49.

tern schuld. Manche Produktivgenossenschaft fand ein unrühmliches Ende, weil «Schlauberger mit dem Profit durchgingen», so in einer Hamburger Genossenschaft der Stuhlmacher, weil «Unzufriedenheit und wenig Arbeitslust» sich in der Fabrik breitmachte, so in einer Halberstadter Zigarrenarbeitergenossenschaft, oder gar weil «jeder den Meister spielen wollte», so in einer Schuhmacherei-Genossenschaft in München.[173] Eine längere Lebensdauer als fünf Jahre war den wenigsten Genossenschaften vergönnt. Die Zahl der arbeitenden Genossen war meist unter zehn, ganz selten über hundert. Die GenossInnen brauchten deshalb auch nicht mit den sich entwickelnden Industriebetrieben zu konkurrieren, konnten aber auch nicht mit ihnen Schritt halten.[174] Die durch Lassalle geforderte staatliche Unterstützung bekamen sie alle nicht. Die wenig erfolgreichen Versuche trugen dazu bei, dass die Forderung nach Produktivgenossenschaften an Bedeutung verlor.

Dennoch stieg die Zahl der eingetragenen Genossenschaften. Im Jahr 1890 waren es noch 6800, zehn Jahre später war die Zahl bereits auf 18000 gestiegen und über 40.000 eingetragene Genossenschaften waren im Jahr 1920 registriert.[175] Vor allem die Zahl der Neugründungen stieg rasant. Vor 1918 lag sie noch bei 1000 jährlich, im selben Jahr stieg sie auf mehr als 2000 neue Genossenschaften im Jahr. In den folgenden drei Jahren kam es zu einem regelrechten Gründungsfieber. Während der Jahre nach dem Ersten Weltkrieg wuchs die Zahl der Neugründungen auf jeweils rund 5000 jährlich. Erst zwischen 1926 und 1933 fiel die Zahl wieder unter die Marke von 2000 Neugründungen. Insgesamt wuchsen die deutschen Genossenschaften von 1913 bis 1925 – trotz der zeitweise die Neugründungen überwiegenden Auflösungen und der verlorenen Genossenschaften in den nach Kriegsende abgetretenen Gebieten – von 35026 auf 52722 an. Das bedeutete einen Gesamtzuwachs von 17696 Genossenschaften bzw. ein Plus von gut fünfzig Prozent innerhalb von zwölf Jahren.[176] 1929 existierten

---

173 Alle Zitate nach Sperling: Ein Blick zurück, S. 31.

174 Ebd., S. 32.

175 Die Zahlen stammen aus den Jahresberichten des Deutschen Genossenschaftsverbandes.

176 Matthias Günkel: Genossenschaftliches Gründungsfieber in «Weimarer Republik» – 5.000 Neugründungen jährlich. GenoNachrichten (29.11.2017).

in Deutschland 52000 Genossenschaften, die meisten waren gemeinnützig orientiert.[177]

Nach wie vor entstanden die meisten in der landwirtschaftlichen Produktion, sie wurden auch als Agrargenossenschaften oder Bauerngenossenschaften bezeichnet. Sie versorgten die Bauern mit Saatgut und Vieh oder übernahmen als Molkerei- und Winzergenossenschaften vor allem den Absatz. Auch die Baugenossenschaften schossen bald wie Pilze aus dem Boden. Mithilfe der Kreditgenossenschaften (Volksbanken) wurde das notwendige Kapital für Bauern, Handwerker und ArbeiterInnen mobilisiert. Konsumvereine erfassten in der Weimarer Republik auf dem Höhepunkt ihrer Entwicklung nahezu vier Millionen Haushalte.

Seit dem Bestehen der Genossenschaften haben sich zwei wesentliche Formen herauskristallisiert: Die Produktivgenossenschaft und die Fördergenossenschaft. Bei Ersterer sind die Mitglieder der Genossenschaft auch gleichzeitig ihre eigenen Arbeitgeber. Sie verdienen ihren Lebensunterhalt etwa durch gemeinschaftlich bewirtschaftetes Land oder in einem gemeinsam organisierten Produktionsbetrieb. Bei den Fördergenossenschaften dient das Gemeinschaftsunternehmen der Erfüllung bestimmter Funktionen. Das kann im privaten Bereich der gemeinschaftliche Einkauf über die Konsumgenossenschaft sein, die Bereitstellung von Wohnraum durch die Wohnungsgenossenschaften oder die Finanzdienstleistung durch die Kreditgenossenschaft. Im gewerblichen Bereich der Fördergenossenschaften schließen sich Unternehmen zu Einkaufsgenossenschaften zusammen, um günstigere Konditionen zu erzielen, als EinzelunternehmerInnen das vermögen. Bekannteste Beispiele sind die Genossenschaften der EDEKA- oder REWE-EinzelhändlerInnen und die Zusammenschlüsse im Maler-, Bäcker- und Dachdeckerhandwerk[178].

---

https://www.genonachrichten.de/2017/11/29/jubilaeum-100-jahre-weimarer-republik-regt-forschung-zu-genossenschaftlichen-gesellschaftsstrukturen-an/ (Zugriff: 4.5.2020).

177 Vgl. Wilhelm Kaltenborn: Verdrängte Vergangenheit. Die historischen Wurzeln des Anschlusszwanges der Genossenschaften an Prüfungsverbände, Norderstedt 2015, S. 26f.

178 Martens: Anders Wirtschaften, S. 40.

4.1 Genossenschaften als dritte Säule der Arbeiterbewegung

Die SPD stand der Gründung von Genossenschaften nach wie vor kritisch gegenüber. Auf ihrem Parteitag im November 1892 in Berlin hatte sie vor allem Produktivgenossenschaften im Auge, wenn sie beschloss, dass sie «die Gründung von Genossenschaften nur da gutheißen [kann], wo sie die soziale Existenzermöglichung von im politischen und gewerkschaftlichen Kampf gemaßregelten Genossen bezwecken oder wo sie dazu dienen soll, die Agitation zu erleichtern, und die GenossInnen von allen äußeren Einflüssen der Gegner zu befreien». Aber auch in diesen Fällen müssten Parteigenossen die «Unterstützung davon abhängig machen, dass genügend Mittel für eine gesunde finanzielle Grundlage zur Verfügung stehen und Garantien für geschäftskundige Leitung und Verwaltung gegeben sind». Außerdem wurde weiterhin betont, dass die Parteigenossen, wenn eben dies nicht der Fall sei, «der Gründung von Genossenschaften entgegenzutreten und namentlich den Glauben zu bekämpfen [haben], dass Genossenschaften imstand seien, die kapitalistischen Produktionsverhältnisse zu beeinflussen, die Klassenlage der Arbeiter zu heben, den politischen und gewerkschaftlichen Klassenkampf der Arbeiter zu beseitigen oder auch nur zu mildern».[179] Damit folgte die Partei der Position, die auch schon Karl Marx 1864 bei der Gründung der Ersten Internationalen vertreten hatte.

Sieben Jahre später kam es – auf einen Antrag August Bebels – beim Parteitag 1899 in Hannover zu einer wesentlich anderen Einstellung. Das mag damit zusammenhängen, dass nun die Konsumgenossenschaften in die Beurteilung einbezogen wurden. Die Partei vertrat nun einen neutralen Standpunkt, maß den Genossenschaften jedoch nach wie vor keine entscheidende Bedeutung «für die Befreiung der Arbeiterklasse aus den Fesseln der Lohnsklaverei» bei.[180]

Das änderte sich erst auf dem Magdeburger Parteitag von 1910. Nun forderte die Partei die Mitglieder angesichts der «allgemeinen Verteuerung der Lebensmittel und der notwendigen

179 Zit. nach Emile Vandervelde: Neutrale und sozialistische Genossenschaftsbewegung, Stuttgart 1914, S. 73f.

180 Zit. nach Ulrich Kurzer: Nationalsozialismus und Konsumgenossenschaften, Pfaffenweiler 1997, S. 28.

Gebrauchsgegenstände» auf, den Konsumvereinen beizutreten und dort ihre Bedürfnisse zu decken.[181]

Mit der Expansion der Genossenschaften in den verschiedenen Sektoren stabilisierte sich während der Weimarer Republik eine gemeinwirtschaftliche Vernetzung, zu der vor allem Konsumgenossenschaften, aber auch viele Wohnungs- und Baugenossenschaften zählten. Mit ihrem Anwachsen wuchs auch die Zahl der eigenständigen Produktionsgenossenschaften, die die Waren für die Konsumvereine produzierten. Auf diese Weise stabilisierte sich eine gemeinwirtschaftliche Vernetzung. 1931 besaß die «Großeinkaufsgesellschaft Deutscher Konsumgenossenschaften (GEG)» 31 Fabriken. In Berlin gab es damals keine Brotfabrik, die nicht den Konsumgenossenschaften gehörte. Es kam zu einer Welle von Gründungen, die häufig von aktiven Gewerkschaftern initiiert waren. Sie führten dazu, dass die Genossenschaftsbewegung während dieser Jahre zur unbestrittenen dritten Säule neben der gewerkschaftlichen und politischen Arbeiterbewegung wurde.

In der demokratischen Rechtsform der Genossenschaften fanden sich die Ideale einer klassenbewussten Arbeiterschaft wieder. Gleichberechtigung, Mitspracherechte und Solidarität waren in Zeiten der industriellen Revolution und der Weimarer Republik die Alternative zur hierarchischen Ordnung der kapitalistisch-patriachalisch geprägten Unternehmen. So erstaunt es nicht, dass die Frühphase der Arbeiterbewegung geprägt war durch den Dreiklang Partei, Gewerkschaft und Genossenschaft.[182]

Die Genossenschaften wurden während der Zeit der Weimarer Republik zu einer Unternehmensform, die das Wirtschaftsleben prägte. Sie erlangten ökonomisch und politisch eine erhebliche Bedeutung. Ökonomisch als gemeinwirtschaftlicher vernetzter Sektor, politisch als Träger von Wirtschaftsdemokratie mit teilweise antikapitalistischen Reformzielsetzungen.[183] Die Weimarer Verfassung enthielt einen eigenen Abschnitt zum «Wirtschaftsleben», der auch die Förderung von Genossenschaften beinhaltete. In Artikel 156 hieß es: «Die Erwerbs- und Wirtschaftsgenossenschaften und deren Vereinigungen

181 Protokoll über die Verhandlungen des Parteitages der Sozialdemokratischen Partei Deutschlands in Magdeburg 1910, S. 450ff.

182 Vgl. Klemisch, Flieger: Genossenschaften, S. 36.

183 Vgl. Sperling: Ein Blick zurück, S. 37.

sind auf ihr Verlangen und unter Berücksichtigung ihrer Verfassung und Eigenart in die Gemeinwirtschaft einzugliedern.» Eine solche Forderung war offensichtlich bei der Formulierung des Grundgesetzes 1948/49 nach dem Zweiten Weltkrieg nicht mehr durchzusetzen. Allerdings sieht Art. 164 der Bayerischen Verfassung nach wie vor die Pflege des Genossenschaftswesens vor, ebenso gibt es entsprechende Artikel in den Länderverfassungen von Hessen, Rheinland-Pfalz, Nordrhein-Westfalen und Hamburg.

4.2 Einflussnahme von Parteien und Kirchen auf die Genossenschaften

Dass Genossenschaften zur dritten Säule der Arbeiterbewegung wurden, konnte allerdings nicht bedeuten, dass sie abhängig von Partei und/oder Gewerkschaften wurden oder dass die beiden anderen Säulen die Politik der Genossenschaften beherrschen konnten. Denn grundsätzlich sind Genossenschaften unabhängig von Parteien und Religionsgemeinschaften. Allerdings versuchten schon zu Gründerzeiten politische und kirchliche Kräfte Einfluss auf die wachsende Genossenschaftsbewegung zu gewinnen, vor allem auf ihre finanziellen Erträge. Aus der Bedrohung ihrer Unabhängigkeit entstand unter den Mitgliedern der Genossenschaften, die sich nach dem Grundsatz der solidarischen Selbsthilfe und Selbstverantwortung vereint hatten, das Schlagwort: «Klein, aber rein.»[184]

Gemeint war die organisatorische Unabhängigkeit und die politisch-weltanschauliche und religiöse Neutralität. Um diesen Grundsatz genossenschaftlicher Arbeit wurde Jahrzehnte heftig gerungen, bis der SPD-Parteitag 1899 in Hannover und der Internationale Sozialistenkongress 1910 in Kopenhagen endgültig auf die Einbindung der Genossenschaften in die Partei verzichteten. Die Katholische Kirche zog ein Jahr später nach und verbot ihren Priestern «jede weitere Tätigkeit als Vorsteher, Direktor oder Schriftführer von Genossenschaften». Beide Entscheidungen förderten die Neugründungen, den Mitglie-

184 Heinz Odermann: Die Genossenschaft – Ein Zukunftsmodell. Ihr demokratisches Prinzip sichert gute Lebens- und Wohnbedingungen. Heinzodermann. https://heinzodermann.files.wordpress.com/2016/09/die-genossenschaft-neu-1.pdf (Zugriff: 3.5.2020).

derzuwachs und die Entwicklung der Genossenschaften. Allerdings gibt es ethisch und historisch enge Bezüge zwischen Christentum und Genossenschaften und gemeinsame Unternehmensgründungen, wie zum Beispiel die genossenschaftlichen Kirchenbanken.[185] Bis heute unterstützen einige Genossenschaften den Katholikentag tatkräftig, auch finanziell. Fünf Genossenschaftsbanken beteiligen sich beispielsweise 2018 mit einem Stand auf der Kirchenmeile des Katholikentags in Münster.

4.3 Produktivgenossenschaften

Wie schon erwähnt, sind die Mitglieder der Produktivgenossenschaften gleichzeitig TrägerInnen und Beschäftigte der Genossenschaften und als solche organisiert, um Produkte und Dienstleistungen am Markt anzubieten. Das heißt, es gilt der wirtschaftsdemokratische Grundsatz, dass jeder Beschäftigte auch Teilhaber der Genossenschaft und jeder Teilhaber auch beschäftigt ist.

Die insgesamt wenig erfolgreichen Versuche mit Produktivgenossenschaften trugen dazu bei, dass die Forderung nach solchen Genossenschaften in der Programmatik der Arbeiterbewegung an Bedeutung verlor. Zudem ging mit dem zahlenmäßigen Erstarken der Arbeiterbewegung eine Vereinheitlichung der politischen Anschauungen einher, die sich im wissenschaftlichen Sozialismus bündelten, der in der Marxschen Kritik an der politischen Ökonomie seinen Unterbau fand. Erst mit dem Anwachsen der Konsumgenossenschaften kam es auch zur vermehrten Gründung von Produktivgenossenschaften, schließlich sollten auch die verkauften Produkte genossenschaftlich hergestellt werden. Ausgehend vom wachsenden Bedarf der Konsumgenossenschaften wurden Fabriken für Brot, Fleischwaren, Textilien und vieles andere errichtet. Die genossenschaftlichen Produktionsbetriebe zeichnen sich nicht nur durch kollektive, beteiligungsorientierte Rechtsformen aus, sondern auch durch an den gewerkschaftlichen Forderungen orientierte Arbeitsbedingungen und gesellschaftlich sinnvolle, qualitativ hochwertige Produkte. Zum Förderprinzip gehören also auch Verbesserung

185 Bischof von Münster Felix Genn im Vorfeld des Katholikentags im Mai 2018 in Münster. Siehe auch Abschnitt 4.4.

der Arbeitsbedingungen und eine entsprechende Entlohnung, wie es aus folgendem Zitat deutlich wird: «Gegenstand des Unternehmens bei Produktivgenossenschaften ist die Herstellung und der Vertrieb von Gegenständen sowie gemeinschaftlicher Dienstleistungen im genossenschaftlichen Unternehmen. Die Mitglieder stellen der Genossenschaft ihre Arbeitskraft zur Verfügung, die von der Genossenschaft unternehmerisch verwertet wird. Die Mitgliederförderung besteht in der Zahlung eines (günstigen) Lohnes aus den Erträgen des gemeinschaftlichen Unternehmens.»[186]

Dass das nicht immer leicht war, geht aus einer Selbstdarstellung der Bäckereigenossenschaft «Vorwärts» in Hamburg aus dem Jahre 1920 hervor, die auch für andere Betriebe exemplarisch sein dürfte:

«Die Selbstverständlichkeit braucht eigentlich gar nicht besonders betont zu werden, daß die Verwaltung der Genossenschaft stets alles daransetzte, soweit die Möglichkeit dazu vorhanden war, die besten Lohn- und Arbeitsbedingungen zu gewähren. Allerdings findet dieser gute Wille auch seine Grenzen! Solange der Genossenschaftsbetrieb in Hamburg der einzige modern eingerichtete Großbetrieb war und nur mit der geschäftlichen Konkurrenz der mittleren und kleineren Bäckereien zu rechnen hatte, fiel es der Verwaltung nicht schwer, stets mit kürzerer Arbeitszeit, als sie sonst im Gewerbe üblich war, auszukommen, und daneben stets etwas höhere Durchschnittslöhne zu zahlen, als sie in den Konkurrenzbetrieben gezahlt wurden. Diesen löblichen Willen aber auch noch in die Praxis umzusetzen, als eine Anzahl kapitalkräftiger, hochmodern eingerichteter Großbäckereien der Genossenschaft schärfste Konkurrenz machten, wurde fast zur Unmöglichkeit! Trotzdem hat die Genossenschaft auch noch in dieser jüngsten Periode mindestens so gute Lohn- und Arbeitsbedingungen gewährt wie irgendein anderer Großbetrieb.»[187]

Allerdings wurden weitergehende Forderungen der GenosslInnen nach einer Ausweitung der Mitbestimmungs- und Beteiligungsmöglichkeiten der Belegschaft, die über den gewerk-

---

186 Egon Metz, Hans-Jürgen Schaffland: Genossenschaftsgesetz (Gesetz betreffend die Erwerbs- und Wirtschaftsgenossenschaften), Berlin / New York 1999, S. 73.

187 Zit. nach Burghard Flieger (Hg.): Produktivgenossenschaften oder der Hindernislauf zur Selbstverwaltung, München 1984.

schaftlichen Standard hinausgingen, von den Gewerkschaften mit dem Vorwurf des Betriebs-Syndikalismus oft abgelehnt. Zum einen erlangten die Genossenschaften aufgrund ihrer geringen Zahl gegenüber den kapitalistischen Unternehmen auch wenig Aufmerksamkeit bei den Gewerkschaften, zum anderen war die Skepsis «gegenüber einem Unternehmertum in den eigenen Reihen» offensichtlich bei den Gewerkschaften immer noch tief verankert.[188]

4.3.1 Beispiel: Milchwerke Berchtesgadener Land Chiemgau eG

Ein Beispiel für eine landwirtschaftliche Produktionsgenossenschaft, die in der Weimarer Republik gegründet wurde, sich ständig weiterentwickelt hat und heute noch existiert, sind die «Milchwerke Berchtesgadener Land Chiemgau eG» mit Sitz in Piding. Sie wurden 1927 von 54 Bauern als landwirtschaftliche Verwertungsgenossenschaft gegründet. Damals lieferten sie zusammen ca. 700 Liter Milch pro Tag. Seit 1973 stellt die Genossenschaft Bio-Alpenmilch-Produkte her. Den Beginn machten fünf «leidenschaftliche Landwirte», die Bio-Milch herstellten. 1976 fusionierte die Molkerei mit der Chiemgau-Molkerei in Truchtlaching. Seit 2006 ist die Molkerei Berchtesgadener Land Naturland-Fair Partnerin und wurde 2010 entsprechend den aufgestellten Naturland-Fair-Sozial-Richtlinien als erste Molkerei zertifiziert.[189]

Die Genossenschaft gehört heute den rund 1.800 angeschlossenen landwirtschaftlichen Betrieben mit durchschnittlich 27 Kühen, die durchschnittlich 7500 Liter Milch pro Jahr geben. Die kleinbäuerlichen Höfe liegen entlang des Alpenkamms zwischen dem Watzmann und der Zugspitze. Von den landwirtschaftlichen Betrieben sind heute 650 Bio-Landwirte, 650 Bergbauern und 500 konventionell arbeitende Bauern. Seit der Gründung verpflichten sich die Genossen zu Verantwortungsbewusstsein gegenüber Natur, Tieren und VerbraucherInnen.

---

188 Sperling: Ein Blick zurück, S. 38.

189 Naturland e.V.: Milchwerke Berchtesgadener Land Chiemgau eG. Naturland Fair Partner. https://www.naturland.de/de/naturland/was-wir-tun/naturland-fair/naturland-fair-partner/1154-milchwerke-berchtesgadener-land.html. (Zugriff: 28.7.2019).

Nachhaltigkeit und Fairness sind die Werte, die sie leiten.[190] Unter dem Motto: «Gemeinsam ist man erfolgreicher» bemüht sich die Genossenschaft um eine schonende Verarbeitung der Milch, den Schutz des natürlichen Lebensraums in und an den Alpen und darum, einen fairen Milchpreis an ihre konventionellen und die Biobetriebe zu zahlen. Die Genossenschaft wirbt damit, dass ihre Landwirte maßgeblich für den Erhalt der Kulturlandschaft sorgen, aktiv das Trinkwasser schützen und eine hohe Tiergesundheit gewährleisten. Seit 2017 kann nur Milchlieferant der Genossenschaft sein, wer kein Glyphosat einsetzt. Die Genossenschaft unterstützt die angeschlossenen Betriebe durch Beratung und mit einem Prämiensystem.

Die Milchwerke «Berchtesgadener Land» sind ein Beispiel dafür, wie Genossenschaftlichkeit und Nachhaltigkeit in der Wertschöpfungskette vom Futtermittel bis zur Verpackung gemeinsam mit allen Beteiligten gestaltet werden und damit eine wirtschaftlich erfolgreiche Differenzierung im Markt gelingen kann. Im Vorstand und im Aufsichtsrat der Molkereigenossenschaft sitzen ausschließlich gewählte VertreterInnen der angeschlossenen Milchbauern. Sie entscheiden gemeinsam mit der Geschäftsführung über alle wichtigen Themen. Die Treffen zur aktuellen Marktlage und zu nötigen Investitionen finden monatlich statt. Alle Aufsichtsräte und Vorstände der Genossenschaft sind aktive Milchbauern.

4.4. Bank- und Kreditgenossenschaften

Bank- und Kreditgenossenschaften sind neben den Wohnungsgenossenschaften der bekannteste und wirtschaftlich stärkste Zweig des Genossenschaftswesens. Die Politik der Zentralisierung machte nach dem Zweiten Weltkrieg vor den Banken nicht Halt. Nachdem sich nach 1945 die Geschäftsfelder der Volks- und Raiffeisenbanken immer mehr anglichen und sie sich gleichzeitig auch dem Nichtmitgliedergeschäft öffneten, konnten sich die beiden Dachverbände in den meisten Bundesländern zu einem Genossenschaftsverband zusammenschließen.

190 Milchwerke Berchtesgadener Land Chiemgau eG: Unsere Molkerei: Bergbauermilch. https://bergbauernmilch.de/de/unsere-molkerei.html. (Zugriff: 12.7.2020).

Am 26. Januar 1956 gründeten 14 Genossenschaftsbanken die «Union-Investment-Gesellschaft». Es war die dritte deutsche Investmentgesellschaft, die schnell zu einem wesentlichen Bestandteil der «Genossenschaftlichen FinanzGruppe» wurde.

Ende 2018 gab es in Deutschland 873 Volks- und Raiffeisenbanken mit einer aggregierten Bilanzsumme von 935 Milliarden Euro.[191] Genossenschaftsbanken in Deutschland sind in Regionalverbänden organisiert, die neben der Betreuung und Unterstützung der jeweiligen regionalen Bank (z. B. durch Beratungstöchter oder Bildungsangebote) auch die Prüfung nach dem Kreditwesengesetz sicherstellen. Somit tritt der Regionalverband auch als Prüfungsverband auf.

4.4.1 Sparda-Bank eG

Die Sparda-Bank eG gründete sich am 6. Mai 1896 als «Spar- und Vorschuss-Verein der badischen Eisenbahnbeamten» in Karlsruhe.[192] Die bereits in vielen Orten bestehenden Eisenbahner-Wohnungsgenossenschaften gründeten ihre eigene Genossenschaft, weil «die Eisenbahner» – Beamte und Angestellte – ihre Löhne sicher auf der Bank aufbewahren wollten, um für ein Haus zu sparen und es schließlich zu finanzieren. Nach diesem Vorbild wurden in den Folgejahren auch andernorts gleichartige Genossenschaften gegründet, die sich im Frühjahr 1906 zum «Revisionsverband der Eisenbahn-Spar- und Darlehnskassen» in Kassel zusammenschlossen.[193] Die Sparda-Bank, wie sie später hieß, war aus der Not entstanden, denn mit Eisenbahnern wollten die «ehrwürdigen Kreditinstitute» während der Zeit der industriellen Aufbruchsstimmung ungern Geschäfte machen, weil deren Einkommen gering waren, sie oft versetzt wurden und die Bank wechseln mussten. Wie für die meisten Kreditgenossenschaften lag die große Belastungsprobe für die Sparda-Bank vor allem in den Wochen vor dem Ersten Weltkrieg. Infolge der politischen Unsicherheit hoben zahlreiche Sparer ihr Geld bei den Banken ab. Bei den Genossenschaftsbanken betrug die Gesamtsumme der Auszahlungen zwischen

191 Bundesverband der Deutschen Volksbanken und Raiffeisenbanken (BVR).

192 Sparda-Bank: Geschichte: Ein kurzer Rückblick: https://web.archive.org/web/20140606232514/https://www.sparda-bw.de/geschichte.php (Zugriff: 6.4.2020).

193 Sigrid Aufterbeck: Sparda. Mit der Eisenbahn gewachsen, in: Handelsblatt (o. Nr.), 31.3.2006.

dem 15. Juli und 15. August 1914 gut ein Fünftel aller am 15. Juli 1914 bestehenden Spareinlagen. Während des Krieges floss «das Leben der Kreditgenossenschaften verhältnismäßig ruhig dahin»,[194] wie es in den Jahresberichten des Allgemeinen Verbandes heißt. Schwierigkeiten im Geschäftsablauf ergaben sich vor allem durch das Fehlen von Angestellten sowie Aufsichtsrats- und Vorstandsmitgliedern, die dem Ruf zur «Vaterlandsverteidigung» gefolgt waren.

Was aus der Not entstanden zwar, wurde zum erfolgreichen Geschäftskonzept: die Konzentration auf risikoarmes Privatkundengeschäft. Bis zum Beginn des Ersten Weltkrieges entstanden 21 Spar- und Darlehnskassen, zwischen 1922 und 1931 wurden 8 weitere gegründet. Aufgrund der schmalen Produktpalette brauchen die Sparda-Banken keinen großen Apparat und können ihren Kunden, die gleichzeitig GenossInnen sein müssen, günstige Konditionen bieten.

Heute ist die Sparda-Bank eG mit insgesamt 3,6 Millionen Mitgliedern eine der mitgliederstärksten Genossenschaftsbanken Deutschlands.[195] 11 regionale Sparda-Banken sind im Verband der Sparda-Banken e. V. zusammengeschlossen, der für diese die Pflichtprüfungen laut Genossenschaftsgesetz vornimmt. Die Vorstandsvorsitzenden waren 2019 alle männlichen Geschlechts. Die Sparda-Banken sind Mitglied im «Bundesverband der Deutschen Volksbanken und Raiffeisenbanken (BVR)». Die Sparda-Banken gehören – wie alle Genossenschaftsbanken – ausschließlich ihren Mitgliedern und nicht anonymen Aktionären oder Investmentgesellschaften. Die Mitglieder werden am Gewinn der Bank beteiligt.

4.4.2 Kirchenbanken

Weitere Beispiele für Bank- und Kreditgenossenschaften sind die sieben Kirchenbanken, die es unter dem Dach des Genossenschaftsverbandes gibt. Sie verwalten die Finanzmittel von Privatkunden, Kirchenkreisen, Landeskirchen und kirchlichen Einrichtungen.[196] Seit dem Kongress des «Internationalen Ge-

---

194 Ebd.

195 Verband der Sparda-Banken e. V.: SpardaReport 2019, Frankfurt/Main 2018.

196 Attac Trägerverein e.V.: Kirchenbanken. Attac Kampagnen. https://www.attac.de/kampagnen/bankwechsel/bank-wechseln/kirchenbanken/ (Zugriff: 13.5.2020).

nossenschaftsbundes» 1937 in Paris ist die politische und religiöse Neutralität als Grundsatz für den IGB festgeschrieben worden. Danach dürfen Kirchenbanken nicht als eG organisiert sein. Einzelne Länder halten sich aber nicht an diese Grundsätze.

4.4.2.1 Beispiel: Pax-Bank eG

Ein Beispiel für *katholische Kirchenbanken* ist die 1917 von katholischen Priestern als Selbsthilfeeinrichtung gegründete Pax-Bank – ursprünglich «Pax Spar- und Darlehenskasse» – mit Sitz in Köln.[197] Das «christliche Wertefundament» glaubt sie sowohl bei ihren KundInnen als auch bei ihren MitarbeiterInnen zu finden. Kernklientel dieser «Bank für Kirche und Caritas» sind kirchliche Einrichtungen wie Bistümer, Stiftungen, Krankenhäuser, Altenheime oder die Jugendhilfe. Ab 1952 kamen Klöster, Kinderheime und kirchliche Krankenhäuser dazu. 1967 erfolgte die Umbenennung in «Pax-Bank eG». Die Bank will durch ihre Kreditvergabe «für bessere Lebensbedingungen» für Viele sorgen. Sie fühlt sich der katholischen Soziallehre verpflichtet. Ethik und Nachhaltigkeit haben laut offiziellem Selbstverständnis der Bank eine besondere Bedeutung. Das Handeln nach innen und außen unterliegt einem Ethik-Kodex, der das wirtschaftliche Handeln im Spannungsfeld zwischen Ethik und Gewinnstreben bestimmt.[198]

Auch Privatpersonen können bei der Bank Kunden werden, müssen aber die katholischen Werte teilen. Von den sieben Filialen in Köln, Aachen, Essen, Trier, Mainz, Erfurt und Berlin starten die BeraterInnen als Finanzpartner für die kirchlichen und karitativen Einrichtungen zu ihren institutionellen Kunden; zudem unterhält die Bank eine Repräsentanz in Rom. Im Privatkundengeschäft bietet sie neben der Vorort-Präsenz ihre Leistungen bevorzugt als Direkt- oder Fernbank an und setzt dabei zunehmend auf digitale Techniken.

Besonderes Aufsehen erregte die Pax-Bank im August 2009, weil sie umgerechnet 158867 Euro in Wertpapiere des US-Pharmaproduzenten Wyeth angelegt hatte. Dieser stellt un-

---

197 Pax kommt aus dem Lateinischen und bedeutet Frieden.

198 Pax-Bank eG.: Unsere Mission & Kompetenz. Ethik ist Selbstverprflichtung. https://www.pax-bank.de/ethik-und-nachhaltigkeit/unsere_mission_und_kompetenz.html#reiter_2005040570 (Zugriff: 28.5.2020).

ter anderem Pillen zur Empfängnisverhütung her. «Dass eine Papst-Enzyklika von 1968 die künstliche Kontrazeption ablehnt, erschien dem Geldhaus angesichts lockender Rendite offenbar nachrangig», schrieb der Spiegel. Die Tatsache, dass der Fonds im März 2009 eine Summe von 577.970 Euro in den weltweit tätigen Rüstungsriesen «BAE Systems» angelegt hat, der Atom-U-Boote, Raketensysteme und Kampfflugzeuge produziert[199], hat offensichtlich weniger Aufsehen erregt.

4.4.2.2 Bank für Kirche und Diakonie eG

Die älteste evangelische Kirchenbank Deutschlands ist die «Bank für Kirche und Diakonie eG – KD-Bank». Sie wurde 1925 in Sachsen als genossenschaftliche Selbsthilfeeinrichtung gegründet. Die Bank ist seitdem auf die Bedürfnisse von Kirche und Diakonie ausgerichtet. Sie setzt sich aus Darlehnsgenossenschaften zusammen, die einst in Dresden, Münster, Magdeburg und Duisburg von bedeutenden Theologen mitgegründet wurden. Heute hat sie ihren Sitz in Dortmund und unterhält Zweigniederlassungen in Berlin, Dresden, Duisburg, Hamburg, Magdeburg, Mainz, Mannheim, München, Nürnberg und Stuttgart.[200] Ihre Mitglieder sind «Körperschaften, die Aufgaben der Kirche, der Diakonie und der Mission wahrnehmen sowie Einrichtungen, die überwiegend diesen Zwecken dienen oder an denen solche Körperschaften beteiligt sind» und «natürliche Personen». Auch Nichtmitglieder können die Geschäfte in Anspruch nehmen.[201]

Die Unternehmensführung betrachtet Nachhaltigkeit als Kernkompetenz und die Aspekte des Nachhaltigkeits- und Umweltmanagements sind integrale Bestandteile der Gesamtbankstrategie und ihrer Leitsätze.[202] Die Bank ist wie die meisten Kir-

199 Der Spiegel: Ethische Anlagen. Katholische Bank investiert in Verhütungsmittel-Hersteller. Spiegel Panorama (1.8.2009). https://www.spiegel.de/panorama/gesellschaft/ethische-anlagen-katholische-bank-investiert-in-verhuetungsmittel-hersteller-a-639733.html (Zugriff 14.4.2021).

200 vgl. Bank für Kirche und Diakonie eG.: Unsere Standorte. KD-Bank). https://www.kd-bank.de/wir_fuer_sie/standorte.html (Zugriff: 28.5.2020).

201 vgl. KD-Bank: Satzung. Stand 14 Juni 2017. KD-Bank (2017). https://www.kd-bank.de/content/dam/f0388-1/wir-fuer-sie/ueber-uns/50-hm-Satzung-2017.pdf (Zugriff: 14.4.2021).

202 vgl. KD-Bank: Nachhaltigkeit. KD-Bank. https://www.kd-bank.de/nachhaltigkeit.html (Zugriff: 14.4.2021).

chenbanken dem «Bundesverband der Deutschen Volksbanken und Raiffeisenbanken» angeschlossen.[203]

4.5 Landwirtschaftliche Waren- und Dienstleistungsgenossenschaften

Seit mehr als 150 Jahren schließen sich auch Betriebe im Bereich der landwirtschaftlichen Unternehmen als Genossenschaft zusammen. Heute sind mehr als 456 landwirtschaftliche Handelsgenossenschaften, Molkereien, Baustoff-, Märkte-, Mineralöl-Genossenschaften, Fischereigenossenschaften, Obst-, Gemüse-, Gartenbaugenossenschaften sowie Genossenschaften, die Vieh- und Fleischwirtschaft betreiben, und Winzergenossenschaften im «Genossenschaftsverband – Verband der Regionen» zusammengeschlossen.[204]

Für die landwirtschaftlichen Genossenschaften waren die negativen Auswirkungen des Ersten Weltkrieges vergleichsweise gering, weil sie ebenso wie die anderen bäuerlichen Betriebe für die vom Zusammenbruch bedrohte Nahrungsmittelversorgung herangezogen wurden.[205] Dass landwirtschaftliche Genossenschaften im Zuge der revolutionären Ereignisse der Novemberrevolution von 1918, in der sich überall Arbeiter- und Bauernräte bildeten, durchaus aber eine Rolle gespielt haben, wird aus einem Flugblatt deutlich, das der «Propaganda-Ausschuss des Vollzugs-Ausschusses des Arbeiterrates Stuttgart» an die «Kleinbauern! Landarbeiter!» verbreitete. Darin wurde nicht nur zur Bildung von Bauernräten aufgerufen, sondern auch dazu, verstärkt landwirtschaftliche Genossenschaften zu bilden: «Die Revolution ist die Erhebung des kleinen Mannes [...] schließt Euch zu Produktionsgenossenschaften zusammen! In allen Städten und Industrieorten sind Arbeiterräte entstanden. Sie sollen die Interessen der werktätigen Bevölkerung

203 vgl. KD-Bank: Jahresbericht 2019. KD-Bank. https://www.kd-bank.de/content/dam/f0388-1/wir-fuer-sie/ueber-uns/KD-Bank-GB-2019-1405.pdf (Zugriff 14.4.2021).

204 Genossenschaftsverband – Verband der Regionen e.V.: Landwirtschaftliche Waren- und Dienstleistungsgenossenschaften. Genossenschaftsgeschichte Info. https://www.genossenschaftsverband.de/mitglieder/landwirtschaftliche-genossenschaften/ (Zugriff: 28.5.2020).

205 Marvin Brendel: Genossenschaften im 1. Weltkrieg: genossenschaftsgeschichte.info/genossenschaften-im-ersten-weltkrieg-429 (Zugriff: 6.5.2020).

wahren, Regierung wie Gemeindeverwaltungen kontrollieren. Sie werden dafür sorgen, dass die Fabriken unter Aufsicht der Arbeiter kommen [...] in ähnlicher Weise müßt auch Ihr die Erzeugung und den Vertrieb der landwirtschaftlichen Erzeugnisse ordnen und leiten. Bildet überall Bauernräte! Diese beaufsichtigen in erster Linie die Arbeit der Schultheißen und Kommunalverbände.»[206]

Offensichtlich bildeten sich einzelne Bauernräte. Leider waren etliche von ihnen eher «antirevolutionäre Institutionen», wie Elmar Kuhn für Oberschwaben feststellte. Als Angehörige der Zentrumspartei waren sie weit entfernt von der Forderung der spartakistischen Räte, Schritte zur Vergesellschaftung auf dem Lande zu unternehmen. Ihre Intention war eher, den Arbeiterräten entgegenzutreten, weil Ruhe und Ordnung auf dem Land hergestellt werden sollte. Das wesentliche Ziel der Bauern sei die Rückkehr zur individualistischen Wirtschaftsweise durch Aufhebung der Zwangswirtschaft oder zumindest eine vorläufige Übernahme in eigener Regie gewesen; das Ziel der Arbeiter, eine Verstärkung der kollektiven Bindungen der Wirtschaft, lag ihnen fern.[207] Das mag in anderen Landstrichen anders gewesen sein, zumindest berichtet Heinrich Muth, dass es in Bayern Verbindungen zwischen Bauern- und Landarbeiterräten, wie sie Ende November genannt wurden, und der sozialistischen Bewegung gegeben hat.[208] Allerdings blieben auch sie vereinzelt und dürften kaum das ländliche Genossenschaftswesen beeinflusst haben.

Die konservative Grundhaltung der landwirtschaftlichen Organisationen blieb auch nach Bildung der Weimarer Republik bestehen. Nun wiesen sie mit Nachdruck darauf hin, dass die Versorgung der Städte mit Lebensmitteln nur dann gesichert werden könne, wenn man die Landwirtschaft ungestört lasse. Mit diesen und ähnlichen Hinweisen wollten sie die neue Regierung unter Ausnutzung der Ernährungszwangslage auf die

---

206 Günther Cordes: Krieg, Revolution, Republik. Die Jahre 1918 bis 1920 in Baden und Württemberg, Ulm 1978, S. 119.

207 Elmar Kuhn: Die Bauernräte. Elmar L. Kuhn Revolution und Räte 1918/19. https://www.elmarlkuhn.de/aufsaetze-im-volltext/oberschwaben-und-bodenseeraum/revolution-und-raete-191819/oberschwaben/die-bauernraete/index.html
(Zugriff: 11.5.2020).

208 Heinrich Muth: Die Entstehung der Bauern- und Landarbeiterräte im November 1918 und die Politik des Bundes der Landwirte, in: Vierteljahreshefte für Zeitgeschichte (21/1), 1973, S. 1–38.

grundsätzliche Ablehnung jeder «Sozialisierung des Grundbesitzes» festlegen.[209] Indem sie sich auf die mangelhafte Versorgungslage bezogen, versprachen die landwirtschaftlichen Körperschaften sich «ausnahmslos in den Dienst der Regierung» zu stellen, um «dem deutschen Volke über die schwere Zeit hinwegzuhelfen». Sie warnten davor, «die Landwirte durch Ankündigung von Auflösung des Besitzes oder Vergesellschaftung der Betriebe zu beunruhigen», das sei «ein nicht wiedergutzumachender Fehler. Der Bauer weiß sehr gut, daß er dabei dem größeren Besitzer sehr bald folgen würde, wenn es dazu käme. Jetzt, wo es darauf ankommt, daß das Land alle Kräfte anspannt, um auf seinem bedrohten Boden für das ganze Volk Lebensmittel zu schaffen, darf man ihm als Lohn für seine Mühen unmöglich die Enteignung in Aussicht stellen.»[210]

Das war deutlich und zeigte ein «gewisses Triumphgefühl». In der gegebenen schlechten Ernährungssituation konnten die Bauernvertreter einer verhassten politischen Richtung gegenüber auftrumpfen. Man wusste, dass man im Besitz der unentbehrlichen Nahrungsmittel am längeren Hebelarm saß und gab das auch deutlich zu verstehen. Man kann die Äußerungen auch als Ausdruck der grassierenden «Bolschewistenfurcht» betrachten, die insgesamt von konservativen Kräften geschürt wurde, auch unter den Mehrheitssozialdemokraten. Die Enteignungsbedrohung drängte die agrarischen Führer vorübergehend sogar an die Seite der MSPD. Der sozialdemokratische Historiker Peter Lösche vertrat allerdings die Ansicht, die MSPD habe im November 1918 klar erkannt, «daß der Linksradikalismus zu schwach und die deutsche Entwicklung von der russischen zu verschieden war, um eine sofortige Machtübernahme des Spartakusbundes und der linken USPD befürchten zu müssen».[211] Damit wäre auch die Befürchtung der Enteignung und weiteren Vergenossenschaftlichung unbegründet gewesen. Dennoch beklagten die Bauernverbände auch die Parlamentarisierung und den verstärkten Ein-

---

209 Ebd., S. 27.

210 Verlautbarung v. 19.11.1918; ähnlich auch der Bund der Landwirte um die gleiche Zeit in einem Aufruf: «Wir stellen uns bis zur Schaffung einer auf gesetzlicher Grundlage beruhenden Staatsform hinter jede Regierung, die gewillt und fähig ist, Ruhe, Ordnung und Sicherheit für Person und Eigentum aufrecht zu erhalten, die Volksernährung sicherzustellen und einen sofortigen Frieden herbeizuführen», zit. nach ebd., S. 28.

211 Peter Lösche: Der Bolschewismus im Urteil der deutschen Sozialdemokratie 1903–1920, Berlin 1967, S. 158ff.

fluss der Sozialdemokraten und Gewerkschaften und kämpften gegen den Bedeutungsverlust landwirtschaftlicher Interessen, weshalb sie auf einen strikten Konfrontationskurs gegen die Genossenschaften und gegen das «Weimarer System» gingen.[212] Im Gegensatz zu anderen Genossenschaftssparten gründeten sich nur wenige neue Genossenschaften im Agrarbereich. Dazu gehörte zum Beispiel die 1923 gegründete, genossenschaftlich geprägte «Bayerische Warenvermittlung landwirtschaftlicher Genossenschaften AG», die BayWa, als Handelsorganisation der Raiffeisengenossenschaften. Trotz der schwierigen politischen Lage der Weimarer Republik mit ihren Unruhen und der Inflation war der aus einem Zusammenschluss vieler kleinerer und größerer Genossenschaften entstandene «Reichsverband der deutschen landwirtschaftlichen Genossenschaften – Raiffeisen – e.V.» der größte Genossenschaftsverband der Welt geworden, der vier Millionen Mitglieder vereinigte. Es war ein umfassendes wirtschaftliches Gebilde entstanden, das nahezu alle Bereiche landwirtschaftlicher Betätigung erfasste.[213]

4.5.1 Beispiel: Die Winzergenossenschaft Mayschoß-Altenahr eG

Die vielleicht älteste Winzergenossenschaft der Welt in Mayschoß an der Ahr wurde 1868 durch 18 Winzer als Winzerverein zu Mayschoß nach dem Konzept von Wilhelm Raiffeisen gegründet und im gleichen Jahr als Genossenschaft eingetragen. Die Weinbauern schlossen sich zusammen, weil sie ihren Wein nicht mehr alleine verkaufen konnten oder wollten.[214] «Freude am Wein» lautet seitdem ihre Philosophie. 1982 schloss sie sich mit den Winzern aus Altenahr zusammen und 2009 mit der Winzergenossenschaft Walporzheim. Die Genossenschaft besteht heute noch. «Für sie da»: *Stay at Home und Drink Wine*, diese Aufforderung findet sich während der Corona-Pandemie auf der aktuellen Website der Winzergenossenschaft «Mayschoß-Altenahr eG», die sich heute aus 450 GenossenschafterInnen aus Mayschoß, Altenahr und Walporzheim zu-

212 Hans-Peter Ullmann: Desintegration und Reorganisation der Agrarverbände. Vom «Bund der Landwirte» zur «Grünen Front» in: Interessenverbände in Deutschland, Berlin 1988, S. 144f.

213 Faust: Geschichte, S. 420.

214 dpa: Winzer an der Ahr sind seit 150 Jahren Genossen, in: Kölner Stadtanzeiger (o. Nr.), 8.9.2018.

sammensetzt. Gemeinsam bewirtschaften die landwirtschaftlichen GenossInnen 150 Hektar Rebland und produzieren im Jahr 1,2 Millionen Flaschen Wein.[215]

4.5.2 Beispiel: Agrargenossenschaft RAISA eG

Die «RAISA eG» wurde 1918 als «Stader Saatzucht eG» durch 21 Landwirte gegründet, um gemeinschaftlich Vorteile bei der Zucht, dem Einkauf und dem Vertrieb von Pflanzkartoffeln zu generieren. Neben dem Ausbau der vielfältigen Sparten des Agrargeschäftes, entwickelte die Genossenschaft die zusätzlichen Geschäftsfelder Einzelhandel, Energie und Logistik. Heute ist die «RAISA eG» eine der größten Primärgenossenschaften Deutschlands, die im Zeitalter der Globalisierung und Digitalisierung über ein Netzwerk von Beteiligungen mit weltweiten Verbindungen verfügt. Ganz nach dem Leitsatz «Regionalität ist bei uns Grundprinzip» verschreiben sie sich nach wie vor der Förderung des Erwerbs und der Wirtschaft ihrer Mitglieder und fungieren als Nahversorger in der Region. Die Genossenschaft verfügt heute über 18 Raiffeisen-Märkte in 5 Landkreisen, 23 Tankstellen und 1 Café.

4.6 Handwerkergenossenschaften

Handwerkergenossenschaften sind ursprünglich freiwillige Zusammenschlüsse von Handwerkern zu genossenschaftlichen Geschäftsbetrieben mit Großhandelsfunktion. In Deutschland haben sie eine lange Tradition. Die erste Handwerkergenossenschaft wurde 1849 von Hermann Schulze-Delitzsch als Einkaufsgenossenschaft für Schreiner und Schuhmacher in Sachsen gegründet. Ihr Prinzip gilt heute noch: Durch genossenschaftliche Kooperation werden auch kleine spezialisierte Hanwerksunternehmen in die Lage versetzt, mit anderen spezialisierten Betrieben Komplettaufträge gewerkeübergreifend anzubieten.

215 Winzergenossenschaft Mayschoß-Altenahr e.G.: Wir über uns. WG-Mayschoss. https://www.wg-mayschoss.de/winzergenossenschaft-mayschoss-altenahr/ (Zugriff: 18.4.2020). Die «Mayschoß-Altenahr eG» bezeichnet sich selbst fälschlich als die älteste Winzergenossenschaft der Welt, ist jedenfalls aber die älteste noch bestehende. Die Älteste ist die aus einem Weinbauverein hervorgegangene und 1855 gegründete Weingärtnergenossenschaft Neckarsulm-Gundelsheim, die aber seit 2007 nicht mehr besteht.

Wichtig ist die verbindliche Kooperation bei der gemeinsamen Auftragsbearbeitung, so dass der Auftraggeber stets eine einheitliche AnsprechpartnerIn hat.[216]

Handwerkergenossenschaften erfuhren besonders während des Ersten Weltkrieges eine starke Verbreitung. Allein in den ersten drei Kriegsjahren wurden rund sechshundert Handwerksgenossenschaften gegründet, die dem gemeinsamen Rohstoffbezug, der Produktion und dem Warenabsatz dienten. Solche Zusammenschlüsse erfolgten insbesondere in den Bereichen der Schneider, Sattler, Tapezierer, Schlosser, Schmiede, Stellmacher und Schuhmacher.

Heute haben in Deutschland grundsätzlich alle Handwerksbranchen derartige genossenschaftliche Geschäftsbetriebe mit Großhandelsfunktion, die eine sehr starke regionale Ausrichtung aufweisen. Die Handwerkergenossenschaften übernehmen sämtliche Handelsfunktionen; neben der Beschaffungs- und Marketingfunktion gewinnen die Informations-, Beratungs- und allgemeinen Service-Funktionen immer größere Bedeutung.

4.7 Einzelhandels- und Konsumgenossenschaften

4.7.1 Einzelhandelsgenossenschaften Beispiel: EDEKA

Die erste Einzelhandelsgenossenschaft in Deutschland entstand mit der heute sehr bekannten EDEKA-Genossenschaft 1898 in Berlin, als sich 21 kreative, selbständige Kaufleute aus dem Deutschen Reich in Berlin nach den genossenschaftlichen Grundsätzen zur «Einkaufsgenossenschaft der Kolonialwarenhändler im Halleschen Torbezirk zu Berlin» – kurz E.d.K. – zusammenschlossen. Sie wollten sich so gegenüber den immer stärker werdenden Warenhäusern behaupten. 1903 folgte EDEKA in Kiel als Zusammenschluss von 17 kleinen «Tante-Emma-Läden». Im Oktober 1907 schlossen sich 23 Genossenschaften in Leipzig zum «Verband deutscher kaufmännischer Genossenschaften» zusammen und am 25. November 1907

216 DGRV: Ideen und Konzepte. Handwerk. Genossenschaften in Deutschland.
https://www.genossenschaften.de/handwerk (Zugriff: 5.7.2020).

wurde die «Zentraleinkaufsgenossenschaft des Verbandes deutscher kaufmännischer Genossenschaften eGmbH» aus der Taufe gehoben, aus der später die «EDEKA Zentrale AG & Co. KG» wurde. 1914 kam die EDEKA-Bank dazu. 1919 schlossen sich Kaufleute in Ingolstadt ebenfalls zu einem «Einkaufsverein der Kolonialwarenhändler», dem heutigen EDEKA-Südbayern, zusammen und legten die Basis für weitreichenden wirtschaftlichen Erfolg. Die neu nach den genossenschaftlichen Grundsätzen gegründeten EDEKA-Gruppen fungierten als PartnerInnen an der Seite selbstständiger EinzelhändlerInnen in ihren jeweiligen Einzugsgebieten und versorgten sie und ihre KundInnen mit Lebensmitteln.

1933, als mit der Machtübernahme der Nazis der Aufschwung der Genossenschaften ein Ende finden sollte, da die Konsumgenossenschaften den NSDAP-Leuten schon lange ein Dorn im Auge waren, weil viele Funktionäre Sozialdemokraten oder Kommunisten waren, schloss sich die EDEKA-Genossenschaft der Mittelstandspolitik des NS-Regimes unter der Parole «Kaufmann, nicht Händler!» an.[217]

Schon am 31. März 1933, als andere noch daran glaubten, der «braune Spuk» sei bald beendet, heißt es in der «EDEKA-Handelsrundschau», in deren Schriftleitung kein personeller Wechsel stattgefunden hatte – ganz im Banne des Nationalsozialismus – unter dem Titel *Nationale Erhebung und EDEKA*: «Der EDEKA-Verband hat es für seine selbstverständliche Pflicht angesehen, den Kampf gegen Warenhäuser, Großfilialen, Einheitspreisläden und Konsumvereine tatkräftig zu organisieren und zu führen [...], weil er es nicht zulassen durfte, daß der kaufmännische Mittelstand [...] in den von jenen Wirtschaftsformen erzeugten Sumpf versank. So ist der EDEKA-Verband nicht nur als Vorläufer, sondern als ein aktiver Mitarbeiter der nationalen Revolution zu bezeichnen.»[218] Er hat sich nicht nur den Nazis angebiedert, sondern sie aktiv unterstützt, indem er sich selbst gleichgeschaltet hat. Im Kampf gegen die meist in jüdischem Besitz befindlichen Warenhäuser, wie die Schocken-Kette, hat EDEKA zudem den Antisemitismus der Nazis unterstützt.

Im gleichen Heft findet sich auch eine Resolution, in der sich ein Bezirksverband «hinter die Regierung der nationa-

217 Zur Rolle der Genossenschaften im NS siehe Abschnitt 5

218 Kuno Bludau: Nationalsozialismus und Genossenschaften, Hannover 1968, S. 33.

len Erhebung» stellt und erklärt, die «ungeheuren Aufgaben der Regierung Hitler mit allen Kräften nachdrücklich zu unterstützen».[219]

Nach dem Zweiten Weltkrieg stellte sich EDEKA dagegen als Opfer des Nationalsozialismus dar. Die erfolgreiche Entwicklung nach 1945 bezeichnet sie als Ergebnis der langfristigen und konsequenten Umsetzung des Förderauftrags der Genossenschaft, den sie darin sieht, wirtschaftlich gesunde, voll existenzfähige Betriebe selbstständiger Unternehmer des mittelständischen Lebensmittelhandels und verwandter Berufsgruppen zu schaffen, sie zu fördern und auch für zukünftige Generationen zu erhalten. Auf diese Weise hat EDEKA den Wechsel zu Supermärkten, die Computerisierung umgesetzt und konnte nach der Wiedervereinigung etliche Konsum- und HO-Verkaufsstellen übernehmen und nicht nur in Ostdeutschland, sondern auch nach Dänemark, Tschechien und Spanien expandieren. In den letzten Jahren setzt EDEKA auf Nachhaltigkeit, Klimaschutz und CO_2-Themen. Im Laufe der Zeit wuchs das Unternehmen stetig und fusionierte mit zahlreichen Großhandelsgesellschaften in den Regionen, wie Kaisers, Spar, Marktkauf. Statt wie ehemals 100 Artikel sind in den heutigen Märkten bis zu 25000 Artikel oder mehr zu finden. Die Genossenschaft wurde zum Handlungsriesen. Der Firmen- und Markenname EDEKA ist bis heute geblieben. «Gemeinsam mehr bewegen», das ist noch immer das Leitbild. EDEKA war auch im Jahr 2019 die Nummer eins unter den Lebenmittelhändlern. Die Supermärkte unterscheiden sich kaum von anderen (z.B. Aldi oder Lidl) und die meisten KäuferInnen und VerkäuferInnen wissen nicht mehr, dass sie in einem an jede politische Situation angepassten Genossenschaftsbetrieb einkaufen oder verkaufen.

4.7.2 Konsumgenossenschaften

Die Konsumgenossenschaft wurde zu einer besonderen Form der Genossenschaft im Einzelhandel, die in erster Linie Nahrungs- und Genussmittel sowie verwandte Waren des täglichen Bedarfs beschaffte und verkaufte. Sie wurde ursprünglich auf Initiative von Verbrauchern, Gewerkvereinen oder von Sozialreformern, oft aus bürgerlichen Kreisen, gegründet, mit dem

---

219 EDEKA-Rundschau Nr. 13 vom 31.3.1933, S. 186.

Ziel, die Lebenshaltung durch günstigere Warenversorgung zu verbessern. Teilweise haben Konsumgenossenschaften ihre Tätigkeit auch auf die Produktion ausgedehnt.

In zeitgenössischen Veröffentlichungen aus der Gründerzeit der Konsumgenossenschaften wird besonders «das Vertrauen und der Eifer der Frauen für die Sache» hervorgehoben. Schließlich waren sie am besten imstande, die Vorteile «der Sache» für ihren Haushalt und den Geldbeutel der Familien einzuschätzen und zu würdigen. Auch Victor Huber, einer der Wegbereiter[220], berichtete über den Stolz der Frauen, die in ihrem eigenen Laden preisgünstige Ware mit guter Qualität einkaufen, ihre Ersparnisse selbst verwalten konnten und nicht mehr beim Ladenbesitzer anschreiben lassen mussten.[221] Durch gemeinsamen Einkauf versuchten die ArbeiterInnen die Kosten des täglichen Bedarfs zu senken und sich dennoch mit Produkten von guter Qualität zu versorgen. Durch die Möglichkeit des Großeinkaufs wurden auch die Verwaltungskosten für die einzelnen Läden gesenkt.

Die Namen der Konsumvereine[222] waren «Vorwärts», «Befreiung», «Neue Gesellschaft», «Einigkeit», «Eintracht», «Solidarität», «Ermunterung» und Ähnliches. Sie drückten aus, dass die ihnen angeschlossenen GenossInnen nicht nur materielle Vorteile erwarteten, sondern auch für eine andere Art des Wirtschaftens und (Zusammen-)Lebens eintraten.

Seit Beginn der 1890er-Jahre kam es zu einer Welle von Gründungen, die häufig von aktiven Gewerkschaftern initiiert waren.[223] Viele entwickelten sich zu reinen Arbeiterzusammenschlüssen oder wurden von Vornherein als solche ins Leben gerufen. 1893 gab es in Deutschland bereits 9 Konsumvereinsverbände mit 395 Genossenschaften, darunter 377 Konsumvereine.[224]

Die großen Arbeiterkonsumvereine schlossen sich 1894 in Hamburg zur «Großeinkaufsgesellschaft deutscher Konsumver-

---

220 siehe Abschnitt 2.2.

221 Huber: Die gewerblichen und wirtschaftlichen Genossenschaften.

222 Konsumgenossenschaften werden auch als Verbrauchergenossenschaften oder Konsumvereine bezeichnet.

223 Notz: Theorien alternativen Wirtschaftens, S. 57.

224 Ludolf Parisius: Doktor Louis Glackenmeyer in Hannover und sein Kampf gegen die Organisation und die Grundlehren von Schulze-Delitzsch, Berlin 1894, S. 94.

eine» (GEG) zusammen.[225] Der Kölner Gewerkschaftskongress von 1905 fasste einen Beschluss, durch den die Konsumvereine massenhaften Zulauf erfuhren:

«Der Gewerkschaftskongreß erblickt in der Organisation des Konsums durch die Genossenschaften ein Mittel zur Erhöhung der Lebenshaltung und der genossenschaftlichen Erziehung des Volkes und hält es deshalb im Interesse des Proletariats für geboten, daß die gewerkschaftlich organisierten Arbeiter und Arbeiterinnen durch ihren Beitritt zu den Konsumvereinen und Propagierung der genossenschaftlichen Ideen die Genossenschaftsbewegung in Deutschland aufs kräftigste unterstützen.»[226]

Auch das Verhältnis von Konsumverein und sozialdemokratischer Partei spielte sich bald auf eine «freundschaftliche Neutralität» ein. Viele Mitglieder und auch MitarbeiterInnen und Vorstandmitglieder waren, besonders in den industrielle Ballungszentren, auch Mitglied in der SPD.[227]

Die Konsumgenossenschaften in den Großstädten hatten bald mehr als 100.000 Mitglieder. Neben diesen Riesenorganisationen gab es in kleinen Gemeinden Verbände mit oft weniger als 2500 GenossInnen. Im Jahr 1913 gehörten dem «Zentralverband deutscher Arbeiterkonsumvereine» 1120 Konsumvereine mit 1,6 Millionen Mitgliedern an.[228] Auch wenn es erhebliche Unterschiede im Warenangebot der einzelnen Filialen gab, lieferten die Konsumläden generell solide Qualität und garantierten korrektes Abwiegen der gekauften Mengen. Die Anziehungskraft der Konsumvereine hing sicher auch mit den materiellen Vorteilen zusammen, die die Preisgestaltung und die Rabattgewährung den Hausfrauen boten. Tatsächlich wurden die Preise der privaten Konkurrenz nicht selten um bis zu zehn Prozent unterboten. Die beträchtlichen Überschüsse, die sich durch den Bezug großer Mengen erzielen ließen, wurden am Ende des Jahres an die Mitglieder zurückvergütet. Diese

---

225 Reinhard Weber: Konsumgenossenschaften in Deutschland, in: Internationales Handwörterbuch des Genossenschaftswesens, Berlin 1928, S. 567.

226 Zit. nach Sperling, Ein Blick zurück, S. 35.

227 Vgl. Ulrich Bimberg: «Hinein in den Konsumverein». Ein phantastischer Aufstieg aus eigener Kraft, aus: Anders Leben, Geschichte und Zukunft der Genossenschaftskultur, Beispiele aus Nordrhein-Westfalen, Berlin/Bonn 1985, S. 41.

228 Zit. nach Sperling: ein Blick zurück, S. 36.

Rückvergütung wurde am Wert der von den GenossInnen getätigten Einkäufe und nicht an der Höhe ihres Geschäftsanteils gemessen. Der andere Teil der Gewinne wurde zur Aufstockung des Betriebskapitals der Konsumgenossenschaften verwendet, das auch in die Errichtung genossenschaftlicher Eigenproduktion, in die Ausstattung der Läden, in Bildungs-, Schulungs- und Wohlfahrtsarbeit floss.[229]

Mit dem verstärkten Eintritt von ArbeiterInnen in die Konsumgenossenschaften veränderte sich auch deren soziale und politische Zusammensetzung. Das gewachsene politische Bewusstsein innerhalb der Arbeiterklasse, das mit der industriellen und gesellschaftlichen Modernisierung in der zweiten Hälfte des 19. Jahrhunderts einherging, führte dazu, dass die KundInnen nicht nur die finanziellen Anreize des Einkaufs im Konsum zur Sicherung des Lebensstandards schätzten, sondern auch die Versorgung mit qualitativ hochwertigen Produkten. Die Konsumvereine wollten auch «den Verhältnissen, unter denen ihre Erzeugnisse hergestellt werden, ihre Aufmerksamkeit schenken». So jedenfalls geht es aus der gemeinsamen Erklärung des Zentralverbandes deutscher Konsumvereine und der Generalkommission der Gewerkschaften aus dem Jahre 1912 hervor.[230] Das bedeutete, dass sich Entlohnung und Arbeitszeit an den gewerkschaftlichen Forderungen orientieren sollten. Vor allem in Sachsen, aber auch in anderen Orten, schossen in dieser Zeit die Arbeiter-Konsumvereine wie Pilze aus dem Boden.[231] Parallel zu diesen solidarischen Arbeiterzusammenschlüssen fiel auch die Gründung von Notfonds, die bei Todesfällen und anderen Notlagen kurzfristig aushalfen, ohne auf staatliche Hilfe angewiesen zu sein. Sie wurden – ebenso wie die 1913 durch Adolph von Elm mitgegründete Volksfürsorge – von Konsumgenossenschaften und Gewerkschaften gemeinsam getragen und konnten einen großen Mitgliederzuwachs verzeichnen. Immer wieder kam es zu Spaltungen und Neugründungen von Verbänden. Die Gegensätze zwischen den mittelständischen Genossenschaften und den sozialreformerischen Genossenschaften «Hamburger Richtung» wurden immer deutlicher.[232]

229 Torp: Konsum und Politik, S. 102.

230 Zit. nach Sperling: Ein Blick zurück, S. 37.

231 Reinhard Weber: Konsumgenossenschaften, S. 567.

232 Ebd., S. 568.

Jan Fredrik Korf unterscheidet zwei große Richtungen: Die «Hamburger Richtung» und die «Kölner Richtung».[233] Der «Reichsverband deutscher Konsumvereine e. V.» in Köln wurde zum Spitzenverband der auf christlich-gewerkschaftlicher Tradition beruhenden Konsumgenossenschaften im Sinne des Begründers der Gesellenvereine, Adolph Kolping (1813–1865). Die Mitglieder wurden als «schwarze» Genossen bezeichnet. Reichsweit spielten sie keine Rolle, aber im katholischen Rheinland waren sie eine Macht. Gegründet wurden sie, damit christliche Arbeiterfamilien nicht ins Fahrwasser sozialistischer Gesellschaftsvorstellungen gerieten. In Köln waren «Rote» und «Schwarze» gleich stark.[234] Zum Spitzenverband der «Roten», der «Hamburger Richtung», wurde der 1903 gegründete «Zentralverband deutscher Konsumvereine e. V.» mit Heinrich Kaufmann als Leiter des Sekretariats. Die «roten» Genossen kamen vor allem aus der Arbeiterklasse und waren meist organisierte, klassenbewusste Arbeiter. Der Reichsverband bezeichnete sich als politisch neutral, seine Mitglieder kamen meist aus dem eher bürgerlichen Mittelstand. Er wollte den Arbeitern Mitbestimmung und Mitbesitz in der Wirtschaft sichern, ihre Reallöhne sollten gehoben werden und der Zwischenhandel ausgeschaltet werden. Die bestehende kapitalistische Wirtschaftsordnung akzeptierte er als gegeben. Die von ihm geforderten Reformen waren gemäßigt und keinesfalls sozialistisch. Die «Hamburger Richtung» vertrat eine eindeutige, eher freidenkerische, den Arbeitervereinen, Gewerkschaften und Sozialisten nahestehende Genossenschaftlichkeit, die eine auf die Änderung der bestehenden Wirtschafts- und Gesellschaftsordnung gerichtete Zielsetzung verfolgte und diese auch nach außen vertrat.[235]

Während des Ersten Weltkrieges wurde das gesamte deutsche Wirtschaftsleben zunehmend auf den Kampf eingestellt. Von wirtschaftlicher Freiheit sei nur noch wenig zu bemerken, vermerkte der «Allgemeine Genossenschaftsverband» (Schulze-Delitzsch) in seinem Jahresbericht für 1915. Überall greife der Staat bestimmend und ordnend ein. Staatlich geregelt wurden

233 Jan-Frederik Korf: Von der Konsumgenossenschaftsbewegung zum Gemeinschaftswerk der Deutschen Arbeitsfront, Hamburg 1998, S. 15–32.

234 Ehemalige Konsumgenossenschaft Vorwärts e.V.: «Mit uns zieht die neue Zeit». Konsumgenossenschaften im Rheinland 1900–1918, Wuppertal 2014, S. 50.

235 Ebd., S. 22.

sowohl die Warenverteilung als auch die Produktion. Der Unterschied zwischen Reich und Arm trat immer deutlicher in Erscheinung. In den Fabriken fehlten Kohle und Rohstoffe. Die Menschen hungerten, soweit sie nicht selbst anbauen konnten. Am stärksten wirkte sich der Weltkrieg auf die Konsumvereine aus. Sie mussten sich während und nach dem Krieg immer wieder neuen Gesetzen und Verordnungen unterwerfen, die die Versorgung mit Lebensmitteln und anderen Produkten sichern sollten.[236]

Mit der Revolution im November 1918 und dem Zusammenbruch des Kaiserreiches entstand eine günstige Konstellation für den Aufbruch der Konsumgenossenschaftsbewegung. In der Revolutionsbewegung bildeten sich schnell regionale Arbeiter- und Soldatenräte. Auch in den Betrieben der Konsumgenossenschaften waren Arbeiterräte vertreten.[237] Die Räte forderten «die rasche und konsequente Vergesellschaftung der Kapitalistischen Produktionsmittel»[238] oder auf regionaler Ebene die «Schaffung eines sozialistischen Gemeinwesens auf der Grundlage des Rätesystems» und die «Vergesellschaftung des Großgrundbesitzes und aller geeigneter Betriebe».[239] Der Ausgang ist bekannt. Die Rätebewegung wurde blutig niedergeschlagen, ein hoffnungsvoller Aufbruch, ein Aufbäumen gegen die herrschenden Klassen, Streiks, Soldaten- und Arbeiterproteste waren bald vergessen.[240]

Nach der Gründung der Weimarer Republik setzte sich die positive Vorkriegsentwicklung der Konsumgenossenschaften fort: In den Großstädten waren nun 30–40 Prozent aller Haushalte in Konsumgenossenschaften organisiert. Es gab in dieser

236 Brendel: Genossenschaften im 1. Weltkrieg.

237 Vgl. Gerhard Engel, Gaby Huch, Ingo Materna (Hg).: Großberliner Arbeiter- und Soldatenräte in der Revolution 1918/19, Berlin 2002, Dokument 18, S. 224.

238 Aus der am 10. November 1918 bei der Versammlung der Arbeiter- und Soldatenräte im Circus Busch in Berlin verabschiedeten Resolution.

239 Manfred Scheck: Zwischen Weltkrieg und Revolution. Zur Geschichte der Arbeiterbewegung in Württemberg 1914–1920. Köln/Wien 1981, S. 8.

240 Zur Geschichte der Rätebewegung siehe u. a. Klaus Gietinger: November 1918. Der verpasste Frühling des 20. Jahrhunderts, Hamburg 2018 sowie Gisela Notz: Politische Positionen und Kämpfe linker Frauenpolitik in der Revolution 1918/19, in: Axel Weipert, Stefan Bollinger, Dietmar Lange, Robert Schmieder (Hg.): Eine zweite Revolution? Das Frühjahr 1919 in Deutschland und Europa, Berlin 2020, S. 73–88.

Zeit verschiedene Versuche, die «schwarzen» und die «roten» Spitzenverbände zusammenzubringen. Das scheiterte freilich an der Unvereinbarkeit der Positionen. Am Ende der Weimarer Republik befand sich die Konsumgenossenschaftsbewegung in einer schwierigen Situation, nicht nur auf wirtschaftlichem Gebiet. 1931 hatte die Weltwirtschaftskrise Deutschland erreicht und traf die Konsumbewegung stark. Die abhängig beschäftigten ArbeiterInnen waren von der Massenerwerbslosigkeit betroffen und mussten auf ihre Spareinlagen zurückgreifen, die sie bei den Konsumgenossenschaften hinterlegt hatten, um für sich und ihre Angehörigen die täglichen Lebensmittel einzukaufen. Darüber hinaus führten Angriffe der Kampfbünde des Mittelstandes und der Nazis auf die Konsumgenossenschaften zu Boykottmaßnahmen und zur Verunsicherung der GenossInnen.

Bereits im Dezember 1932 wurde durch die Nationalsozialisten der «Kampfbund für den gewerblichen Mittelstand» gegründet und dem Hitlerjugend-Führer Theodor Adrian von Renteln (1897–?) unterstellt, der dies zum Anlass nahm, seine persönliche Machtposition auszubauen. Der Kampfbund sollte nach dem Willen des Führers eine «Kampftruppe» sein und die deutschen Mittelständler zu Nationalsozialisten erziehen. Der Bund kämpfte gegen die Großwarenhäuser und Konsumgenossenschaften, die seine Mitglieder tätlich durch Zerstörung von Schaufensterscheiben, Ladeneinrichtungen und Bedrohung von Personen angriffen.[241] Ursprünglich war diese Rolle dem «Deutschnationalen Handlungsgehilfen-Verband» zugedacht, der den Kampf jedoch ablehnte. Von Renteln erreichte, dass er nach der Machtübernahme durch die Nazis 1933 zum Präsidenten des Industrie- und Handelstages gewählt wurde. Im Mai 1933 wurden alle «Kampfbünde» aufgelöst, mit Ausnahme des Kampfbundes für den gewerblichen Mittelstand, der allerdings in «NS-Hago» (Nationalsozialistische Handwerks- und Gewerbe-Handelsorganisation) umbenannt wurde und im August 1933 in die Deutsche Arbeitsfront eingegliedert wurde.[242] Die NS-Bewegung gewann in der Bevölkerung neue AnhängerInnen, die Konsumverteilungsstellen wurden boykottiert, diskriminiert und verwüstet, bis sich die Verbände entweder anpassten oder untergingen. Nun wurde begonnen, die konsumge-

241 Bludau: Nationalsozialismus, S. 151.

242 Ebd.

nossenschaftlichen Organisationen schrittweise zu zerschlagen. Zunächst wurde mit dem Rabattgesetz von 1933 die Rückvergütung für die Kunden auf drei Prozent begrenzt. Damit sollte das Interesse vor allem der Genossinnen beschnitten werden, dann wurden die Spareinlagen verboten, was zahlreiche Konsumgenossenschaften tatsächlich an den Rand des Ruins brachte. Das 1935 erlassene Gesetz über die Verbrauchergenossenschaften schrieb daraufhin vor, dass wirtschaftlich gefährdete Konsumgenossenschaften aufzulösen seien.

Schließlich wurde das gesamte Vermögen der Produktionsgenossenschaften – das waren vor der Machtübernahme 98 Fabriken in Deutschland – und auch der Konsumgenossenschaften in das neu gegründete «Gemeinschaftswerk der Deutschen Arbeitsfront» überführt.[243] Damit waren sie gleichgeschaltet. Viele ihrer FunktionärInnen wurden verhaftet und schließlich wurden die Konsumgenossenschaften aufgelöst und enteignet.

4.8. Wohnungs-, Bau- und Siedlungsgenossenschaften

Mit fortschreitender Industrialisierung wurde die Wohnungsnot in den Industriestädten immer größer. Die Straßen waren meist eng bebaut mit mehrstöckigen, dunklen, feuchten, verwahrlosten Mietskasernen mit mehreren dunklen und engen Hinterhöfen, winzigen Wohnungen ohne Bad und mit Toiletten auf dem Hof.[244] Der Zuzug von ArbeiterInnen aus den umliegenden Dörfern in die schnell wachsenden industriellen Zentren verknappte den vorhandenen Wohnraum zusätzlich. Die Eigentümer machten sich die zunehmende Wohnungsnot zu Nutze und – wie aus Berliner Berichten deutlich wird – «pferchten» möglichst viele Menschen in ihren Häusern in winzigen Wohnungen zusammen, die teilweise nicht einmal abgeschlossen waren. Daher rührt der Begriff «Mietskasernen».[245]

Im Zusammenhang mit der Wohnungsnot gründeten sich seit Ende des 19. Jahrhunderts in vielen Städten Wohnungs-

243 Vgl. S. 58.

244 Vgl. August-Bebel-Institut Berlin: Unterwegs im «Roten Wedding», Berlin 2019, S. 3 und 13.

245 Ebd., S. 17.

baugenossenschaften, die sogenannte Gartenstädte bauten. Die Idee der Gartenstadt kam aus England. Die Gartenstadtbewegung baute meist am Rand der Städte, oft mitten im Grünen Siedlungen mit sozialreformerischen Zielsetzungen: Grund und Boden sollte gemeinschaftlicher Besitz sein, Kapitalerträge in gemeinschaftliche Einrichtungen fließen und die Mieten gering gehalten werden.[246] Die Häuser oder Wohnungen waren meist klein, aber «für den kleinen Mann» und seine Familie bezahlbar. Unterstützt wurden die Genossenschaften oft von wohltätigen Bürgern. Architekten entwarfen Zukunftsstädte, meist am Stadtrand. Mit Ställen und Gärten sollten sich die BewohnerInnen selbst versorgen, die Finanzierung sollte genossenschaftlich erfolgen, ohne Spekulation und Mietwucher.

Tatsächlich bestanden sie meist aus Einfamilienhäusern mit Gärten, aber es fanden sich auch etliche Gemeinschaftseinrichtungen. In den Jahren vor dem Ersten Weltkrieg hatten die Wohnungs-, Bau- und Siedlungsgenossenschaften viele Anhänger. Sie haben das Bild vieler Städte entscheidend beeinflusst. Nach zeitgenössischen Erhebungen gab es 1910 mehr als 1000 deutsche Baugenossenschaften mit einem Bestand von insgesamt rund 12000 Häusern.[247] Dennoch lag ihr Marktanteil in vielen Städten bei unter fünf Prozent, denn es fehlte eine öffentliche Wohnungsbauförderung. Die GründerInnen der Bau- und Siedlungsgenossenschaften kamen meist aus einfachen Verhältnissen, waren ArbeiterInnen oder HandwerkerInnen und hinterließen wenig eigene historische Spuren.

Der Erste Weltkrieg wirkte sich lähmend auf die Baugenossenschaften aus. Sie litten unter beständig steigenden Mietausfällen, die ihre Bilanzen bis in die Friedenszeit hinein belasten sollten. Knappe Baumaterialien verteuerten zudem die Baumaßnahmen und führten 1917 schließlich zu einem allgemeinen gesetzlichen Bauverbot.[248] Nach dem Ende des Ersten Weltkrieges kam es angesichts der durch den Krieg verursachten großen Wohnungsnot und der enttäuschten Hoffnungen auf eine Sozialisierung der Wirtschaft, die mit dem rätedemokratischen Aufbruch vom November 1919 verbunden gewesen waren und mit der blutigen Niederschlagung der Räterepublik

246 Burghard Flieger: Prosumentenkooperation, Marburg 2016, S. 177.

247 Bauverein Schweinfurt eG: 100 Jahre Bauverein Schweinfurt, Schweinfurt 2017, S. 11.

248 Brendel: Genossenschaften im 1. Weltkrieg (Zugriff: 6.5.2020).

geendet hatten, zu einem Boom von Wohnungsgenossenschaften. Ganze Stadtteile und Siedlungen, durch die die GenossInnen mit preisgünstigem Wohnraum versorgt wurden, entstanden während der Weimarer Republik.[249] Auch den Besitzlosen sollte das Leben in gesunden, gut ausgestatteten Wohnungen ermöglicht werden und sie sollten vor der Ausbeutung von WohnungseigentümerInnen geschützt werden. Zudem ermöglichte die genossenschaftliche Wohnform, dass die meist der Arbeiterklasse zugehörigen Menschen gleichberechtigt über ihr Zusammenleben bestimmen und mit neuen Formen sozialen Wohnens und Lebens experimentieren konnten. Manche Baugenossenschaften nahmen nur lokale Mitglieder oder nur die MieterInnen ihrer eigenen Objekte auf.

Viele der vor und nach dem Ersten Weltkrieg 1919 gegründeten Genossenschaften feierten bereits ihr 100-jähriges Bestehen. So die Genossenschaften «Märkische Scholle» in Berlin, die «Gartenstadt Lichterfelde Süd eG.», die heute in fast allen Berliner Bezirken Wohnungen unterhält, sowie «Genossenschaftliches Wohnen Berlin-Süd eG (GeWOSüd)» in Berlin-Schöneberg mit der Lindenhof-Siedlung und der Gartenstadt, die 1919 gegründet wurde. Die GeWOSüd stellt für ihre GenossInnen nicht nur eine Wäscherei und einen großen Tanzsaal, sondern auch eine Grundschule bereit. Während des Zweiten Weltkriegs wurden etwa 80 Prozent der Siedlung zerstört oder beschädigt. Heute verfügt die GeWOSüd über 2570 Wohnungen an 12 Standorten in ganz Berlin, wovon etwa die Hälfte denkmalgeschützt ist.[250]

Mitbestimmung und Solidarität waren von Anbeginn der Gründungen wichtige Grundsätze, die auch heute noch gelten: Die Genossenschaftsmitglieder haben ein weitgehendes Mitwirkungsrecht und können sicher sein, dass sich die Genossenschaft nicht an den Interessen fremder Kapitalgeber orientiert, sondern an denen der Mitglieder. Erwirtschaftete Überschüsse werden in die Erhaltung und Modernisierung der Bestände, in den Neubau und in den Ausbau der Service-Angebote inves-

---

249 Siehe Gisela Notz: Gründet Genossenschaften!, S. 151–154.

250 GeWoSüd Genossenschaftliches Wohnen Berlin-Süd eG: Einen Bürgermeister zum Geburtstag – GeWoSüd feiert 100-jähriges Bestehen. 100GewoSüd.
https://100gewosued.de/einen-buergermeister-zum-geburtstag-gewosued-feiert-100jaehriges-bestehen/ (Zugriff: 28.1.2020).

tiert. Über den Kurs der Genossenschaft kann jedes Mitglied gleichberechtigt mitbestimmen.[251]

Bis 1933 wuchs die Zahl der Wohnungsbaugenossenschaften von 764 im Jahr 1908 auf 4054.[252] Nach der Machtübernahme der Nazis wurden auch die meisten Wohnungs-, Bau- und Siedlungsgenossenschaften gleichgeschaltet.[253]

Die heute bestehenden rund 2000 Wohnungsbaugenossenschaften in Deutschland mit ihren gut zwei Millionen Wohnungen sind immer noch mehr als einfach nur «Vermieter».[254] Die solidarische Unternehmensform mit der Maxime «Mensch vor Rendite» ist heute aktueller denn je.

4.8.1 *Beispiel: Der Altonaer Spar- und Bauverein eG (altoba)*

Altona gehört heute zu Hamburg, war jedoch bis 1937 eine eigenständige Preußen zugehörige Großstadt. Die Genossenschaft altoba wurde am 4.5.1892 durch 39 BürgerInnen, HandwerkerInnen und ArbeiterInnen gegründet. Deren Ziel war es, angesichts untragbarer Zustände in den engen, feuchten und dunklen Altonaer Arbeiterwohnungen «billige, gesunde und nach Größe und Beschaffenheit den Lebensgewohnheiten des kleinen Mannes entsprechende Wohnungen»[255] für Arbeiterfamilien zu schaffen.

Mit der Verwirklichung der genossenschaftlichen Idee der Hilfe zur Selbsthilfe und der Schaffung preisgünstigen Wohnraums für Arbeiter und Handwerker erntete der Altonaer Spar- und Bauverein zu Beginn jedoch nicht nur Sympathien: Dass die politisch einflussreichen Haus- und Grundeigentümer gegen die Genossenschaft agitieren, kam nicht unerwartet. Vorbehalte gab es aber auch von Seiten der Altonaer Stadtverwaltung, die es zu dieser Zeit bevorzugte, gut situierte Steuerzahler anzusiedeln. Dass das Engagement der Genossenschaftsgründer auch

---

251 Siehe GdW Bundesverband deutscher Wohnungs– und Immobilienunternehmen e.V.: Genossenschaften. Die Wohnungswirtschaft Deutschland.
https://www.gdw.de/der-gdw/unternehmenssparten/genossenschaften/ (Zugriff: 13.5.2020).

252 Faust: Geschichte der Genossenschaftsbewegung, S. 520f.

253 Siehe Kapitel 5 in diesem Buch.

254 Faust: Geschichte der Genossenschaftsbewegung, S. 520f.

255 Zit. aus dem «Prospect» der altoba-Genossenschaft, Hamburg 1892.

vielen Sozialdemokraten ein Dorn im Auge war, weil sie der Meinung waren, dass nur die proletarische Revolution – und nicht etwa bürgerliche Wohltäter – das Wohnelend lösen könne, war für die Genossenschaftler ärgerlich. Außerdem passte es der SPD nicht, dass sich im Vorstand und im Aufsichtsrat des Spar- und Bauvereins nicht nur ArbeiterInnen oder HandwerkerInnen, sondern auch wohlhabende Altonaer Bürger engagierten. Vorstandsvorsitzender war der Hamburger Tischlermeister, Mitgründer der Genossenschaft und spätere Geschäftsführer Johann Heinrich Röhrig (1859–1937). Das Genossenschaftsgeschäft lernte er wie viele seiner Zeitgenossen «by doing». Er musste sich gegen die kommunale Politik zur Wehr setzen, die die Arbeit der Genossenschaft bis zum Ersten Weltkrieg behinderte und er glaubte, sich in den 1920er-Jahren gegen die architektonische Moderne in Altona stemmen zu müssen. Er war geschickt genug, nicht verhandelbare Ziele durchzusetzen und sich bei anderen Fragen kompromissbereit zu zeigen oder nachzugeben. Unter ihm entwickelte sich der Altonaer Spar- und Bauverein nicht nur zu größten Baugenossenschaft in Altona, sondern auch zum größten Wohnungsanbieter.[256]

Das erste Haus der altoba, ein Backsteinbau als Arbeiterwohnhaus mit hellen und hygienisch einwandfreien Wohnungen, wurde ein Jahr nach der Gründung 1893 bezogen, weitere folgten. Noch gab es kaum Vorbilder. Schließlich war das Genossenschaftsgesetz gerade zwei Jahre alt. Für die Männer war es «ein Sprung ins kalte Wasser».[257] Die ersten Häuser, die im Gerichtsviertel (später auch Bahnhofs- oder Haubachviertel genannt) in Altona Nord bezogen werden konnten, erfreuten sich einer großen Nachfrage. Die ArbeiterInnen waren begeistert, dass sie sich nicht länger eine gemeinsame Toilette im Treppenhaus teilen mussten und der Hof nicht mit Schuppen, Werkstätten und Hinterhofwohnungen zugestellt war. Im Laufe der folgenden fünf Jahrzehnte kamen so viele Genossenschaftshäuser hinzu, dass sich das Wohngebiet zwischen Allee und Bahnhof

256 Holmer Stahncke: «Direktor Röhrig». Vom Tischler zum Chef der größten Altonaer Baugenossenschaft, dem Altonaer Spar- und Bauverein. Vortrag anläßlich der 14. Tagung zur Genossenschaftsgeschichte: «Genossenschaftliche Unternehmerpersönlichkeiten und ‹ihre› Unternehmen», 1.11.2019 im Gewerkschaftshaus Hamburg.

257 Holmer Stahncke: Eine Genossenschaft und ihre Stadt. Die Geschichte des Altonaer Spar- und Bauvereins, Hamburg 2012.

gegen den Willen der Stadt Altona zum genossenschaftlichen Arbeiterviertel entwickelte.

Im Mai 2017 feierte der altoba unter dem Motto: «Gemeinsam Werte leben» ihr 125-jähriges Bestehen. Sie ist heute die größte Altonaer Baugenossenschaft mit 16500 Mitgliedern und rund 6800 Wohnungen. In vielen Hamburger Stadteilen bietet altoba den Mitgliedern eine «Spareinrichtung» mit verschiedenen Anlagemöglichkeiten. Das Besondere daran ist, dass das durch die GenossInnen angesparte Geld nicht zur Kreditvergabe an Dritte eingesetzt wird. Die Angebote des Sozialmanagements der Genossenschaft sowie fünf Nachbarschaftstreffs bieten Möglichkeiten zur Begegnung, Freizeitgestaltung und zum ehrenamtlichen Engagement in der Genossenschaft. 2017 erhielt altoba zum fünften Mal in Folge eine Auszeichnung beim Wettbewerb «Hamburgs beste Arbeitgeber».[258]

Aktuell hat altoba auf dem Gelände der Kolbenhöfe zwei Baufelder mit insgesamt etwa 4200 m^2 Grundstücksfläche erworben. Auf diesen Flächen wird die Genossenschaft bis 2021/2022 rund 120 öffentlich geförderte und 10 frei finanzierte Wohnungen errichten.[259] Ebenfalls auf dem Gelände befindet sich die «Kolbenwerk eG», deren Mitglieder seit 2011 mit ihren Gewerbebetrieben Mieter in der Friedensallee sind. «Kolbenwerk eG» hat durch den Erwerb der «Halle 7» insgesamt 21 kleine Handwerksbetriebe und Kleingewerbetreibenden in der Nachbarschaft und damit im Altonaer Stadtteil Ottensen, einem ehemaligen Industriestandort, erhalten können, indem sie den GenossInnen dauerhaft Räumlichkeiten zu günstigen Mieten zur Verfügung stellt. Kunstschmied, Tischler, Schrauber u. a. arbeiten seit Mitte April 2020 Tür an Tür. An der Friedensallee soll so gemeinsam eine lebendige Mischung aus Wohnen und Arbeiten realisiert werden.[260]

---

258 Altonaer Spar– und Bauverein eG: 125 Jahre Altonaer Spar- und Bauverein: Empfang auf den Kolbenhöfen. Altoba Presseinformationen (12.5.2017). https://www.altoba.de/altoba/presse/presseinformationen/detailansicht/?tx_ttnews[tt_news]=430&cHash=362c42926c96dc8c03981b09e8adad14 (Zugriff: 30.3.2020).

259 Kolbenhöfe GmbH & Co. KG: Partner der Kolbenhöfe. Kolbenhöfe. https://www.kolbenhoefe.de/partner/ (Zugriff: 30.3.2020).

260 NDR: die nordstory. Gemeinsam Zukunft schmieden – Projekt Handwerkerhof. Sendung vom 21. April 2020, 14.15–15.15 Uhr.

4.8.2 Baugenossenschaft «Freie Scholle» zu Berlin eG

Die «Freie Scholle» ist wohl eine der ältesten Gartenstädte. Obwohl der Begriff in ihrem Namen nicht auftaucht, ist sie als solche entstanden. Als Initiator gilt Gustav Lilienthal, Baumeister und Sozialreformer. Die Genossenschaft wurde 1895 in Tegel, damals noch weit vor den Toren der Stadt Berlin, ins Leben gerufen. Ursprünglich war es ein Experiment der reinen Selbsthilfe «kapitalloser Arbeiter», was sich ohne die Unterstützung von außen als nicht zu realisierende Vision erwies. Die Maxime, unter der «eine Schar von Idealisten» aus der grauen Mietskasernenstadt Berlin in die grüne Flußlandschaft am Tegeler Fließ floh, war ein dauerhaftes Programm. Der Name der Genossenschaft «Freie Scholle» bedeutete sowohl die Freiheit vor spekulativer Ausnutzung des Bodens als auch zur Verwirklichung selbstbestimmter Wohn- und Lebenskonzepte.[261] Auch der Bauhausarchitekt Bruno Taut hinterließ in den zwanziger Jahren seine Spuren in der Siedlung. Der Schollenhof, der als Treffpunkt und Kommunikationszentrum vorgesehen war, wurde von ihm entworfen. Während der Sozialisierungsdebatte in den 1920er-Jahren sollte der Eintritt in die Baugenossenschaft «eine Kampfansage an den privaten Hausbesitz» bedeuten, wie aus einem Mitteilungsblatt der «Freien Scholle» von 1928 hervorgeht. Die für die Gartenstadt typischen großen Gärten, die zu den Häusern gehören, dienten der Selbstversorgung und sollten auch eine «Alternative zur Fabrikarbeit der Frau» sein. Eine eigens eingerichtete Badeanstalt im Tegeler Fließ bot sogar Schwimmunterricht für die Kinder. Allen, die in den frühen oder späteren Jahren dort gewohnt haben, sind die großen Schollenfeste in Erinnerung geblieben. Sie waren der Höhepunkt des Lebens in der «Scholle».

1933, nach der Machtübergabe an Hitler, stand die sozialdemokratisch ausgerichtete Genossenschaft bald im Visier der Nazis, galt sie doch als «sozialdemokratische Hochburg». Ein Mitarbeiter im preußischen Staatsministerium, der Beauftragter für die Gleichschaltung des gemeinnützigen Wohnungswesens geworden war, überwachte in der «Freien Scholle» die Neube-

261 Im Folgenden beziehe ich mich auf das Buch: Renate Amann, Barbara Neumann-Cosel: Freie Scholle. Ein Name wird Programm. 100 Jahre Gemeinnützige Baugenossenschaft «Freie Scholle» zu Berlin eG, Berlin 1995. Alle Zitate entstammen diesem Buch.

setzung der Vorstands- und Aufsichtsratsämter. Bei der am 27. Mai 1933 stattfindenden Generalversammlung wurde von der «angeblichen Verwaltung» eine «Einheitsliste» vorgelegt, auf der nur noch drei ehemalige Mitglieder vertreten waren, deren Sachkenntnis man zunächst benutzte, die aber bald als «politisch Andersdenkende ausgekehrt» wurden. Nun wurde vom neuen Aufsichtsrat eine neue Geschäftsführung bestellt, an die Stelle des Beirats trat ein Wohlfahrtsausschuss, dessen Mitglieder vom neuen Vorstand benannt wurden. Die Erwerbslosenküche wurde aufgelöst. Die Genossenschaft war gleichgeschaltet. Im Juni wurden 70 Blockwarte ernannt, jüdische Ladeninhaber verließen die Siedlung oder wurden dazu gezwungen, Jugend- und Kindergruppen der SPD wurden aufgelöst und «als Keimzellen möglicher Opposition» verboten. Das Mitteilungsblatt «Die Freie Scholle» wurde zum «Der Schollenbote» und gebot zum Jahrestag der Machtergreifung «die Fahnen des neuen Deutschland» wehen zu lassen. Nun begann die Schikane der BewohnerInnen, Hausdurchsuchungen, Bespitzelungen, Verhaftungen prominenter SPD-GenossInnen. Viele vorher politisch engagierte BewohnerInnen zogen sich auf ihr Privatleben zurück. Die Auswirkungen des Zweiten Weltkriegs hatten auch sie zu erleiden. Zwischen dem 26.11.1943 und dem 20.3.1945 wurden 169 Wohnungen der «Freien Scholle» vernichtet. Im Dezember 1945 wurde der neue (sozialdemokratische) Aufsichtsrat gewählt. Er knüpfte an die Erfahrungen der 1920er-Jahre an und appellierte an «das Zusammengehörigkeitsgefühl, die Einsicht und die Treue der Baugenossen und Schollenbewohner, die nicht Mieter, sondern Genossenschaftler sein wollen.»[262]

Etliche später berühmt gewordene SozialdemokratInnen sind in der «Freien Scholle» groß geworden. 1986 wurden Teile der Siedlung unter Denkmalschutz gestellt. Über 125 Jahre hat die «Freie Scholle» ihre programmatische Ausrichtung lebendig erhalten.

Die Genossenschaft verwaltet zurzeit fast 1500 Wohnungen im Bezirk Reinickendorf. Sie hat derzeit über 4500 GenossInnen. Seniorentreff, Sozialstation und Jugendeinrichtung gehören ebenso dazu wie die Gaststätte «Schollenkrug» und die kleinen Läden am Hermsdorfer Damm.[263]

---

262 Renate Amann, Barbara Neumann-Cosel: Freie Scholle.

263 Baugenossenschaft «Freie Scholle» zu Berlin eG: Über Uns. «Freie Scholle». https://www.freiescholle.de/ueber-uns/ (Zugriff: 16.7.2020).

4.8.3 *Beispiel: Bauverein Schweinfurt eG*

Eine sozialistische Idee stand auch hinter der Gründung des «Bauvereins Schweinfurt», der am 31. Juli 1917 als eingetragene Genossenschaft mit beschränkter Haftung (eGmbH) gegründet wurde. Mutige und engagierte Schweinfurter Bürger, die von einem hohen Ideal erfüllt waren, sollen es gewesen sein, die am Stadtrand eine Arbeitersiedlung gegründet haben. Auf Einladung des damaligen Bürgermeisters fand die konstituierende Sitzung statt, auf der die Gründung einstimmig beschlossen, der Aufsichtsrat gewählt wurde und dem Eintrag ins Genossenschaftsregister nichts mehr im Wege stand. Jeder Genosse musste einen Geschäftsanteil für 200 Mark erwerben, das war viel Geld für einen Fabrikarbeiter, der einen Stundenlohn von 60 Pfennig hatte. Zunächst wurden 36 Einfamilienhäuschen gebaut, die an Mitglieder verlost wurden.[264] Ein Jahr nach der blutigen Niederschlagung der Räterepublik – auch in Schweinfurt hatte sich am Abend des 8. Novembers 1918 ein Arbeiter- und Soldatenrat formiert – konnten die Häuser in der (damaligen) Legienstraße, Vollmarstraße und Karl-Marx-Straße bezogen werden. Jede Familie bezahlte eine Miete von 29 RM im Monat. Im Haus war Platz für Wohnküche, Waschküche, Speisekammer, drei kleine Zimmer und eine Kammer, dazu Keller und Dachboden; insgesamt waren es 90 qm Wohnraum. Zum Wasserklosett (!) musste man über die Waschküche nach außen gehen. Für die damalige Zeit waren die Häuser dennoch hervorragend ausgestattet. Ein Hausanbau diente der Kleintierhaltung und ein großer Gemüse- und Obstgarten der Selbstversorgung. Ohne diese Subsistenzwirtschaft hätten viele der BewohnerInnen ihre Familien nicht ernähren können.[265]

Die Gartenstadt war mehr als ein «Kind der Not». Die Idee ging über die Versorgung mit preisgünstigem Wohnraum hinaus. Die Genossen kamen meist aus der Arbeiterbewegung, sie waren klassenbewusste Arbeiter. Sie gehörten der SPD oder der USPD an, viele waren aktive Gewerkschafter, meist im Metallarbeiterverband. Auch Kommunisten und Anarcho-Syndikalisten

264 Bauverein Schweinfurt und Umgebung eG (Hg.): 1917–1992. 75 Jahre Bauverein Schweinfurt, Schweinfurt 1992, S. 9.

265 Siehe Gisela Notz: Wohnen als Menschenrecht – gestern und heute, in: Contraste (429), 2020.

kamen dazu.[266] Wie in vielen sozialistischen Zusammenschlüssen war eine große Anzahl von FreidenkerInnen unter ihnen. Gemeinsam trieben sie Sport bei den «Freien Turnern» und beim Radfahrerbund «Solidarität», gingen mit den «Naturfreunden» wandern und dem Schwimmclub schwimmen, feierten Lampionfeste im Garten. Man unterstützte sich gegenseitig.

Viele Aufsichtsratsmitglieder und auch Vorstände waren Fabrikarbeiter.[267] Nun wurden mehrere Mehrfamilienhäuser gebaut und ein Ladengeschäft für den «Konsumverein Schweinfurt eG». Bauverein und Konsumverein expandierten.

Mit der Machtergreifung der Nazi-Faschisten 1933 sollte auch diese Genossenschaft gleichgeschaltet werden. Danach durften an ihrer Spitze nur «der nationalen Regierung nicht entgegenstehende» Personen tätig sein. Am 7. Juni 1933 wurde eine außerordentliche Generalversammlung einberufen. Die zum Rücktritt gezwungenen bisherigen Aufsichtsratsmitglieder – Sozialdemokraten, Gewerkschafter und Antifaschisten – wurden, anders als die Nazis das wollten, wiedergewählt. Die von der NSDAP vorgeschlagenen Kandidaten unterlagen. Einen Monat später wurden alle gemeinnützigen Wohnungsunternehmen der Weisung des Reichsministeriums unterstellt. Daraufhin wurde für den 24. Oktober 1933 eine neue Versammlung anberaumt, bei der nur noch Kandidaten der NSDAP zur Wahl standen, so dass der Bauverein anschließend gleichgeschaltet war.[268] Die bisherigen Aufsichtsratsmitglieder wurden nun abgesetzt. Die sozialistischen Straßennamen wurden in faschistische umbenannt, die Karl-Marx-Str. hieß nun Schillstraße, Legien- und Vollmarstraße wurden zu Berthold- und Dietrich-Eckard-Straße.

Nach dem Zweiten Weltkrieg wurde die Verwaltung zunächst kommissarisch geführt, bis die (meist) sozialdemokratischen Genossen wieder Vorstand und Aufsichtsrat übernahmen. Alle Straßen in der Siedlung wurden nach bekannten Schweinfurter SPD- und USPD-Politikern umbenannt, nachdem die Nazi-Straßenschilder entfernt waren. Die Bezeichnungen von vor 1933

---

266 Siehe auch: Klaus Gasseleder: Wanderleben. Aus dem Leben eines Wanderarbeiters im mittleren Europa von 1886 bis 1936, Erlangen 2009, S. 197f.

267 Siehe die Liste im Anhang der Broschüre: Bauverein Schweinfurt eG (Hg.): Wohnen im Wandel. Ausstellung im Haus Georg-Groha-Straße 35, 5.5.–30.9.2017, Schweinfurt 2017, S. 36–37.

268 Bauverein Schweinfurt und Umgebung: 75 Jahre Bauverein, S. 11.

wurden nicht mehr rekonstruiert.[269] Da Schweinfurt nach dem Zweiten Weltkrieg stark zerstört war, mussten die GenossInnen und ihre Kinder zusammenrücken. Familienmitglieder, deren Wohnungen durch Bomben beschädigt oder dem Erdboden gleichgemacht waren, wurden aufgenommen und Flüchtlinge von Amts wegen untergebracht. Nun blühte die Subsistenzwirtschaft erst richtig.[270] In den Gärten und Schuppen wurden Hühner, Hasen und auch Kleinvieh gehalten. Das Gemüse aus den großen Gärten ernährte NachbarInnen und FreundInnen mit. Das ging alles geld- und tauschlos.[271] Wer etwas hatte, gab ab, der Rest wurde für den Winter eingekocht. Aufgerechnet wurde nichts. Es sollte bis 1952 dauern, bis eine Frau in den Aufsichtsrat gewählt wurde und erst ab 2008 gab es die erste Frau im Vorstand. In den 106 Jahren seiner Geschichte ist der Bauverein mit rund 3500 Mitgliedern und einem Bestand von 1800 Wohnungen zu einem wichtigen und verlässlichen Faktor für gute, sichere und bezahlbare Wohnungen in Schweinfurt geworden.

«70 Häuser werden abgebrochen.» Das war im Schweinfurter Tagblatt vom 15. März 2020 zu lesen. Dies gehe auf einen Beschluss des «Bauvereins Schweinfurt eG» zurück. Darunter seien auch die 36 ersten Häuser von 1920. «Zeitgemäßes Wohnen» bieten diese Häuser der Gartenstadt, die 2017 ihr hundertjähriges Bestehen gefeiert hat, angeblich schon lange nicht mehr. Mit dem Versuch der Haussanierung des ‹Herzstücks des Bauvereins› sei man schon vor Jahren gescheitert. Denkmalsachverständigen ist nicht klar, warum «dünne Wände» etc. Hinderungsgrund zur energetischen und zeitgemäßen Sanierung sein sollen. Die Nutzung von historischer Bausubstanz ist in den allermeisten Fällen eine kostengünstige und nachhaltige Bauweise, die vor einem Abriss und Neubau dringend eingehend, möglichst von mehreren Gutachtern, untersucht werden sollte.[272] Gerade nach den aktuellen Debatten um die Klimakrise sollte der Abriss überdacht werden. Die Häuser sind un-

269 Siehe: Straßenumbenennung in der Gartenstadt: Stadtarchiv Schweinfurt, Adressbuch der Stadt Schweinfurt 1938 und Bauverein Schweinfurt, Wohnen im Wandel, S. 37.

270 Siehe Gisela Notz: Als ich noch in der Küchentischschublade wohnte, in: beiträge zur feministischen theorie und praxis (41), 1995, S. 63–76.

271 Wie ich bei der Feier zu «35 Jahre Contraste Zeitschrift für Selbstverwaltung und Selbstorganisation» im Januar 2020 gelernt habe, ist das ein neuer Trend. Da waren die Arbeitersiedlungen der Zeit weit voraus.

272 vgl. altoba-«Prospect» 1892 sowie Notz: Wohnen als Menschenrecht.

verständlicherweise nicht in die Denkmalliste des Bayrischen Landesamtes für Denkmalpflege eingetragen. Gerade Schweinfurt hat eine lange Arbeitergeschichte und diese Gebäude sind ein Zeichen für die Bedeutung der Arbeitergenossenschaft, ein anderes vergleichbares gibt es in der Stadt nicht. In anderen Städten hat man die «Gartenstadt» erhalten und entsprechend denkmalschutzgerecht restauriert.

4.8.4 Beispiel: Baugenossenschaft freier Gewerkschafter eG (BGFG)

Die «Baugenossenschaft freier Gewerkschafter eG» ist ein Beispiel für eine der vielen Baugenossenschaften, die während der Weimarer Republik als Selbsthilfeprojekte gegründet wurden. Es war am 24. Februar 1922, als sich in Hamburg 16 «aktive, geschulte Gewerkschafter und Fachleute aus dem Bauwesen» zusammentaten. Seitdem bietet sie ihren Mitgliedern sicheren Wohnraum zu günstigen Preisen. Ihren Namen verdankt sie der Tatsache, dass der damalige «Allgemeine Deutsche Gewerkschaftsbund» (ADGB) als «freie Gewerkschaft» bezeichnet wurde. Gesunde Wohnungen in der Nähe der Arbeitsplätze zu erschwinglichen Mieten – das war der Auftrag der Gewerkschaften, den sie ihrer Genossenschaft mit auf den Weg gegeben hatte. Auch «minderbemittelte», heute würde man sagen «wirtschaftlich benachteiligte» Familien sollten in menschenwürdigen, sauberen Wohnungen leben.

Die Genossen mussten nicht nur den üblichen Genossenschaftsanteil bezahlen, sondern auch einem Berufsverband angehören, der dem «Allgemeinen Deutschen Gewerkschaftsbund» oder dem «Allgemeinen Deutschen Angestelltenbund» angeschlossen war. Beim Aufbau packten alle mit an, das galt für Ausschachtungsarbeiten ebenso wir für den Spielplatzbau. Mit «ganz normalen Schaufeln» hoben sie die Baugruben aus.[273] 1927 wurde eine Wohnanlage mit insgesamt 84 Wohnungen, die mit fließendem Warm- und Kaltwasser, Bädern und Etagenheizung ausgestattet waren, fertiggestellt. Ein solcher Komfort war auch in Hamburg für Arbeiterwohnungen selten. Eine Gemeinschaftswaschküche und zwei Einkaufsläden ergänzten die Ausstattung und entlasteten die Hausarbeitenden. Ein Jahr später entstanden 101 weitere Wohnungen mit dem gleichen Kom-

273 Ebd.

fort, aber einer zusätzlichen Gemeinschaftsküche und einer Wäscherei, die von einer bei der Genossenschaft angestellten Wäscherin schrankfertige Wäsche lieferte. Dazu kam ein Spielplatz mit Planschbecken im Innenhof. Zwischen 1929 bis 1931 wurden noch insgesamt 273 weitere sogenannte «Warmwasserblocks» erstellt und vier weitere Läden. Damit hatte die Genossenschaft innerhalb von sieben Jahren 646 Wohnungen errichtet. Heute sind die Wohnblöcke, die der Krieg verschont hatte, immer noch begehrt, allerdings wurden sie modernisiert.[274]

2019 war die BGFG mit 11763 Mitgliedern und rund 7597 eigenen Wohnungen eine der großen Wohnungsbaugenossenschaften in Hamburg. Heute gehört auch eine Seniorenwohnanlage zum Wohnbestand.[275] Zur genossenschaftlichen Selbstorganisation dienen die 13 Nachbarschaftstreffs und mehrere Nachbarschaftszentren als Orte der Begegnung. In ihrer freien Zeit organisieren die GenossInnen Veranstaltungen «von Nachbarn für Nachbarn», die sich – ebenso wie Feste und Feiern – großer Beliebtheit erfreuen. Das Urban-gardening-Projekt zum gemeinsamen Gärtnern, Klönen und Ernten kommt dazu.[276]

4.8.5. *Haushaltsgenossenschaften*

Lily Braun (1865–1916),[277] eine der führenden Vertreterinnen der deutschen Sozialdemokratinnen der Jahrhundertwende, die als Mittlerin zwischen bürgerlicher und sozialistischer Frauenbewegung gilt, leistete einen beachtlichen Diskussionsbeitrag zur Reform der Hauswirtschaft und zu dem immerwährenden Problem der Vereinbarkeit von «Kind und Beruf» durch ihre Forderung nach Haushaltsgenossenschaften bzw. «Wirthschaftsgenossenschaften» mit dem Konzept des «Einküchenhauses».

---

274 Dorothee Schmidt: Wohnungsbaugenossenschaften. Kollektives Gedächtnis Themenschwerpunkte. https://www.kollektives-gedaechtnis.de/id-1918-bis-1933/articles/wohnungsbaigenossenschaften.html (Zugriff: 31.3.2020).

275 BGFG eG: Geschäftsberichte der Baugenossenschaft freier Gewerkschafter 2018. BGFG (2018). https://bgfg.de/downloads

276 BGFG eG: Lebendige Nachbarschaft. BGFG (2018). https://www.bgfg.de/nachbarn/lebendige-nachbarschaften/ (Zugriff: 30.3.2020).

277 siehe Gisela Notz: Lily Braun (1865–1916). Verfechterin der Zusammenarbeit zwischen bürgerlicher und proletarischer Frauenbewegung, in: diess.: Wegbereiterinnen. Berühmte, bekannte und zu Unrecht vergessene Frauen aus der Geschichte, Neu-Ulm 2019, 2. Aufl., S. 94–95.

Explizit argumentierte sie gegen den kleinfamilialen Haushalt und schlug stattdessen den genossenschaftlichen Haushalt vor: «In einem Häuserkomplex, das (sic!) einen großen hübsch bepflanzten Garten umschließt, befinden sich etwa 50–60 Wohnungen, von denen keine eine Küche enthält; nur in einem kleinen Raum befindet sich ein Gaskocher, der für Krankheitszwecke oder zur Wartung kleiner Kinder benutzt werden kann. An Stelle der 50–60 Küchen, in denen eine gleiche Zahl der Frauen zu wirthschaften pflegt, tritt eine im Erdgeschoß befindliche Zentralküche, die mit allen modernen arbeitsparenden Maschinen ausgestattet ist. [...] Vorrathsraum und Waschküche, die gleichfalls selbstthätige Waschmaschinen enthält, liegen in der Nähe, ebenso ein großer Eßsaal, der zu gleicher Zeit Versammlungsraum und Tags über Spielzimmer der Kinder sein kann. Ein kleineres Lesezimmer schließt sich ihm an. Die Erwärmung der Wohnungen erfolgt durch Zentralheizung, so daß auch hier 50 Oefen durch einen ersetzt werden.»[278]

Auch für Kinderbetreuung sollte gesorgt sein. Zu erweitern sei der Vorschlag z. B. durch das Zentralisieren auch der Zimmerreinigung. Finanzierung soll, so Lily Brauns Vorschlag, durch eine Genossenschaft bzw. eine geringe Umlage pro Familie (die Mitgenossin ist) und den «Einkauf im Großen» erfolgen. Da bestehende Mietskasernen für solche Projekte ungeeignet seien, müssten neue Wohnanlagen entwickelt werden, wofür z. B. «die Bauspekulation» in Vorleistung gehen könne.

Die Haushaltsgenossenschaften sah Lily Braun als Voraussetzung für die Befreiung der Frau. Um dies zu bekräftigen, zitierte sie den Anarchisten Pjotr Kropotkin: Frauen «von dem Kochherd und dem Waschfaß befreien, heißt solche Einrichtungen treffen, die ihr gestatten, ihre Kinder zu erziehen und am sozialen Leben Theil zu nehmen».[279] Sie versuchte in ihrem Konzept für ein «anderes Wohnen und Arbeiten» sowohl die Situation der Proletarierfrauen, die die körperlich anstrengende Fabrikarbeit leisteten, als auch die der bürgerlichen Frauen, die den Zugang zur Erwerbstätigkeit anstrebten, zu berücksichtigen.[280]

Die Idee zur Entlastung der Hausfrauen, darauf wies Lily Braun selbst hin, findet sich in ihren Grundzügen bereits bei

278 Lily Braun: Reform der Hauswirtschaft, in Gisela Brinkler-Gabler: Frauenarbeit, Berlin 1901, S. 275–284.

279 Lily Braun: Frauenarbeit und Hauswirtschaft, Berlin 1901, S. 27.

280 Vgl. auch Gisela Notz: Kritik des Familismus, Stuttgart 2015, S. 69.

August Bebel wieder, der schrieb: «Die Beseitigung der Privatküche wird für ungezählte Frauen eine Erlösung sein. Die Privatküche ist eine ebenso rückständige und überwundene Einrichtung wie die Werkstätte des Kleinmeisters, beide bedeuten die größte Unwirtschaftlichkeit, eine große Verschwendung an Zeit, Kraft, Heiz- und Beleuchtungsmaterial, Nahrungsstoffen usw. Der Nährwert der Speisen wird durch ihre leichte Assimilierfähigkeit erhöht; diese ist entscheidend. Eine naturgemäße Nährweise aller kann also auch erst die neue Gesellschaft ermöglichen.»[281] Lily Braun kritisiert an der Idee lediglich, dass August Bebel diese Umgestaltung in die «Gesellschaft der Zukunft», also auf die Zeit nach der sozialistischen Revolution verlegt. Ihr ging es weniger um die – wenn auch konkrete – Utopie als um die Veränderung der bestehenden Praxis.[282]

Lily Braun dachte damals, mit solchen Einrichtungen könne man das heute sogenannte «Vereinbarungsproblem» zwischen Familie und Beruf lösen. Ihr Ansatz war nicht, dass Frauen längere Auszeiten aus der Erwerbsarbeit nehmen sollten, sondern sie wusste schon damals, dass sich auch der Hauswirtschaftsbereich ändern muss: «Mit der Befreiung von der doppelten Arbeitslast der Hauswirtschaft und der außerhäuslichen Erwerbsarbeit würde einer der wichtigsten Teile der Frauenfrage ihrer Lösung entgegengeführt werden.»[283]

In der Forderung nach Haushaltsgenossenschaften und der Auflösung der Privathaushalte sah Lily Braun auch einen Lösungsansatz für die «Dienstbotenfrage». Die DienstbotInnen, die nicht wie der Arbeiter einen großen Teil ihrer Arbeitskraft verkaufen müssen, sondern ihre ganze Person, hatten kaum Rechte, waren abhängig von der Familie, der sie dienten, und hatten die längsten Arbeitszeiten und die schlechtesten Arbeitsbedingungen: «So kann meines Erachtens eine Lösung der Dienstbotenfrage, solange die jetzigen Privathaushaltungen bestehen, nicht erwartet werden. Erst wenn die Dienstboten aus dem persönlichen Verhältnis zu ihrem Dienstherren heraustreten und sich der Stellung der Fabrikarbeiterin annähern, wird davon die Rede sein können. Und das ist nur in Wirthschaftsgenossenschaften möglich, wo neben höherem Lohn und besserer Wohnung eine Regelung der Arbeitszeit durchführbar ist

281 August Bebel: Die Frau und der Sozialismus, S. 503–514.

282 Braun: Reform der Hauswirtschaft, S. 283.

283 Lily Braun: Memoiren einer Sozialistin, Bonn 1985, S. 347f.

und die Kontrolle über das Thun und Lassen der Dienstboten seitens der einzelnen Hausfrauen wegfällt.»[284] Nur so könnten sich «die Dienstboten [...] in freie Arbeiter verwandeln, die ebenso wie diese in die Fabrik, in die Zentralküchen gingen.»[285] In der Auflösung der persönlichen Dienstverhältnisse sah sie den einzigen Weg zur Befreiung dieser ausgebeuteten Klasse. Auch deshalb sollte sich die emanzipatorische Frauenbewegung für die Haushaltsgenossenschaften einsetzen. Auch darin fand sie Unterstützung durch August Bebel: «Wird aber in der angedeuteten Weise das häusliche Leben von Grund aus umgestaltet, so ist der Dienstbote, dieser ‹Sklave für alle Launen der Herrin› verschwunden».[286]

Obwohl sehr viele der sozialistischen Protagonistinnen von Bebels Buch und den darin enthaltenen Vorschlägen zur Befreiung der Frauen begeistert waren, lösten Lily Brauns Vorschläge innerhalb der sozialistischen Frauenbewegung heftige Debatten aus. Eine der vehementesten Gegnerinnen war Clara Zetkin (1857–1933).[287] Sie unterzog den Vorschlag in mehreren Aufsätzen in der Frauenzeitschrift «Die Gleichheit» einer umfassenden und vernichtenden Kritik. Wenn überhaupt, dann sei das Modell nur für eine «Arbeiteroberschicht» materiell möglich. In diesen Familien aber seien die Frauen gar nicht berufstätig. Auch bezweifelte sie, dass in den Zentralküchen keine Ausbeutung der dort angestellten Wirtschafterinnen und Küchenmädchen stattfände. Ihre wichtigste Kritik aber war – und damit lehnte sie die Haushaltsgenossenschaften nicht grundsätzlich ab – dass sie erst eine Errungenschaft des realisierten Sozialismus sein könne. Die Verwirklichung des Vorschlages der Genossin Braun im Hier und Jetzt hieße, «die Arbeiterklasse in ihrer Energie lähmen, statt sie zu stärken».[288] Wieder einmal ging es um die Frage Reform oder Revolution.

Die Kritik aus bürgerlichen Kreisen hingegen befürchtete den Zerfall von Familie und Heim. Dass eine Wohnung keine Küche haben sollte, galt im konservativen Kaiserreich als un-

284 Braun, Reform der Hauswirtschaft, S. 280.

285 Lily Braun: Die Frauenfrage, Bonn 1979, S. 536.

286 Bebel: Die Frau und der Sozialismus, S. 420.

287 Clara Zetkin: Zur Geschichte der proletarischen Frauenbewegung Deutschlands, Frankfurt/M. 1971, S. 95ff.

288 Clara Zetkin: Die Wirtschaftsgenossenschaft, in Die Gleichheit (14), 1901.

erhört. «Eigener Herd ist Goldes wert», lautete ein Sprichwort. Der heimische Herd war Metapher für ein intaktes Familienleben und galt als ein Grundpfeiler der damaligen Gesellschaft. Sie wollten gar nicht sehen, dass dieses Familienbild schon damals längst Risse bekommen hatte.[289]

Schließlich gründete Lily Braun selbst eine «Haushaltsgenossenschaft», um ein Einküchenhaus zu verwirklichen. Der Architekt Kurt Berndt entwarf für sie ein Haus am Olivaer Platz in Berlin, in dem es «helle, luftige, einfache Wohnungen von beliebiger Größe mit Badezimmer, Gaskochgelegenheit, Zentralheizung, Gas- und elektrischer Beleuchtung sowie Personenaufzügen in dem gleichwertig ausgestatteten Vorder- und Gartenhaus» geben sollte. 1904 mussten die Pläne jedoch aufgegeben werden.[290]

Trotz der fortdauernden Kritik wurden Teile dieser Ideen in verschiedenen Ländern in die Praxis umgesetzt. Auch in Berlin gab es Anfang des 20. Jahrhunderts einige «Einküchenhäuser». Im «roten Wien» der Zwischenkriegszeit entstanden Gemeindebauten, wie z. B. der Karl-Marx-Hof, mit Kindergärten, Waschküchen und anderen Gemeinschaftseinrichtungen. Meist hatten sie einen unmittelbaren Zugang zum Garten.[291] An der Umsetzung der heftig diskutierten Ideen arbeiteten vor allem Architektinnen, die einen engen Bezug zur bürgerlichen Frauenbewegung hatten.

Die Konzepte galten als besonders oder ausschließlich für Ledigen- oder «Damenwohnheime» geeignet oder auch als geradezu idealtypische Familienwohnform – weil sie die Vereinigung von Mutterschaft und Beruf beträchtlich erleichterten. Unterschiedlichste politische Standpunkte ließen sich auf das Einküchenhaus projizieren: Je nachdem hielt man es für eine sozialistische Erfindung oder nur für gehobene Schichten geeignet. Zudem war «ledig Frau» keine angesehene Lebensperspektive. Hildegard Grünbaum-Sachs ging 1930 in einem

---

289 Berliner Mieterverein: 100 Jahre Einküchenhäuser. Gescheitertes Reformexperiment. MieterMagazin (1+2/08). https://www.berliner-mieterverein.de/magazin/online/mm0108/010824.htm (Zugriff: 16.7.2020).

290 Ebd.

291 Siehe hierzu auch Ruth Becker, Eveline Linke: Mehr als schöner wohnen! Frauenwohnprojekte zwischen Euphorie und Ernüchterung, Sulzbach/Taunus 2015, S. 17ff., sowie Ulla Terlinden, Susanne von Oertzen: Die Wohnungsfrage ist Frauensache. Frauenbewegung und Wohnreform 1870–1933, Berlin 2005.

Wörterbuch des Wohnungswesens davon aus, dass das Einküchenhaus «der kollektivistischen Befriedigung lediglich des Bedürfnisses nach Nahrungszubereitung» dient und «sich jedes Eingriffs in die Lebensgewohnheiten der Mieter» enthält. Auch sei es nicht hauptsächlich für Ledige gedacht. Zunehmender «Erwerbszwang» (sic!) würde dazu führen, «dass auch für die verheiratete Frau, Zunahme der hausgehilfenlosen Haushaltungen und die Wohnungsnot die Frage des Einküchenhauses nicht mehr zur Ruhe kommen lassen.»[292] So weit kam es leider nicht. Trotz der maßlosen Überforderung, die ein «Familienleben» kaum möglich machten, sehnten sich die meisten Frauen nach der gottgewollten Aufrechterhaltung der kleinen in sich geschlossenen «Dreieinigkeit – Mann, Weib und Kinder».[293] Haushaltsgenossenschaften wurden in anderer Form dennoch verwirklicht und leben in Hausgemeinschaften und kommunitären Lebensformen weiter.

4.8.6 *Beispiel: «Genossenschaft für Frauenheimstätten»*

Im Auftrag der 1912 gegründeten «Genossenschaft für Frauenheimstätten» plante die Architektin Emilie Winkelmann (1875–1951),[294] die heute als erste Architektin Deutschlands gilt, 1913 ein Wohnhaus für ehemals berufstätige ledige Frauen, die weiterhin unabhängig leben wollten. Durch das Pestalozzi-Fröbel-Haus, die Lehrerpensionskasse sowie etliche Privatpersonen wurde die Frauengenossenschaft unterstützt, so dass sie 1913 vom Verein für Beamten-Heimstätten das 5000 qm große Grundstück in der Villenkolonie Babelsberg erwerben konnte. Emilie Winkelmann war von Anfang an in die Planungsvorbereitungen einbezogen. Auch sie war eine unabhängige, berufstätige Frau. In der Heimdahlstraße (heute Hermann-Maaß-Straße 18/20) in Potsdam-Babelsberg entstand 1914 das «Haus in der Sonne» (benannt nach einer Romanvorlage des schwedischen

292 Hildegard Grünbaum-Sachs: Die Wohnungsfrage vom Standpunkt der alleinstehenden Frau, in: Handwörterbuch des Wohnungswesens, Jena 1930, S.254 ff.

293 Braun: Die Frauenfrage, S. 496, siehe auch: Gisela Notz: Familismus, S. 64–70.

294 siehe Heike Notz: Emilie Winkelmann (1875–1951). Von der Zimmerin zur ersten selbstständigen Architektin, in: Gisela Notz, Wegbereiterinnen, Neu-Ulm 2020, 3. Aufl., S. 136f.

Malers Carl Larsson) mit 14 eigenständigen Wohnungen mit jeweils ein bis drei Zimmern, Küchenzeile, beheizbarer Loggia, Toilette und zum Teil eigenem Bad. Das war für die damalige Zeit sehr komfortabel. Neben der technisch modernen Ausstattung mit Zentralheizung und elektrischer Beleuchtung stand bei Bedarf ein Hauswartsehepaar für Hilfestellungen im Haushalt zur Verfügung. Mahlzeiten konnten nach Wunsch individuell oder gemeinschaftlich eingenommen werden.[295] Für die dort wohnenden Frauen wurde es mehr als ein Alterssitz; es war Sehnsuchts- und Zufluchtsort für ledige ältere, aber auch (noch) berufstätige Frauen. Für die Bewohnerinnen blieb es ein wichtiges Anliegen, die Balance zwischen individueller Wohnsituation und gemeinschaftlichem Miteinander zu wahren.[296]

Durch den Ersten Weltkrieg wurde die weitere Bebauung des Areals unterbrochen und erst 1928 durch den Architekten Friedrich Lüngen weitergeführt, sodass die Genossenschaft dann insgesamt über 31 Wohnungen verfügte. Das «Haus in der Sonne» ging als bau- und sozialgeschichtliches Denkmal der frühen Frauenbewegung in die Genossenschaftsgeschichte ein. Unter den Nationalsozialisten wurde das Haus 1941 mit dem «Gemeinnützigen Bauverein zu Babelsberg» fusioniert, der 1904 als Arbeitergenossenschaft gegründet worden war. Damit verlieren sich die Spuren der Frauengenossenschaft. Das «Haus in der Sonne» beherbergte von da ab auch Familien mit Kindern. Das blieb offensichtlich auch nach dem Zweiten Weltkrieg so. Heute heißt die ehemalige Arbeitergenossenschaft «GWG Bauverein Babelsberg eG». Die genossenschaftliche Eigentümerschaft bietet den Familien bis heute nicht nur die einzigartige Lage, sondern auch die Vorteile gemeinschaftlichen Wohnens mit Mietsicherheiten und Dauernutzungsrechten.[297] Insgesamt bewirtschaftet die Genossenschaft 360 Wohnungen und Gewerbeeinheiten. Alle Häuser befinden sich ausschließ-

---

295 Vgl. Frauenpolitischer Rat Land Brandenburg e.V.: Emilie Winkelmann I 1875–1951 I Architektin. Frauenorte in Land Brendenburg. https://www.frauenorte-brandenburg.de/index.php?article_id=99 (Zugriff: 26.5.2020).

296 GWG Bauverein Babelsberg eG: Das «Haus in der Sonne» – Emilie Winkelmann baut für die Frauenbewegung der Kaiserzeit. Der GWG Bauverein Babelsberg eG und seine Geschichte. https://www.gwgbauvereinbabelsberg.de/geschichte/ (Zugriff: 26.5.2020).

297 Ebd.

lich in der Ortslage Babelsberg und sind in fünf Wohngebiete untergliedert. Jedes Wohngebiet hat einen grünen Innenhofbereich, in dem auch teilweise Mietergärten vorhanden sind.

Exkurs: Gemeindewohnungen und Kommunalbauten

In vielen Städten entstanden kurz nach dem Ersten Weltkrieg Gemeindewohnungen, etwa in Zürich, Basel, Wien, Berlin, München oder Augsburg. Die Gemeindewohnungen oder Kommunalbauten werden oft mit den Genossenschaften gleichgesetzt. Im Gegensatz zu Genossenschaftswohnungen treten die Gemeinden selbst als Bauherrin und als Vermieterin auf. Typischerweise war der Gemeindebau in den 1920er-Jahren eher in sozialdemokratisch dominierten Gemeinden vorhanden. Berühmt wurde der Gemeindebau Karl-Marx in Wien, auch Karl-Marx-Siedlung genannt, der 2019 sein 100-jähriges Bestehen feiern konnte. 5000 Menschen leben dort im «Paradies für Mieter». Die Stadt Wien ist mit ihren 1800 Wohnanlagen Europas größter Immobilieneigentümer. 500.000 Wiener, also fast jeder Vierte, leben in einem Gemeindebau. Und jetzt, nach jahrzehntelangem Baustillstand, sollen im Rahmen des Projekts «Gemeindebau NEU» bis 2020 4000 neue Wohnungen hinzukommen. Heute zahlt man für eine modern ausgestattete Wohnung mit mindestens 30 qm – Zimmer, Küche, Vorraum, WC, Badezimmer, Heizung und Warmwasser – 5,81 bis 7,50 Euro netto pro Quadratmeter (Stadt Wien o.J.). Der durchschnittliche Mietpreis lag in Wien im Juli 2020 für eine 30-qm-Wohnung bei 12,92 Euro pro qm. In Berlin waren es zu gleicher Zeit für die gleiche Wohngröße 17,97 Euro.[298]

In Berlin waren Pläne zur Siedlung «Weiße Stadt» in Reinickendorf bereits vor dem Ersten Weltkrieg entstanden, realisiert wurden sie erst zwischen 1928 und 1931. Die Siedlung ist eine nach den Grundsätzen des Bauhauses errichtete Großsiedlung, die heute noch besteht. Jede der über 1200 Wohnungen verfügte schon damals über ein eigenes Bad, Küche und Loggia.

Hoch war auch der Standard der Versorgungsstruktur: Kindergarten, Volksschule, Ärztehaus, Apotheke, über zwanzig

---

298 PWIB Wohnungsbörse-Infobörse GmbH: Mietspiegel Wien 2020. Wohnungsbörse. https://www.wohnungsboerse.net/mietspiegel-Wien/16688 sowie PWIB GmbH: Mietspiegel Berlin 7/2020. Wohnungsbörse. https://www.wohnungsboerse.net/mietspiegel-Berlin/2825 (Zugriff: 18.7.2020).

Ladengeschäfte sowie ein Heizkraftwerk, an das sich zwei Gemeinschaftswaschküchen anschlossen, standen den BewohnerInnen zur Verfügung. Die Großsiedlung im Nordwesten Berlins mit offener Binnenstruktur besteht aus Rand- und Zeilenbauten und ineinanderfließenden Grünräumen. Die Wohnungen waren zweckmäßig, modern ausgestattet und zugleich bezahlbar – auch ärmere Menschen konnten so bessere Lebensqualität genießen.[299] Die Großraumsiedlung umfasst heute über 14 Hektar. Heute gehört die «Weiße Stadt», von einigen Eigentumswohnungen abgesehen, der «Deutsche Wohnen AG». Diese steht seit Jahren wegen ihres Umgangs mit den Mietern in der Kritik. Mieterinitiativen wollen durch einen Volksentscheid etwa 240.000 Berliner Wohnungen des Immobilienkonzerns enteignen und vergesellschaften. Sie berufen sich dabei auf Artikel 15 des Grundgesetzes für die Bundesrepublik Deutschland.[300] Wichtig für kommunale Bauten und Wohnungsgesellschaften ist die Sicherung gegen künftige Spekulation. Das ist im lange sozialdemokratisch regierten Wien besser geregelt als in Berlin.

4.9 Kulturgenossenschaften

Genossenschaften im Kulturbereich gibt es schon lange. Obwohl es in den letzten Jahren eine Vielzahl von Neugründungen gab, finden sie in den Beschreibungen möglicher Rechtsformen für Kulturinitiativen kaum Erwähnung. Im Kompendium Kulturmanagement wird die Genossenschaft lediglich in einer Übersicht aller Rechtsformen aufgeführt, ohne weitergehende Ausführungen.[301] Genossenschaften im Kulturbereich können Zeitungen, Theater, Kinos, Bühnenangehörige, Kultur- und Soziokultureinrichtungen, Freilichtmuseen, Künstlerinitiativen, Verlage u. a. bilden. Die vorgestellte KünsterInnengenossenschaft hat eine lange Tradition. Experten zufolge halten die Kulturgenos-

299 Georg GmbH & Co. KG: Weiß, weißer, die Weiße Stadt in Berlin. Baumeister. Das Architekturmagazin (1.9.2016). https://www.baumeister.de/weisse-stadt-berlin-unesco-weltkulturerbe-dachflaeche-sanierung/ (Zugriff: 22.2.2020).

300 Mietenvolkentscheid e.V.: o.T. Deutsche Wohnen & Co. enteignen! https://www.dwenteignen.de (Zugriff: 22.2.2020).

301 Vgl. Petra Schneidewind: Rechtsformen, in: Armin Klein (Hg.): Kompendium Kulturmanagement. Handbuch für Studium und Praxis, 3. überarb. Auflage, München 2011, S. 210–233.

senschaften meist Medien aufrecht, die in der «Kommerzlandschaft» nach herkömmlichen Marktregeln keine Chance hätten.[302] Sie können aber auch gegründet werden, um durch gemeinschaftliche Arbeit mehr zu erreichen, als alleine und besser auf aktuelle Herausforderungen reagieren zu können.

4.9.1 *KünsterInnengenossenschaft: Die «Allgemeine Deutsche Kunstgenossenschaft»*

Vom 28. bis 30. September 1856 wurde im neu erbauten Badehaus der Stadt Bingen am Rhein durch Künstler aus 21 Städten die «Allgemeine Deutsche Kunstgenossenschaft» gegründet. Die KünstlerInnen waren der Einladung der Düsseldorfer Künstlergesellschaft «Malkasten» gefolgt und so entstand der erste überregionale Berufsverband für bildende Künstler in Deutschland, der das Anliegen der Wahrung und Förderung aller gemeinsamen Interessen der deutschen Kunst und der deutschen Künstler verfolgte, mit dem Ziel die «deutsche Kunst» auf nationaler Basis zu entwickeln und das materielle Wohl des Künstlerstandes zu heben. Die Genossenschaft setzt sich aus den Mitgliedern der Lokalgenossenschaften zusammen, die in 21 deutschen Städten und in Wien bestanden. Nach den Vorstellungen der rund 160 Teilnehmer sollten auch nationale Kunstausstellungen organisiert werden. Einstimmig wurde folgender Beschluss gefasst: «Es soll eine allgemeine deutsche Kunstausstellung stattfinden, welche periodisch in verschiedenen größeren Städten wiederkehren soll.»[303]

Beim nächsten Treffen, 1857 in Stuttgart, wurde München als Ort einer ersten gemeinsamen Ausstellung bestimmt, die 1858 unter dem Titel «Deutsche und historische Kunstausstellung» im Glaspalast mit großem Erfolg stattfand. Die Einnahmen aus der Ausstellung sicherten den weiteren Bestand der Genossenschaft. Aus der Organisation von jährlichen Nachfol-

302 Burghard Flieger: Verlagsgenossenschaften. Erhalt einer politischen Kultur-Medienlandschaft als Unternehmenszweck, in: Contraste, (261), 2006, S. 1.

303 Vgl. Friedrich Wilhelm Hackländer: Erlebtes. 2. Bd., Kapitel 5: Die erste Versammlung deutscher bildender Künstler: https://www.projekt-gutenberg.org/hacklaen/erlebte2/chap005.html (Zugriff: 28.5.2020). Sowie: Meyers Großes Konversations-Lexikon, Band 11: Kunstgenossenschaften, Leipzig 1907, S. 812–813.

geausstellungen entstand 1868 die «Münchner Künstlergenossenschaft» (MKG) als älteste Genossenschaft freischaffender Künstler in Bayern. Die Münchner GenossInnen beteiligten sich 1878 an der Weltausstellung in Paris und in den folgenden Jahren an weiteren großen internationalen Ausstellungen. Die folgenden Jahre waren von Spaltungen, Meinungsverschiedenheiten und Differenzen gekennzeichnet, die die Genossenschaft nur knapp überlebte. Die größte Spaltung fand 1892 statt, als die KünstlerInnen der «Secession» die Genossenschaft verließen. 1896 spaltete sich auch die «Luitpold-Gruppe» ab.[304]

Nach der Machtübernahme der Nazis sorgte die Ausstellung «Münchner Künstler in Berlin und Berliner Künstler in München» im Jahr 1935 für einen Skandal, da sich der damalige Präsident der MKG weigerte, zahlreiche Arbeiten, die von den Nazis als «entartete Kunst» eingestuft wurden, abzuhängen. Dafür wurde er von der «Reichskammer der Bildenden Künste» des Amtes enthoben und es wurde ein neuer Präsident eingesetzt. 1939 wurde die MKG aufgelöst und in die Reichskunstkammer integriert.

Erst 1949 gelang die Neugründung der MKG mit dem Zusatz «königlich privilegiert 1868». Damit bezog man sich auf die im Zuge der Gründung durch König Ludwig II verliehenen Rechte einer juristischen Person und die durch ihn genehmigten Statuten. Im gleichen Jahr hatten sich allerdings etliche Mitglieder der 1939 aufgelösten Vorgängergenossenschaft in der «Neuen Münchner Künstlergenossenschaft e. V.» (NMKG, NM) zusammengeschlossen.[305] Beide Gruppen veranstalteten zahlreiche große Kunstausstellungen. 2018 feierte die königlich privilegierte MKG ihr 150-jähriges Bestehen mit einem Festakt im «Staatlichen Museum Ägyptischer Kunst». Im Ehrenjahr gab es eine außerordentliche Jahresausstellung und einen Jubiläums-Katalog.[306]

---

304 Andreas Strobl: Münchner Künstlergenossenschaft, in Michael Semff, Kurt Zeitler (Hg.): Künstler Zeichnen – Sammler stiften. 250 Jahre Staatliche Graphische Sammlung München, Ostfildern-Ruit 2008, Bd. 3, S. 86.

305 Neue Münchner Künstlergenossenschaft e.V.: Zur Geschichte der NM. Neuemünchner. https://www.neuemuenchner-hausderkunst.de/archiv.htm (Zugriff: 29.5.2020).

306 Charlotte Mosebach: Geschichte Münchener Künstlergenossenschaft. Königlich privilegiert 1868, München 2018.

Zusammenschlüsse bildender KünstlerInnen gab und gibt es an vielen Orten.[307] Zum Teil sind sie älter als die Münchner Genossenschaft. Nur wenige waren und sind aber als Genossenschaften organisiert.[308] Eine reine Frauenvereinigung ist der 1867 in Berlin gegründete «Verein der Künstlerinnen und Kunstfreundinnen», der unter dem Namen «Verein der Berliner Künstlerinnen 1867» heute noch aktiv ist.[309] Es dauerte bis 1971, bis sich auf Bundesebene der «Bundesverband Bildender Künstlerinnen und Künstler» gründete. Die Gründung einer Genossenschaft auf Bundesebene stand nicht mehr zur Debatte.

307 Vgl. Meyers Großes Konversations-Lexikon: Kunstgenossenschaften.

308 Als Genossenschaft bekannt ist die 1836 unter dem Namen «Dresdner Kunstverein» gegründete «Dresdner Kunstgenossenschaft.»

309 Verein der Berliner Künstlerinnen 1867 e.V.: Verein der Berliner Künstlerinnen 1867. VDBK1867. https://www.vdbk1867.de (Zugriff: 29.5.2020).

5 Übernahme der Genossenschaften im Nazi-Faschismus

Plakat der deutschen Arbeitsfront, 1934

Wie bereits aus mehreren Genossenschaftsbeschreibungen deutlich wurde, hatten diese während der Weimarer Republik einen starken Aufschwung genommen. Sie waren auch besser als die meisten privatwirtschaftlichen Unternehmen durch die Weltwirtschaftskrise von 1929/30 gekommen. Am Beispiel einiger bereits behandelter Genossenschaften, vor allem aber an der Geschichte der Konsumgenossenschaften und der Gartenstadtgenossenschaften wird deutlich, welche tiefen Einschnitte mit der Machtübernahme durch die NSDAP im Jahr 1933 für die Genossenschaften in Deutschland verbunden waren. Das Hitler-Regime setzte der hoffnungsvollen Entwicklung der Genossenschaften in der Weimarer Zeit ein radikales Ende. Das Prinzip der genossenschaftlichen Selbstverwaltung kollidierte mit dem «Führerprinzip». Entsprechend machte die Gleichschaltung nicht vor den Genossenschaften Halt. Zahlreiche Wohnungs-

und Baugenossenschaften, die Produktivgenossenschaften, die Konsumgenossenschaften, die Büchergilde Gutenberg und die gewerkschaftseigenen Verlage und Druckereien sowie viele weitere Unternehmen wurden gleichgeschaltet oder verboten. Die Bedingungen für die Genossenschaften und ihre Verbände änderten sich grundlegend. Sie waren nicht mehr allein den Mitgliedern verpflichtet, sondern wurden Teil des zentral gelenkten nationalsozialistischen Wirtschaftssystems.

Während des Zweiten Weltkrieges kämpften einige Genossenschaftsverbände vor allem damit, ihren «normalen» Geschäftsbetrieb aufrechtzuerhalten und die regelmäßigen Prüfungen durchzuführen.[310] Vielleicht hatten die Nazis die Genossenschaften einfach verbieten wollen. Aber ihre wirtschaftliche Bedeutung war insgesamt inzwischen zu groß, als dass man sie einfach hätte auflösen können. Von diesem Schicksal waren lediglich die Konsumgenossenschaften betroffen. Schließlich war bekannt, dass den Konsumvereinen mehrere Millionen Mitglieder angehörten, die meist nicht mit «Glücksgütern» gesegnet waren. Die mühsam zusammengetragenen Mittel konnten also nicht einfach vernichtet werden, weil sie eine Schädigung der weniger bemittelten Klassen zur Folge gehabt hätten, deren Konsequenzen nicht abzusehen waren. Selbst von den schärfsten Gegnern der Konsumvereine wurde ein glattes Verbot nicht gefordert. Die Nazis zweifelten sicher auch daran, dass mit dem Verschwinden der Konsumvereine eine «Entproletarisierung des deutsch Arbeiters» erreicht würde.[311] Die Machtübernahme verlief daher schrittweise und eher subtil.[312]

Die Produktivgenossenschaften wurden in «normale» Aktiengesellschaften oder GmbHs umgewandelt und damit den etablierten privatwirtschaftlichen Unternehmen gleichgestellt. Die genossenschaftliche Utopie war «zum Teufel gegangen», wie Wilhelm Kaltenborn in seinem Buch über Genossenschaftsverbände schreibt.[313] Schließlich beseitigte die DAF alle Mitbe-

310 Marvin Brendel: 150 Jahre Genossenschaftsverband in Baden-Württemberg. Genossenschaftsgeschichte (2014). https://www.genossenschaftsgeschichte.info/baden-wuerttembergischer-genossenschaftsverband-150-jahre-jubilaeum-2014-1587 (Zugriff: 12.5.2020).

311 Karl Korthaus: Nationalsozialismus und Genossenschaftswesen, in: Blätterfür Genossenschaftswesen (40), 7.10.1932, S. 610.

312 Siehe hierzu Kapitel 4.7.2.

313 Kaltenborn: Schein und Wirklichkeit, S. 273.

stimmungsrechte und Partizipationsmöglichkeiten der GenossInnen.

In den anderen Wirtschaftsbereichen, auch in den Wohnungs- und Siedlungsgenossenschaften, setzten die Nationalsozialisten auf eine «Entsozialisierung», indem sie personelle Umbesetzungen von NS-kritischen Führungspersonen vornahmen oder «Partei-Beauftrage» einsetzten.[314] Dabei beriefen sie sich auf das «Gesetz zur Sicherung der Gemeinnützigkeit im Wohnungswesen», das sie am 14. Juli 1933 erlassen hatten. Auch nutzten sie die Tatsache, dass als gemeinnützig anerkannte Wohnungsbaugenossenschaften seit dem 1. Dezember 1930 verpflichtet waren, einem genossenschaftlichen Prüfungsverband anzugehören. So schalteten sie die der sozialistischen und kommunistischen Arbeiterbewegung nahestehenden Verbände aus, indem sie den Wohnungsbaugenossenschaften dem für ihr Gebiet zuständigen Prüfungsverband zuwiesen. Mit den Prüfungsverbänden schufen sie eine zentral ausgerichtete Struktur, die im Sinne des «Führerprinzips» die Einflussnahme der Nazi-Faschisten über die regionalen Prüfungsverbände auf die Genossenschaften ermöglichte.[315] Mit der Novelle des Genossenschaftgesetzes vom 30. Oktober 1934 wurde dann die Pflichtmitgliedschaft in einem Prüfungsverband verbindlich.[316]

1936 wurde Theodor Adrian von Renteln, der 1932–1938 für die NSDAP Mitglied des Reichstages geworden war, zum neuen Präsidenten des «Deutschen Genossenschaftsverbandes» (Schulze-Delitzsch) ernannt. In dieser Funktion dankte er mit einem Telegramm «im Namen von 5000 gewerblichen Genossenschaften» für die am 12. November 1938 erlassene «Verordnung zur Ausschaltung der Juden aus dem deutschen Wirtschaftsleben», nach der Juden nach dem 31. Dezember 1938 nicht mehr Mitglied einer Genossenschaft sein konnten.[317] Die Gründung des «Gemeinschaftswerkes der Deutschen Arbeitsfront» GmbH im Jahr 1941, der das gesamte genossenschaftli-

---

314 Siehe «Freie Scholle» in Berlin und Gartenstadtgenossenschaft in Schweinfurt in Kapitel 4.8.2 und 3.

315 Vgl. Ulrike Haerendel: Wohnungspolitik im Nationalsozialismus, in: Zeitschrift für Sozialreform (10), 1999, S. 862–865.

316 Kaltenborn: Verdrängte Vergangenheit, S. 20–22.

317 Präsident Dr. von Renteln dankt Generalfeldmarschall Göring, in: Deutsche Handels-Rundschau Nr. 47 vom 25. November 1938.

che Vermögen einverleibt wurde, leitete die «Gleichschaltung» ein.[318]

Insgesamt erstreckte sich die so genannte «Gleichschaltung» vor allem auf die Führungsschichten der jeweiligen Verbände und zentralen Gemeinschaftsunternehmen. Offensichtlich gab es auch genossenschaftliche Führer, «die sich nationalsozialistisches Gedankengut zu eigen gemacht haben und es in den Genossenschaften zu verbreiten suchten».[319] So gingen einige Verbände, z.B. der «Reichsverband deutscher Konsumvereine» als Spitzenverband, der auf der christlich-gewerkschaftlichen Tradition beruhenden Konsumgenossenschaften, bereits im Jahr 1933 im «Nationalsozialistischen Reichsbund der deutschen Verbrauchergenossenschaften GmbH» (GEG) auf. Auch ländliche Genossenschaften wurden Bestandteil des nationalsozialistischen Machtapparates.[320] Jan-Frederik Korf verweist darauf, dass die gewerblichen und ländlichen Genossenschaften relativ unbehelligt als politische gewollte Genossenschaftsformen ihre Tätigkeiten während der Zeit des Nationalsozialismuses weiterführen konnten.[321]

Wie ein großer mittelständischer Verband zielgenau auf die Linie der Nazi-Faschisten einschwenkte, kann man am Beispiel der Einkaufsgenossenschaft der Kolonialwarenhändler EDEKA verfolgen.[322] Kuno Bludau bezeichnet dieses Einschwenken auf den nationalsozialistischen Kurs als einen Teil der «Selbstgleichschaltung der mittelständischen Genossenschaften».[323]

Diese Selbstgleichschaltung kam den Nazis entgegen, weil sie damit bestehende Institutionen nicht abschaffen oder verbieten mussten, sondern sie in ihrem Sinne verändern konnten und ihrer totalen Machtausübung den Stempel der Legalität verpassen konnten. Auch wenn die «genossenschaftliche Selbstverwaltung» und das «Führerprinzip» einen Widerspruch darstellten, so gelang es den Nazis, die rechtlichen Grundlagen

---

318 Flieger: Prosumentenkooperativen, S. 23
Der Begriff «Gleichschaltung» wurde dem Wortschatz der Elektronik entlehnt und in die Politik übertragen. Vgl. hierzu: Cornelia Schmitz-Bernig: Vokabular des Nationalsozialismus, Berlin 1998, S. 277.

319 Kaltenborn: Schein und Wirklichkeit, S. 276.

320 Vgl. Gisela Notz: Genossenschaften und Utopie, S. 309–325.

321 Korf: Von der Konsumbewegung, S. 117.

322 Siehe Kapitel 4.7.1.

323 Bludau: Nationalsozialismus, S. 33.

der Selbstverwaltung so zu verändern, dass Eingriffe der staatlichen Führungsspitze jederzeit möglich wurden.[324]

Sich dem Nationalsozialismus widersetzende Handlungen finden sich v.a. in Konsumgenossenschaften.[325] Kuno Bludan berichtet von phantasievollen Aktionen, mit denen die Genossenschaftsarbeit aufrechterhalten und der Kontakt zur (verbotenen) SPD hergestellt wurde. Mit Beginn des Zweiten Weltkrieges wurde auch diese illegale Tätigkeit unmöglich. Die Konsumgenossenschaften wurden 1941 ins «Gemeinschaftswerk der Deutschen Arbeitsfront» eingeschlossen.[326]

324 Ebd., S. 36. Sowie siehe «Das Führerprinzip im Handel», in: Frankfurter Zeitung (126), 10.3.1934.

325 Bludau: Nationalsozialismus, S. 130f.

326 Ebd., S. 133; siehe auch Kap. 4.7.2.

6 Wiederaufbau der Genossenschaften nach dem Zweiten Weltkrieg

Wiederaufbau der Genossenschaften in Ost und West

Nach der Gleichschaltung und Zerschlagung der Genossenschaften durch die Nazis und dem Zweiten Weltkrieg war der Wiederaufbau genossenschaftlicher Strukturen in allen vier Besatzungszonen notwendig. Alle Aktivitäten gingen entweder von den Alliierten aus oder mussten durch sie genehmigt werden. Mit dem Ziel der Neuorganisation des gewerblichen Genossenschaftswesens nahm bereits im Oktober 1945 in den drei westlichen Besatzungszonen eine «Arbeitsgemeinschaft der gewerblichen Prüfungsverbände» ihre Arbeit auf. Am 20. November 1945 wurde durch Befehl Nr. 146 den ländlichen Raiffeisengenossenschaften in der Sowjetischen Besatzungszone die Wiederaufnahme ihrer Geschäftstätigkeit gestattet. Dem folgte am 18. Dezember 1945 der Befehl Nr. 176 der die Wiedererrichtung der durch die Nationalsozialisten aufgelösten Konsumgenossenschaften sowie die Rückübertragung des ihnen zustehenden Altvermögens anordnete. Am 15. Januar 1946 wurde durch Befehl Nr. 14 den früheren Volksbanken in der Sowjetischen Besatzungszone die Wiederaufnahme ihrer Geschäftstätigkeit gestattet. Vielerorts erfolgte noch im gleichen Jahr ihre Umbenennung in « (Genossenschafts-)Bank für Handwerk und Gewerbe». Am 8. März 1946 erließen die britischen Militärbehörden für ihre Besatzungszone Bestimmungen zur Zulassung von neu bzw. wieder gegründeten Konsumgenossenschaften. Nach dem Zweiten Weltkrieg kamen die alten Genossenschaftler wieder zusammen, um ihre Konsumgenossenschaften erneut zu gründen. Die englische Besatzungsmacht ließ sich bis zum 3. Juli 1946 Zeit mit der Genehmigung für die erste Wiedergründung einer Konsumgenossenschaft in der britischen Zone.[327] Die Regeln orientierten sich stark an den Grundsätzen der «Redlichen Pioniere von Rochdale» und lieferten einen wesentlichen Impuls für den Neuaufbau des konsumgenossenschaftlichen Sektors in Westdeutschland. Der Generalsekretär der SED, Walter Ulbricht, wies auf der Wirtschaftskonferenz der SED im Mai 1946 darauf hin, dass es notwendig sei, Handwerksgenossenschaften auf freiwilliger Basis zu entwickeln, um Ein- und Verkauf von Rohstoffen und Waren zu erleichtern.[328] Am 17. Juni 1946 wurde in Bielefeld der «Gesamtverband gemeinnütziger Wohnungsunternehmen» als Spitzenverband für gemeinnützige und genossenschaftliche Wohnungsbauunternehmen in der britischen Besatzungszone mit Sitz in Hamburg gegründet. Und bereits im September 1948 schlossen sich auf dem zweiten Konsumgenossenschaftstag nach dem Zweiten Weltkrieg in Hamburg die nach 1945 in den westlichen Besatzungszonen neu entstandenen Konsumgenossenschaften zum «Zentralverband deutscher Konsumvereine» zusammen. In Wiesbaden konstituierte sich im November des gleichen Jahres der «Deutsche Raiffeisenverband».[329] Kurz vor der doppelten

327 Zentralverband deutscher Konsumgenossenschaften e.V.: Neubeginn. ZDK-Hamburg. https://www.zdk-hamburg.de/der-zdk/geschichte/neubeginn/ (Zugriff: 1.6.2020).

328 Renate und Otto Hahn: Vom Ich zum Wir: Genossenschaften und volkseigene Betriebe, in: Renate Hahn, Otto Hahn (Hg.): Sonnenberger Spielzeug – Made in Judenbach. 300 Jahre Spielzeugherstellung an der alten Handelsstraße, Münster 2010, S. 117–164; hier: S. 117.

329 vgl. Marvin Brendel: Zeitleiste 1945 bis heute. Genossenschaftgeschichte. https://www.genossenschaftsgeschichte.info/zeitleiste-genossenschaftsgeschichte-1945-heute (Zugriff: 25.5.2020).

Staatsgründung, am 31. März 1949, schlossen sich die Verbände der amerikanischen und französischen Zone sowie der Berliner Verband dem Hamburger «Gesamtverband gemeinnütziger Wohnungsunternehmen» an, der 1951 seinen Sitz nach Köln verlegte.[330]

Demnach hatten die wichtigsten großen Genossenschaftsverbände ihre Arbeit wieder aufgenommen. Da Deutschland jedoch in vier Besatzungszonen gespalten war, sah das für das gesamte deutsche Gebiet eher wie ein Flickenteppich aus. Deutlich wird jedoch bereits aus dieser Auflistung, dass es unterschiedliche Vorstellungen und Genossenschaftsverbände in Ost- und Westdeutschland gab. So blieb das auch nach der doppelten Staatsgründung, zumal nun unterschiedliche politische Systeme die Rahmen für die Weiterarbeit bestimmten.

6.1 Bundesrepublik Deutschland

In der neu gegründeten Bundesrepublik gestaltete sich der Wiederaufbau der Genossenschaften schwierig. Verschiedene Verbände waren zwar gegründet, aber sie hatten unter der Zerstörung durch die Nazis und den verschiedenen Vorstellungen der Alliierten für den Wiederaufbau zu leiden.[331] Zudem musste das entzogene Vermögen wieder zurückgefordert werden. Ein großer Teil der genossenschaftlichen Einrichtungen war im Bombenkrieg zerstört worden und musste notdürftig wieder hergerichtet werden.

Das Grundgesetz enthält, anders als das in der Weimarer Verfassung der Fall war, keinen speziellen Artikel zur Unterstützung von Genossenschaften. Allerdings ist in Art. 15 GG die Möglichkeit einer Vergesellschaftung (auch Sozialisierung) vorgesehen. Anlässlich der Feiern zu «70 Jahre Grundgesetz» erklärte Theresia Theurl, Professorin für Volkswirtschaftslehre an der Universität Münster, dass Genossenschaften ein «elementarer Bestandteil sowohl der marktwirtschaftlichen Wirtschaftsordnung als auch einer freiheitlichen Gesellschaftsordnung» seien. Dabei geht sie davon aus, dass genossenschaftliches Eigentum «gemeinsames Privateigentum an der gesamten

330 Ebd.

331 Gisela Notz: Die sozialistische Genossenschaftsbewegung, S. 108.

Genossenschaft» ist.[332] Das ist freilich eine Frage der Interpretation. Jedenfalls zieht sie den Schluss, dass das Grundgesetz Genossenschaften nicht nur zulässt, sondern sogar anregt.

Tatsächlich beschloss der Wirtschaftsrat der amerikanischen und britischen Besatzungsmächte noch im Monat der Verabschiedung des Grundgesetzes im Mai 1949 die Gründung der «Deutschen Genossenschaftskasse» mit Sitz in Frankfurt/Main. Und am 14. Juni 1949 wurde in Wiesbaden der «Deutsche Genossenschaftsverband» (Schulze-Delitzsch) neu gegründet.[333]

Allerdings blieb die nach dem Zweiten Weltkrieg erfolgte Anknüpfung der Gewerkschaften an die Gemeinwirtschaft bis zu ihrem unrühmlichen Ende politisch, wirtschaftlich und sozial wenig innovativ und hat die früheren Erfahrungen und Ideentraditionen eher diskreditiert.[334] So konnten die genossenschaftlichen Traditionen der sozialistischen Arbeiterbewegung in der BRD nicht wieder erstehen. Damit verschwanden zunächst auch politisch-ökonomische Alternativen. Auch wenn die DAF mit der Nazi-Herrschaft untergegangen war, blieb in der BRD die Faszination für große wirtschaftliche Einheiten erhalten. Zentralisierung und Rationalisierung traten an die Stelle eines basisnahen Genossenschaftswesens.[335] Zwischen 1960 und 1990 ging die Zahl der Genossenschaften in der BRD von 27140 auf 8769 zurück.[336] Es waren vor allem die großen Genossenschaften, die auf Zentralisierung setzten.

Am Beispiel der Konsumgenossenschaften, Wohnungsbaugenossenschaften, Agrar- und Landwirtschaftsgenossenschaften und einiger Genossenschaftsformen, die hinzukamen, soll der Wiederaufbau nach dem Zweiten Weltkrieg und nach der doppelten Staatsgründung verdeutlicht werden.

---

332 Theresie Theurl: Genossenschaftliches Eigentum ist im Grundgesetz fest verankert, in: Ludwig-Erhard-Stiftung (Hg.): Wohlstand für Alle – 70 Jahre Grundgesetz, Bonn 219, S. 28–29.

333 Brendel: Zeitleiste 1945.

334 Sperling: Ein Blick zurück, S. 38.

335 Vgl. zu den Auswirkungen der Zerstörung von 1933 und 1945: Rüdiger Hachtmann: Das Wirtschaftsimperium der Deutschen Arbeitsfront, Göttingen 2012.

336 Michael Stappel: Die Deutschen Genossenschaften 2008. Entwicklungen – Meinungen – Zahlen, Wiesbaden 2008, S. 39.

6.1.1 Konsumgenossenschaften

Die schnelle Aufbauarbeit führte dazu, dass 1948 in den drei Westzonen immerhin wieder 250 Konsumgenossenschaften mit 750.000 Mitgliedern und 5700 Verteilungsstellen existierten. Dass alte Beschränkungen, die die Nazis einführten, in der BRD weiter in Kraft blieben (Verbot der Spareinlagen und ab 1954 erneut das Rabattgesetz), war für die Konsumgenossenschaften eine große Belastung.[337] Dennoch entwickelten sie sich kontinuierlich weiter. In den Jahren 1959/1960 hatten sie zusammen mit der «Großeinkaufsgesellschaft Deutsche Konsumvereine» GEG in der BRD 9638 Läden, 79000 MitarbeiterInnen und 2,59 Mio. Mitglieder.[338]

Die Konsumgenossenschaften waren als Teil der Verbraucherbewegung aktiv an der Gründung des Vorläufers der «Verbraucherzentrale Bundesverband» (vzbv) beteiligt. In der Zwischenzeit wurde die Konkurrenz im Lebensmitteleinzelhandel härter. Die Wettbewerber setzten auf neue Ladenkonzepte. Auch die Konsumgenossenschaften führten neue Konzepte ein: Selbstbedienungsläden und große Verbrauchermärkte. Überall wurde vergrößert und zentralisiert. Als Beispiel der Verschmelzung von kleineren zu größeren Konsumgenossenschaften kann 1966 der Zusammenschluss der Konsumgenossenschaften in Gießen und Wetzlar zur «Konsumgenossenschaft Mittelhessen» genannt werden, nachdem in den Vorjahren bereits die kleinen Läden in Alsfeld, Allendorf und Homberg mit der «Konsumgenossenschaft Gießen» verschmolzen worden waren.[339] In der BRD wurden etliche Genossenschaften durch Lebensmittelketten aufgekauft oder konnten sich der Konkurrenz gegenüber denselben nicht behaupten.[340]

Die Marke «coop» wurde zentral eingeführt. Wegen der Modernisierung der Ladenkonzepte wuchs der Investitionsbedarf, die Finanzierung wurde immer schwieriger. Das Verbot der Spareinlagen von Mitgliedern, mit deren Geldern die Läden finanziert wurden, schwächte die Finanzierungskraft der Konsumgenossenschaften. In den 1970er-Jahren wechselten daher

---

337 Siehe Kapitel 4.7.2.

338 Zentralverband deutscher Konsumgenossenschaften e.V.: Neubeginn: (Zugriff: 30.5.2020).

339 Deutsche Nationalbibliothek: Jahrbuch des Zentralverbandes deutscher Konsumgenossenschaften 1966, S. 56.

340 Notz: Theorien alternativen Wirtschaftens, S. 58.

viele die Rechtsform und wurden zur Aktiengesellschaft, da eine Aktie nicht gekündigt werden kann, das Unternehmen also kein Geld verliert, wenn Mitglieder ihre Aktie verkaufen. Aus finanziell schwachen Genossenschaften wurden jedoch keine starken Aktiengesellschaften, auch die Bündelung in der «coop Zentrale AG» erzielte nicht die gewünschten Erfolge. Hinzu kam Missmanagement. Dies führte schließlich zur vollständigen Abwertung der Aktien und dem Verkauf der «coop Zentrale AG» an die «Metro AG». Übrig geblieben sind nur die Konsumgenossenschaften, die den Weg in die Aktiengesellschaft nicht mitgemacht haben (z. B. Kiel, Göppingen, Calw).[341] Die Marke «coop» wurde nicht mehr weitergeführt. Viele Konsumgenossenschaften im Westen haben ihre Tätigkeit beendet oder arbeiten mit EDEKA zusammen. In den letzten Jahren entstehen eine Reihe neuer Konsumgenossenschaften, zum Beispiel durch Erzeuger-Verbraucher-Genossenschaften und als Dorfläden.[342]

6.1.2 Wohnungsbaugenossenschaften

Nach dem Zweiten Weltkrieg war die Wohnungsnot in Deutschland groß. 45 Prozent der Wohnungen waren nicht mehr benutzbar. Vor allem Frauen machten sich an die Aufbauarbeit.[343] Etliche Wohnungsbaugenossenschaften, die während der Nazi-Zeit gleichgeschaltet worden waren, nahmen nun ihre Arbeit wieder auf. Arbeitergenossenschaften setzten sozialdemokratische Vorstände und Aufsichtsräte wieder ein und begannen mit dem Wiederaufbau. In der neu gegründeten Bundesrepublik hatten sie es nicht immer leicht. Anstatt den genossenschaftlichen Wohnungsbau zu unterstützten, setzte die konservative Nachkriegspolitik unter Bundeskanzler Konrad Adenauer, unterstützt durch die «Arbeitsgemeinschaft deutscher Familienverbände» (AGF) und die beiden christlichen Kirchen, auf den Bau von Eigenheimen für heterosexuelle Vater-Mutter-Kind-Familien.[344]

---

341 Zentralverband deutscher Konsumgenossenschaften e.V.: Irrweg Verbraucher AG. ZDK-Hamburg. https://www.zdk-hamburg.de/der-zdk/geschichte/irrweg-verbraucher-ag/ (Zugriff: 31.5.2020).

342 Siehe Abschnitt 7.4.

343 Vgl. Gisela Notz: Frauen in der Mannschaft. Sozialdemokratinnen im Parlamentarischen Rat und im Deutschen Bundestag 1948/49–1957, Bonn 2003, S. 27f.

344 Gemeinsame Verlautbarung der AGF-Verbände: «Entschließung zur Frage der Erstellung von Eigenheimen» vom 5. Januar 1955.

Ziel einer Familienheimgesetzgebung sollte es sein, «dass Zins und Amortisation des Heims die Miete einer entsprechenden Mietwohnung nicht übersteigen» und dass es den Müttern möglich wird, ihre Kinder zu Hause zu versorgen.[345] Es ging darum, die «Normalfamilie» mit Haupternährer und Zuverdienerin wieder herzustellen und die Ehefrauen ins Haus zurückzuführen. «Zahlreiche Aufgaben», so die Entschließung, «die sonst in Kindergärten und Altenheimen nur hilfsweise unter Heranziehung der freien und öffentlichen Wohlfahrtspflege gelöst werden müssen, könnten damit in den Bereich der Selbsthilfe der Familie zurückgeführt werden».[346] Und dies, obwohl in Deutschland vier von zehn Familien «Mutterfamilien», wie sie damals genannt wurden, waren. Für die Familienverbände aber waren das keine Familien. Es war wohl die erste gemeinsame Verlautbarung der drei AGF-Familienorganisationen: «Evangelische Aktionsgemeinschaft für Familienfragen» (EAF), «Familienbund der Katholiken» (FDK) und «Deutscher Familienverband» (DFV). Sie verwies ausdrücklich auf die Übereinstimmung mit «den beiden christlichen Kirchen» in Deutschland.[347] Es waren wenige sozialdemokratische Stimmen, die für einen anderen Wohnungsbau eintraten, noch weniger, die den Bau von Wohngenossenschaften propagierten. Es fehlten Wohnungen besonders für «alleinstehende» Frauen und ältere Menschen und für solche Familien, die sich trotz Familienheimzuschuss ein Eigenheim weder leisten konnten noch dieses anstrebten.

Eine der wenigen war die Sozialdemokratin Hedwig Meermann (1913–2000), die die Nazi-Zeit mit ihrem Kleinkind in einer Wohngemeinschaft überlebt hatte. Von ihr ist bekannt, dass sie sich als wohnungs- und städtebaupolitische Sprecherin der SPD-Bundestagsfraktion für die vernachlässigten Gruppen einsetzte.[348] Sie wandte sich gegen die Aufhebung der Mietpreisbindung und forderte den Bau von bezahlbaren Sozial- und Genossenschaftswohnungen auch für alternative Wohn- und

345 Heute wirbt die LBS (Bausparkasse der Sparkassen) mit dem Slogan: Kinderleicht zum Eigenheim für das Baukindergeld, vielleicht mit der gleichen Hoffnung.

346 Gemeinsame Verlautbarung der AFG-Verbände: Entschließung zur Frage der Eigenheime, vom 5.1.1955.

347 Ebd.

348 Vgl. Gisela Notz: Mehr als bunte Tupfen im Bonner Männerclub. Sozialdemokratinnen im Deutschen Bundestag 1957–1969, Bonn 2007, S. 196–229.

Lebensformen. Mit der Forderung nach bezahlbaren genossenschaftlichen Service-Häusern, die den BewohnerInnen Teile ihrer häuslichen Arbeiten abnehmen, und «Experimenten, die ein offenes Zusammenleben von Ein- und Mehrpersonenhaushalten zum Ziel haben», schloss sie an genossenschaftliche Konzepte der Weimarer Republik an.[349] Ähnlich sah das auch ihre Fraktionskollegin und stellvertretende Vorsitzende des Ausschusses für Familien und Jugendfragen, Marta Schanzenbach (1907–1997). Sie sah als Kriegerwitwe und alleine erziehende Mutter die Realität der Nachkriegszeit, wenn sie dazu aufforderte, Frauenwohngemeinschaften zu gründen: «Manche alleinstehende Frau kann einer anderen alleinstehenden Frau oder Witwe mit Kind einen Halt geben, wenn sie eine Wohngemeinschaft bilden.»[350] Durchsetzen konnten sich Schanzenbach und Meermann in der großen Politik nicht. Gefördert wurde das «traditionelle» Eigenheim für die Kleinfamilie «mit nichtberufstätiger Hausfrau und dem Wunsch nach Privatheit». Dieses Konzept förderte die Isolation der Frauen und sollte nach Ansicht von Hedwig Meermann der Vergangenheit angehören.[351] In der Realität gab es Wohngemeinschaften von Frauen und etliche SPD-Politikerinnen lebten selbst in solchen, denn der Wohnraum in Bonn war knapp, die «Diäten» relativ gering[352] und das Essen der gemeinschaftlich gekochten Mahlzeiten bot Raum für persönlichen und politischen Austausch. Im Zuge des Wiederaufbaues kam es in einzelnen Städten zum Bau von kommunalen Wohnblocks für «alleinstehende» Frauen. Bekannt sind sie aus Ulm und Schweinfurt. In beiden Städten wurden solche Häuserblocks schnell als «Drachenburg» bekannt.[353]

---

349 Hedwig Meermann: Soziale Chancengleichheit im Wohnungsbau. Exemplifizierung am Fall alleinstehender Frauen, in: frau und gesellschaft (46), 29.11.1973.

350 Notz: Frauen in der Mannschaft, S. 451.

351 Notz: Mehr als bunte Tupfen, S. 207.

352 Die Entschädigung im Jahr 1949 betrug 600 DM. Hinzu kam ein Tagegeld von 450 DM sowie eine pauschalisierte Auslagenerstattung von 300 DM und 600 DM Reisekostenersatz. Eine Alter- und Hinterbliebenenversorgung wurde erst 1958 eingeführt. Heute beträgt die Entschädigung 10083,45 Euro hinzu kommt eine Kostenpausschale 4418,09 Euro. https://de.wikipedia.org/wiki/Abgeordnetenentschädigung (Zugriff: 5.7.2020).

353 Siehe Gisela Notz: Schluß mit einsam! Frauen wohnen gemeinsam!, in: AEP-Informationen (2), 2008.

Unmittelbar nach dem Zweiten Weltkrieg gründeten sich auch einzelne Wohnungsgenossenschaften aus der Not heraus, um dringend benötigten finanzierbaren Wohnraum zu schaffen. Das Gründungsprinzip lautete auch zu dieser Zeit: Selbsthilfe. Man suchte Gleichgesinnte, nahm die Dinge selbst in die Hand, investierte – so man etwas auftreiben konnte – Kapital und Material und baute selbst etwas auf – für sich und für andere.

Ein Beispiel ist die «Haidforst eG» in Traunstein. Sie wurde im Oktober 1946 als die «Gemeinnützige Wohnungsbaugenossenschaft Haidforst eG» gegründet. Am 19.9.1953 konnte das Richtfest für die ersten Wohnungen gefeiert werden. Das Selbstverständnis der eG hat sich seit der Gründung nicht verändert. Das gesamte unternehmerische Handeln war stets auf den Fördergrundsatz der Mitgliederförderung im Sinne des § 1 des GenoGes ausgerichtet. Seit jeher ist auch die «Nachhaltigkeit» Bestandteil des Geschäftsmodells der «Haidforst eG».

Die Genossenschaft errichtete im Jahr 2019 ein neues Wohnhaus mit 16 Wohnungen. Ein weiteres mit dreißig Wohnungen ist geplant. Rund 500 Mitglieder finden in der Traunsteiner Genossenschaft heute in 495 Wohnungen nicht nur preiswerten Wohnraum, sondern auch Gemeinschaft, Mitbestimmungsrechte und Sicherheit. Heute ist die «Genossenschaft Haidforst eG» die größte Vermieterin in Traunstein.[354]

6.1.3 *Agrar- und Landwirtschaftsgenossenschaften*

Nach der Gründung der Bundesrepublik 1949 nahm der sich bereits seit der Jahrhundertwende anbahnende Strukturwandel von einer Agrar- zu einer Industriegesellschaft in einigen Bundesländern an Fahrt auf. Der «Deutsche Raiffeisenverband e. V.», der 1948 wieder gegründet wurde und dessen Präsident der Christdemokrat und Präsident des Deutschen Bauernverbandes Andreas Hermes (1878–1964) war, erhielt 1949 das Prüfungsrecht. Für die wachsenden Aufgaben waren die kleineren Genossenschaften immer häufiger auf die Anleitung und Beratung ihrer Verbände angewiesen, die sich nicht nur um den Wiederaufbau des Geldwesens kümmerten, sondern

---

354 HausBauHaus GmbH: Immobilienmakler I HausBauHaus Immobilien, auf: HAUSBAUHAUS Immobilien. https://www.hausbauhaus.com (Zugriff 21.4.2021).

auch um den Wareneinkauf, den Absatz und die Verwertung landwirtschaftlicher Erzeugnisse. Darüber hinaus bauten die Raiffeisengenossenschaften ihre Bildungseinrichtungen aus und erweiterten ihre Informations-, Beratungs- und Schulungsangebote. Damit reagierten die Verbände unter anderem auf die Agrarpolitik der Europäischen Gemeinschaft, welche für die Agrarwirtschaft der Bundesländer mit vielen kleinen und mittleren Betrieben eine enorme Herausforderung bedeutete.[355] 1972 kam es zur Neuordnung der ländlichen und gewerblichen Genossenschaftsorganisation. Als Dachverband entstand der «Deutsche Genossenschafts- und Raiffeisenverband» (DGRV). Unter seinem Dach sind seitdem neben den DRV die Spitzen- und Fachverbände der Kreditgenossenschaften, der gewerblichen Genossenschaften, der Konsumgenossenschaften sowie Unternehmen des genossenschaftlichen Verbundes organisiert.[356]

Die Agrargenossenschaften sind bis heute oft die größten Arbeitgeber und Steuerzahler in den Gemeinden. Darüber hinaus tragen sie durch nicht-landwirtschaftliche Nebenbetriebe wie Tankstellen und Autowerkstätten, Hofläden und Haus- bzw. Gartenmärkte sowie Gaststätten und Ferieneinrichtungen dazu bei, dass in ländlichen Regionen weitere Arbeitsplätze entstehen. Sie stellen eine Grundversorgung an Dienstleistungen sicher, die andere Anbieter aus ökonomischen Gründen vielfach nicht mehr aufrechterhalten.[357]

6.1.4 Schulgenossenschaften

Neue Genossenschaftsformen kamen in der 1949 gegründeten BRD hinzu. Dazu gehören zum Beispiel auch Schulgenossenschaften. Schulgenossenschaften gibt es heute einige, fast alle sind Walddorfschulen. Eine aus der Not der Nachkriegszeit durch Eltern gegründete und heute noch bestehende undogmatische Genossenschaft soll im Folgenden dargestellt werden.

---

355 Brendel: 150 Jahre Genossenschaftsverband. Brendel hat hierzu die Situation in Baden-Württemberg erforscht.

356 Rudolf Maxeiner, Gunter Aschhoff Herbert Wendt: Raiffeisen. Der Mann, die Idee und das Werk, Wiesbaden 1988, S. 132f.

357 Deutscher Raiffeisen Verband e.V.: Agrargenossenschaften. DRV. https://www.raiffeisen.de/agrargenossenschaften (Zugriff: 5.7.2020).

6.1.4.1 Schulgenossenschaft Eichenschule eG, Scheeßel

Das älteste Gymnasium im Landkreis Rotenburg (Wümme) betont in seinem Leitbild Genossenschaftlichkeit und Gemeinsinn als wesentliche Prinzipien der Schule. In der «Einheitsgemeinde» Scheeßel entstand bereits 1947, während der schwierigen Nachkriegszeit und noch vor der Gründung der BRD, durch die Initiative von Eltern, die ihren Kindern einen weiten Schulweg ersparen wollten, die Eichenschule. Zwölf Scheeßeler Eltern ließen sie 1948 ins Genossenschaftsregister eintragen. Seitdem gehen SchülerInnen in der Gemeinde im nördlichen Niedersachsen «genossenschaftlich in die Schule».[358]

Getragen wird die Schulgenossenschaft von ca. 2800 GenossenschafterInnen, überwiegend sind das die Eltern. Die Gemeinde Scheeßel und der Landkreis Rotenburg, die ev.-luth. Landeskirche und ein Teil der LehrerInnen der Schule gehören ebenfalls dazu. Die Kapazitäten der «Schulgenossenschaft Eichenschule eG» sind seit vielen Jahren gut ausgelastet. Die «genossenschaftlichen» Abschlüsse der AbsolventInnen sind überall anerkannt. Ca. 975 SchülerInnen besuchten im Mai 2020 die Eichenschule eG. Ihr ist ein Internat angegliedert, in dem 27 SchülerInnen untergebracht sind. Die Eichenschule ist Arbeitgeber von 65 Lehrkräften und 9 ErzieherInnen. Sie unterrichtet nach der Stundentafel 1 für Gymnasien des Landes Niedersachsen. Das Schulgeld betrug 2019/2020 für SchülerInnen aus dem Landkreis Rotenburg monatlich 105 Euro; für SchülerInnen von außerhalb des Landkreises 125 Euro.

6.2 Deutsche Demokratische Republik

Anders als in der BRD gestaltete sich das Genossenschaftswesen nach 1945 in der Deutschen Demokratischen Republik (DDR). Die Genossenschaften sollten aktiv an der staatlichen Planung der gesellschaftlichen Entwicklung teilhaben. Daher wurden sie besonders gefördert. Bereits unmittelbar nach dem Zweiten Weltkrieg war deutlich geworden, dass das Ziel der Sozialistischen Einheitspartei Deutschlands (SED), «sozialistische Produktionsverhältnisse» in der sowjetisch besetzten Zone und

358 Vgl. DGRV: Schulgenossenschaft Eichenwalde eG, Scheeßel. Genossenschaften in Deutschland. https://www.genossenschaften.de/schulgenossenschaft-eichenschule-eg-schee-el (Zugriff: 24.5.2020).

ab 1949 in der Deutschen Demokratischen Republik (DDR) zu verwirklichen, auch im kleingewerblichen Bereich realisiert werden sollte.[359] Ab 1948 schlossen sich vermehrt kleine Betriebe und Handwerksbetriebe zu Genossenschaften zusammen, um gemeinsam über Produktionsbedingungen und Arbeitspläne zu bestimmen.

Das Genossenschaftsgesetz von 1889 wurde außer Kraft gesetzt. Verbindliche Mustersatzungen traten an seine Stelle.[360]

Die verschiedenen Raiffeisengenossenschaften (inklusive der Raiffeisenkassen) wurden nach dem Territorialprinzip organisiert und auf Ortsebene in landwirtschaftlichen (Dorf-)Genossenschaften zusammengefasst. Zunächst wurde die Freiwilligkeit betont. Ab 1950/51 erfolgte dann der nicht immer freiwillige Zusammenschluss mit den ebenfalls auf Ortsebene entstandenen «Vereinigungen der gegenseitigen Bauernhilfe».[361]

Die Bildung von Genossenschaften sollte keinerlei Auswirkungen auf das Privateigentum an Produktionsmitteln haben. Auf der zweiten Parteikonferenz vom 9. bis 12. Juli 1952 beteuerte Walter Ulbricht, dass keine Absicht bestehe, Privatunternehmen zu enteignen. Es solle die Angelegenheit der Handwerker sein, sich in Produktionsgenossenschaften zusammenzuschließen und damit die Organisation der Arbeit und ihre eigenen Arbeits- und Lebensbedingen zu verbessern. Ob es der sich verschärfende Druck der Partei- und Staatsführung war oder die Einsicht, gemeinsam durch die Gründung von Genossenschaften, die später in volkseigene Betriebe (VEB) überführt wurden, bessere Arbeitsbedingungen und mehr Wirtschaftlichkeit erreichen zu können, kann nicht mehr beurteilt werden. Für die Betriebe hatte die Genossenschaftlichkeit jedenfalls positive Aspekte. Und das nicht nur in steuerlicher Hinsicht, sondern auch, weil sie bevorzugt mit Material versorgt wurden und durch die gemeinsame Nutzung von teuren technischen Anlagen quantitativ und qualitativ besser produzieren konnten.

Das Genossenschaftswesen in der DDR expandierte. Am erfolgreichsten war die Genossenschaftspolitik im Landwirtschaftssektor (Landwirtschaftliche Produktionsgenossenschaften, LPG), aber auch die Arbeiterwohnungsbaugenossenschaf-

---

359 Hahn, Hahn: Vom Ich zum Wir, S. 117.

360 Hans-Joachim Herzog: Genossenschaftliche Organisationsformen in der DDR, Tübingen 1982, S. 27.

361 Brendel: Zeitleiste 1945.

ten (AWG) expandierten. Der Staat unterstützte sie durch unentgeltliches Bereitstellen von Bauland. Weiterhin gab es in der DDR Produktionsgenossenschaften des Handwerks (PGH), Produktionsgenossenschaften der Binnenfischer (PGB), Produktionsgenossenschaften der See- und Küstenfischer (FPG), Gärtnerische Produktionsgenossenschaften (GPG).

6.2.1 Bankgenossenschaften

Kurz vor Ende des Zweiten Weltkrieges hatte die Rote Armee in der sowjetisch besetzten Zone Deutschlands die zeitweilige Schließung aller Banken angeordnet.[362] Aufgrund ihrer Bedeutung für die landwirtschaftliche Produktion wurde den ländlichen Raiffeisengenossenschaften bereits am 20. November 1945 die Aufnahme des ländlichen Warenhandels und des Bankgeschäfts wieder gestattet.[363] Parallel entstanden nach sowjetischem Vorbild bis zum Frühjahr 1946 die als bäuerliche Massenorganisation konzipierten «Vereinigungen der gegenseitigen Bauernhilfe» (VdgB). Diese sollten sich anfänglich vor allem auf die Aufgaben einer Berufsvertretung, die tierärztliche Versorgung und den Betrieb von Saatreinigungs- oder Viehdeckstationen konzentrieren. Auf politischen Druck beschnitten die VdgB jedoch bald die Aufgabenbereiche der Raiffeisengenossenschaften, beispielsweise durch den Aufbau von Maschinenausleihstationen.[364] Am 20. November 1950 beschlossen beide Organisationen schließlich ihre Verschmelzung unter dem Dach der VdgB. Damit wurden die Raiffeisengenossenschaften – die nun in «Bäuerliche Handelsgenossenschaften» (BHG) umbenannt wurden – schon in den Anfangsjahren der DDR in die staatliche Wirtschaftspolitik eingegliedert. Ihr Bankgeschäft be-

362 Vgl. Marvin Brendel: Die Transformation der ostdeutschen Genossenschaftsbanken nach 1989. BPB – Deutschland Archiv (01.7.2015). https://www.bpb.de/geschichte/zeitgeschichte/deutschlandarchiv/208818/die-transformation-der-ostdeutschen-genossenschaftsbanken-nach-1989 (Zugriff: 5.7.2020).

363 Befehl des Obersten Chefs der Sowjetischen Militär-Administration in Deutschland (SMAD) Nr. 146 vom 20. November 1945 über die Wiederaufnahme der Tätigkeit der landwirtschaftlichen Genossenschaften im sowjetisch besetzten Gebiet Deutschlands, Bundesarchiv (BArch), DN 1, Nr. 36181, Bl. 58.

364 Lothar Schneider: Das landwirtschaftliche Genossenschaftswesen in Thüringen am Beispiel der Raiffeisenorganisation von 1945 bis 1951, Halle-Wittenberg 2006, S. 186.

schränkte sich schnell auf die Annahme von Spargeldern und den Zahlungsverkehr für die ländliche Bevölkerung. Das Kreditgeschäft wurde – abgesehen von der begrenzten Vergabe kurzfristiger Kleinkredite – über die als Zentralinstitut agierende Deutsche Bauernbank (ab 1968 Bank für Landwirtschaft und Nahrungsgüterwirtschaft) abgewickelt.

Die Volksbanken bildeten wie in der BRD das zweite Standbein des genossenschaftlichen Bankwesens. Ihnen wurde die Wiederaufnahme ihrer Geschäftstätigkeit durch die sowjetische Militäradministration am 15. Januar 1946 gestattet. Zu den Aufgaben der nun als «(Genossenschafts-)Banken für Handwerk und Gewerbe» bezeichneten Banken zählte insbesondere die Förderung und Entwicklung des Handels, des Handwerks und anderen Kleingewerbes. So sollten sie zu einer verbesserten Versorgung der Bevölkerung mit Reparaturen und Dienstleistungen beitragen. Wie die Bäuerlichen Handelsgenossenschaften wurden auch die Gewerbebanken im Laufe der nächsten Jahrzehnte in das sozialistische Planungssystem eingebunden. Ein wesentlicher Schritt hierzu war das neue Musterstatut von 1970. Danach hatten die Banken nun im Rahmen ihrer Geschäftsbeziehungen und unter Anleitung staatlicher Organe «auf die Lösung der mit dem Volkswirtschaftsplan gestellten Aufgaben aktiv Einfluss zu nehmen».[365]

6.2.2 *Arbeiterwohnungsbaugenossenschaften*

Wohnungsgenossenschaften, die vor 1945 bestanden, wurden 1957 als «Gemeinnützige sozialistische Wohnungsbaugenossenschaften» (GWG) revitalisiert.[366] Mit der Bildung von «Arbeiterwohnungsbaugenossenschaften» (AWG) wurde an dem Selbsthilfegedanken der Arbeitersiedlungen, der seit Ende des 19. Jahrhunderts aufgekommen war, angeknüpft. Unter dem Motto: «In der AWG, Deine Wohnung» konstituierten sich in den 1950er-Jahren aufbauwillige aktive ArbeiterInnen. Nach dem Arbeiteraufstand vom Juni 1953 wurden im Rahmen der staatlich geförderten Wohnungspolitik verstärkt AWGs gegründet. Am 10. Dezember 1953 wurde die «Verordnung über die Zulassung der AWG als freiwilliger Zusammenschluss von Ar-

365 Marvin Brendel: Die Transformation der ostdeutschen Genossenschaftsbanken. (Zugriff: 1.6.2020).

366 Brendel: Zeitleiste 1945.

beitern, Angestellten und Angehörigen der Intelligenz zum genossenschaftlichen Bau und der Erhaltung von Wohnungen» erlassen.[367] Eine weitere Verordnung regelte die Finanzierung, wonach die Baukosten für die Genossenschaften zum überwiegenden Teil mit Krediten zu Vorzugsbedingungen finanziert wurden. Lediglich zwanzig Prozent der Kosten mussten aus Eigenmitteln von der jeweiligen AWG bereitgestellt werden. Mit dem «Gesetz über die Verleihung von Nutzungsrechten an volkseigenen Grundstücken» vom April 1954 wurde die unentgeltliche Überlassung von Grundstücken an die Wohnungsgenossenschaften geregelt.

Auch in der DDR war die Wohnungsnot in den Nachkriegsjahren groß. Die Zentralisierung und Rationalisierung des Wohnungsbaus wurde auch dort als Notwendigkeit betrachtet. Auf der Baukonferenz der DDR im April 1955 verkündete Walter Ulbricht, damals Erster Stellvertreter des Ministerrats der DDR, die Notwendigkeit «besser, schneller und billiger» zu bauen, unter Anwendung einer industrialisierten Bauweise. Z. B. mit der «Bildung der Brigade zur Weiterführung der generellen städtebaulichen Planung der Stadt Potsdam aufgrund einer Besprechung mit dem ZK der SED und dem Ministerium für Aufbau» vom 14. September 1956 schritt der Wohnungsbau voran. Ein Beispiel für eine in den 1950er-Jahren gegründete Wohnungsbaugesellschaft, die heute noch besteht, findet sich ebenfalls in Potsdam.

Es ist die «Potsdamer Wohnungsgenossenschaft 1956 eG». Nachdem in Potsdam durch den VEB Lokomotivbau «Karl Marx» und das Reichsbahnausbesserungswerk bereits zwei Wohnungsgenossenschaften entstanden waren, gründete sich am 5. März 1956 über den Trägerbetrieb Bau-Union Potsdam die dritte Arbeiterwohnungsbaugenossenschaft. Um die Genossenschaft zu gründen und diese in das Genossenschaftsregister der Stadt eintragen lassen zu können, mussten ihr damals mindestens fünfzig Mitglieder angehören. Zunächst war es bei den für damalige Verhältnisse hohen Genossenschaftsanteilen von 2500 Mark für eine Wohnung und den vielen nach Feierabend zu leistenden Aufbaustunden trotz der Wohnungsnot nicht ganz einfach, genügend interessierte Mitglieder zu finden. Erst im dritten Anlauf gelang der

---

367 60 Jahre Potsdamer Wohnungsgenossenschaft 1956 eG (Broschüre ohne weitere Angaben), S. 11.

Potsdamer AWG die offizielle Gründung. Danach ließen sich am 7. März 1956 die ersten Mitglieder in die Mitgliederliste eintragen.

Im März 1957 wurde eine neue Verordnung erlassen, nach der die Genossenschaftsanteile nach der Wohnungsgröße gestaffelt wurden: 1800 DM für eine Zwei-Raum-Wohnung, 2100 DM für eine Zweieinhalb-Raum-Wohnung und 2.400 DM für eine Drei-Raum-Wohnung. Das war einerseits unter den Einkommensbedingungen in der DDR der 1950er-Jahre noch immer viel Geld.[368] Andererseits waren und sind die Nutzungsgebühren (Mieten) damals und auch heute noch moderat. Tatsächlich wohnen etliche Gründungsmitglieder heute noch in Häusern der Genossenschaft.[369] Heute ist der Wohnungsbestand der Potsdamer Genossenschaft über das gesamte Stadtgebiet verteilt. Der Altbestand der Genossenschaft von 1956 wurde saniert und modernisiert.[370]

6.3 Wiederbelebung der Genossenschaften in der BRD ab den 1970er-Jahren

In der BRD kann erst für die 1970er- und 1980er-Jahre von einer Wiederentdeckung der Genossenschaftsbewegung gesprochen werden. In der Folge der 1968er-Revolte der Studentenbewegung und im Zusammenhang mit der Ökologie-, Selbstverwaltungs-, Frauen- und HausbesetzerInnenbewegung entwickelte sich eine große Zahl gemeinschaftlicher Arbeits- und Lebensformen, die den politischen Anspruch verfolgten, demokratische, möglichst selbstbestimmte Betriebsorganisationen zu schaffen.[371] Die meisten Projekte waren mit einer «sozialutopischen» Stoßrichtung verknüpft, indem sie eine Art praktisches Beispiel

---

368 Zum Vergleich: Ein junger Bauingenieur verdiente etwa 380,- DM monatlich.

369 60 Jahre Potsdamer Wohnungsgenossenschaft 1956 eG, S. 11.

370 Potsdamer Wohnungsgenossenschaft 1965 eG: Wohnen bei der PWG 1956 eG. PWG1956. https://www.pwg1956.de/wohnen-bei-der-pwg (Zugriff: 3.6.2020).

371 Vgl. Gisela Notz: Anders arbeiten – anders leben. Selbstverwaltete Betriebe als alternative Wirtschaftsmodelle gestern und heute, in: Alex Demirovic (Hg.): Wirtschaftsdemokratie neu denken, Münster 2018, S. 210–229.

für eine Vorwegnahme sozialistischer Strukturen im Kapitalismus sein wollten. In der Praxis ging es darum, eine gelebte Alternative zu den herrschenden kapitalistischen Verkehrsformen im Hier und Jetzt aufzubauen, was zugleich exemplarische Wirkung haben sollte: Es geht auch anders. Auch wenn nicht alle neu entstandenen selbstverwalteten Projekte und kollektiv geführten Betriebe als eingetragene Genossenschaft (eG) organisiert waren, feierte der Genossenschaftsgedanke nach dem Motto: «gemeinsam mehr erreichen, als alleine» ein Comeback.[372] Schließlich entwickelten Betriebe und Projekte eine praktische Vorstellung davon, wie eine genossenschaftliche Form von Arbeit aussehen könnte. Die Projekte der alternativen Ökonomie bewiesen auch, dass das Experimentieren mit realutopischen Inseln im Hier und Jetzt möglich ist. Die meisten Projekte richteten sich nach internen Kriterien der kollektiven Selbstorganisation. Bewusst oder unbewusst setzten sie an anarchistischen und sozialistischen Theorien (z. B. an Gustav Landauers *Anarchismus der Tat*) an, die noch vor dem Ersten Weltkrieg bzw. während der Weimarer Republik entwickelt wurden.[373] Eine besonders wichtige Rolle spielten dabei die selbstverwalteten oder Alternativbetriebe, die eine humane, ökologisch verträgliche und gesellschaftlich nützliche Produktion ermöglichen sollten, Hierarchien ablehnten und die als kritische Aneignung genossenschaftlicher Traditionen verstanden werden können. Zahlreiche Frauenbetriebe gehörten dazu.[374] Schließlich war das Anliegen der Frauenbewegungen nicht nur, Missstände aufzudecken, sondern zugleich an deren Veränderung zu arbeiten. Für sie führte die radikale Kritik an männerdominierten Strukturen in politischen Gruppen und auch in bereits bestehenden alternativen Projekten zu einer feministischen Gegenkultur.[375] Triebfeder für das Engagement war der Wunsch zur gemeinschaftlichen Arbeit, die möglichst von einer Gruppe im Konsens und bei gleichem finanziellem Risiko geleistet werden sollte. In diesen Gruppen sollten «persönliche Beziehungen und Arbeitsablauf in Überein-

372 Notz: Theorien alternativen Wirtschaftens, S. 87.

373 Gustav Landauer: Beginnen – Aufsätze über Sozialismus, Dortmund/Köln 1924; Notz: Theorien alternativen Wirtschaftens, S. 39 ff.

374 Vgl. Gisela Notz: 50 Jahre 1968. Warum flog die Tomate? Die autonomen Frauenbewegungen der Siebzigerjahre, Neu-Ulm 2018, 2. Aufl., S. 61f.

375 Ebd. sowie Notz: Theorien alternativen Wirtschaftens, S. 98–110.

stimmung gebracht werden».[376] Die meisten waren «Betriebe ohne Chefin», Hierarchien wurden als «männliche Strukturen» abgelehnt.

Trotz der immer wiederkehrenden Zweifel daran, ob es möglich war, autonome utopische Inseln innerhalb des Bestehenden oder am Rande des patriarchalen Kapitalismus aufzubauen, gründeten sich viele Gemeinschaften, weil sie aufzeigen wollten, dass es möglich ist, sich der kapitalistischen Leistungsgesellschaft (zumindest ansatzweise) zu verweigern und die Anhäufung großer Vermögen in den Händen weniger Unternehmer zu untergraben.[377]

Die Anzahl derartig genossenschaftlich organisierter Betriebe schätzte Joseph Huber 1979 für die Bundesrepublik und Westberlin auf über 300.[378] Die Erscheinungsformen der Projekte reichten von Selbsthilfegruppen erwerbsloser Jugendlicher über Handwerkerkollektive verschiedener Branchen bis zu Kollektivbetrieben und auch akademischer Berufe wie Verlage, Zeitungen und Zeitschriften sowie Transportunternehmen, Gruppenpraxen von Ärzten, Anwälten, Architekten und Ingenieuren. In vielen Gruppen waren Arbeit und Wohnen eine Einheit.[379]

Die Gründe dafür, genossenschaftlich im Kollektiv außerhalb der Form der eG zu wirtschaften, waren und sind vielfältig: Sie reichen von einem Informationsdefizit über diese Rechtsform und Skepsis gegenüber der Pflichtmitgliedschaft in einem genossenschaftlichen Prüfungsverband bis zur Kritik an der mangelnden politischen Radikalität im Blick auf ein anderes Leben und Wirtschaften, der angeblichen Orientierung der Genossenschaftsverbände ausschließlich an wirtschaftlicher Konkurrenzfähigkeit und der Tatsache, dass die Gesellschaftsform der Genossenschaft entweder auf die Organisation der Arbeit (Produktivgenossenschaft) oder auf das Wohnen (Wohnungsgenossenschaft) gerichtet ist. Auch die damals notwendigen

---

376 Margit Brückner, Simone Holler: Frauenprojekte und soziale Arbeit, Frankfurt/Main 1990.

377 Vgl. Id-Verlag: I. Zur Geschichte der Autonomen in der alten West-BRD. ein Abriß. Nadir.org. http://www.nadir.org/nadir/initiativ/id-verlag/BuchTexte/FeuerUndFlamme/FF2.html (letzter Zugriff: 14.4.2021).

378 Joseph Huber (Hg.): Anders arbeiten – anders wirtschaften, Dual-Wirtschaft: Nicht jede Arbeit muß ein Job sein, Frankfurt/M. 1979, S. 113.

379 Vgl. Klaus Müschen: «Lieber lebendig als normal!» Selbstorganisation, kollektive Lebensformen und alternative Ökonomie, Bensheim 1982, S. 107.

sieben Gründungsmitglieder setzten für Kleinbetriebe Grenzen. Viele selbstverwaltete Betriebe haben – auch im Blick auf die Skandale rund um den gewerkschaftlichen Riesenkonzern «Neue Heimat», die das Image aller Gewerkschaftsunternehmen schädigten, und die Umwandlung der «coop eG» in die «coop Aktiengesellschaft» auf Drängen des gewerkschaftlichen Bankensektors – eine genossenschaftliche Organisation abgelehnt.[380] Schließlich hatte das «Debakel mit der Coop und der Neuen Heimat» nicht nur den endgültigen Ausstieg der Gewerkschaften aus der Gemeinwirtschaft zur Folge, sondern schreckte auch AkteurInnen der Alternativökonomie ab.

Manche AkteurInnen kritisierten auch, dass die Rechtsform der eG für einen selbstverwalteten Betrieb mit nicht hierarchischen Strukturen, in dem Betriebsvermögen und Betriebsertrag der persönlichen Verfügbarkeit gänzlich entzogen sind, in dem es keine Hierarchien gibt und *alle* Entscheidungen kollektiv und möglichst im Konsens getroffen werden,[381] für selbstverwaltete Betriebe nicht ausreichend demokratisch ist. In ihren Betrieben gab es jede Woche «Generalversammlung» in Form eines Plenums, das alle Entscheidungen im Konsens traf. Dabei wurde übersehen, dass die Genossenschaftsidee mit ihrem Selbsthilfepotenzial gerade für innovative Betriebe und Projekte gute Lösungen bietet. Durch den Zusammenschluss in Genossenschaften konnten sie sich eine demokratische Rechtsform geben, mit der es möglich wurde, die bürokratischen Anstrengungen kollektiv zum Erfolg zu führen.[382] Einige Betriebe und Projekte wirken mit dem Selbstverständnis von Kollektiven gleichberechtigter Mitglieder bis heute.

Die bundesdeutschen Gewerkschaften und auch die traditionellen Genossenschaften begegneten dem alternativen Gründungsboom mit Skepsis; häufig mit absoluter Ablehnung. Da nützte das Appellieren der Selbstverwaltungsszene an den

380 Vgl. Burghard Flieger: Produktivgenossenschaft. Sowie Sperling: Ein Blick zurück, S. 27. Coop und Neue Heimat, die damals für Schlagzeilen sorgten, waren keine eGs, sondern Eigenbetriebe der Gewerkschaften. Das galt auch für die Bank für Gemeinwirtschaft (BfG).

381 Zur Begriffserklärung verschiedener kollektiver Betriebsformen vgl. Notz: Theorien alternativen Wirtschaftens, S. 28–31.

382 Vgl. Martens: Anders Wirtschaften, S. 40. Vgl. auch das Beispiel der «Schäfereigenossenschaft Finkhof eG», die sich als «Landkommune jugendlicher Aussteiger» 1979 bewusst für die Form der eG entschied und heute noch besteht. In: ebd., S. 155–159.

gemeinsamen Traditionsbestand an genossenschaftlichen Prinzipien wenig. Vor allem im konsum- und wohnungsgenossenschaftlichen Bereich wurde die Arbeitertradition im bundesdeutschen Genossenschaftswesen verdrängt. Daher hat sich auch der bundesdeutsche Genossenschaftssektor gegen die neuen Ansätze der Selbstverwaltungsbewegung abgeschottet. Das größte Hindernis dafür, dass sich die Zahl der Genossenschaftsbetriebe durch die Alternativbewegung erhöhte, lag offensichtlich bei den Strukturen der Genossenschaftsverbände. Sie waren damals dominiert durch den genossenschaftlichen Bankensektor und bezugs- und absatzgenossenschaftliche Zusammenschlüsse selbständiger Kaufleute oder Landwirte.[383] Tatsächlich gab es 1960 lediglich vierzig eingetragene Produktivgenossenschaften in der BRD.[384]

Die Prüfungsverbände verfügten über eine Art Zulassungsmonopol, das sie aktiv, indem sie den «Alternativen» vom genossenschaftlichen Format abrieten, oder passiv, indem sie keine Öffentlichkeitsarbeit für neue Genossenschaften leisteten, zur Abschottung nutzten.

Unternehmen, die – wie die selbstverwalteten Betriebe – den Beschäftigten gehörten, waren aus Sicht der wirtschaftsliberalen Genossenschaften, die sich auf Schulze-Delitzsch und Raiffeisen und nicht auf die sozialistischen Genossenschaften der 1870er-Jahre beriefen, ohnehin keine echten Genossenschaften.

6.3.1 Neue Zusammenschlüsse

Anfang der 1970er-Jahre entstanden aus diesem Dilemma heraus Ansätze alternativer Bündnisse neben den Genossenschaftsverbänden, die wie diese aus der Erkenntnis heraus entstanden sind, dass Zusammenschlüsse mehr erreichen können als Einzelne. Sie bezogen sich nicht ausschließlich auf selbstverwaltete Produktionsbetriebe, schlossen diese aber neben sozialen und anderen Projekten mit ein.

---

383 Vgl. Wolfgang Beywl: Selbstverwaltete und produktivgenossenschaftliche Unternehmen in Deutschland. Perspektiven für gewerkschaftliches Handeln? in Gisela Notz u.a. (Hg.): Selbstverwaltung in der Wirtschaft, Köln 1991, S. 42.

384 Vgl. DG-Bank: Die Genossenschaften in der Bundesrepublik 1989, Statistik, o.O. 1989, S. 20.

6.3.1.1 Netzwerk Selbsthilfe

Das «Netzwerk Selbsthilfe» ist im November 1978 in Westberlin durch Menschen gegründet worden, die aufgrund ihrer politischen Überzeugung in den bestehenden Institutionen keine Chancen auf Unterstützung hatten oder diese auch gar nicht wollten. Andere Netzwerke folgten in Freiburg und in Franken.[385] Die anfängliche Idee war, eine Versicherung für die Betroffenen der Berufsverbote im Öffentlichen Dienst zu schaffen. Oft arbeiteten diese für ein Einkommen an der Grenze des Existenzminimums in Alternativprojekten. Die Finanzierung sollte auf einem Solidaritätsfonds basieren, der ein Netz von selbsthilfeorientierten Projekten unterstützte. Im Jahre 1979 verzeichnete das Netzwerk circa 4000 Mitglieder aus dem Bundesgebiet und Westberlin.[386] Spenden, Einlagen, Beiträge wurden gesammelt und für Vorhaben, die sonst kein Geld bekommen hätten, weitergegeben. Wie in den Alternativbetrieben wurden Entscheidungen auch im Netzwerk gemeinsam getragen und Hierarchien sollten durch Kooperation ersetzt werden. Die Gelder wurden nach den Kriterien «Ökologie, Selbstverwaltung, Prinzip der zwischenmenschlichen Kooperation» vergeben. In den Unterstützungsfonds zahlten die Mitglieder monatliche Beiträge zwischen 5 und 50 DM ein. Das Geld ging auf Antrag den selbstorganisierten Projekten zu – meist in Form von Zuschüssen oder zinsgünstigen Darlehen. Die Entscheidungen fällte ein Beirat, in dem Geber und Nehmer gleichermaßen vertreten waren. Angesichts des großen Bedarfs von sozialen, pädagogischen und kulturellen Projekten kamen ökonomische Projekte offensichtlich zu kurz.[387] Das Netzwerk galt in den Anfangsjahren als «Bank der alternativen Bewegung». Da «normale» Banken heute auch Geld an «anzugslose Menschen» geben, wenn sie das Vorhaben für wirtschaftlich tragfähig halten, scheint die Zeit für solche Projekte besser geworden zu sein. Überflüssig

385 Vgl. Gisela Notz: Vernetzung wider Vereinzelung. Kooperationsansätze gewerblicher Selbstverwaltungsbetriebe, in: Burghard Flieger, Bernd Nicolaisen, Rolf Schwendter (Hg.): Gemeinsam mehr erreichen. Kooperation und Vernetzung alernativ-ökonomischer Betriebe und Projekte, München/Bonn1995, S. 60–74; hier: S. 64.

386 Netzwerk der politische Förderfonds: 40 Jahre Netzwerk – Der Beginn einer wunderbaren Zukunft. Netzwerk-selbsthilfe. https://www.netzwerk-selbsthilfe.de/netzwerk/40-jahre-netzwerk/ (Zugriff: 6.7.2020).

387 Notz: Vernetzung, S. 65.

ist das Netzwerk dennoch nicht geworden. Gemeinschaftliche Projekte, die abseits von ausgetretenen Pfaden entstehen, haben es offensichtlich immer noch schwer und brauchen Unterstützung.[388] In den letzten Jahren hat das Netzwerk vermehrt politische Kampagnen und Initiativen unterstürzt.

Weil Geschlechtergerechtigkeit kein Netzwerk-Kriterium war, gründeten Berliner Projekte-Frauen bereits 1982 ihr eigenes Netzwerk: das «Frauennetzwerk Goldrausch». Heute unterstützt das Frauennetzwerk Unternehmerinnen bei Existenzgründung und Investitionen mit zinslosen Darlehen. Seit März 2010 ist «Goldrausch» als bundesweit einzige Frauenfinanzorganisation beim Mikrokreditfonds Deutschland akkreditiert und vergibt darüber Mikrokredite zwischen 1000 und 10.000 Euro an Frauen.[389]

6.3.1.2 Das Netz für Selbstverwaltung und Selbstorganisation

Das im Mai 1985 gegründete «NETZ für Selbstverwaltung und Selbstorganisation» ist ein Verband von kleinen Betrieben und Organisationen, die nachhaltiges Wirtschaften praktizieren. Es fördert die Zusammenarbeit zwischen Kleinbetrieben und Projekten, um ihre Rolle in Wirtschaft und Gesellschaft zu stärken. Zunächst war es auf das Land Nordrhein-Westfalen begrenzt. Bis 1990 bestand es aus 16 Branchenverbänden und lokalen Netzwerken der Selbsthilfe. Im gleichen Jahr wurde auf der Mitgliederversammlung beschlossen, den Aufbau eines bundesweiten Zusammenschlusses von Betrieben und Projekten aus dem Bereich der alternativen Wirtschaft zu versuchen. Neben der Vernetzung von selbstverwalteten Betrieben und Projekten bietet es auch Weiterbildungsmaßnahmen an, um die Qualifikationen der Beschäftigten der alternativen Wirtschaft den veränderten Strukturbedingungen anzupassen und die Professionalisierung und Spezialisierung im Bereich der selbstverwalteten Wirtschaft voranzutreiben. Das NETZ gibt einen Rundbrief heraus und bietet Altersvorsorge und Absicherung für den Fall der Berufsunfähigkeit durch günstige Gruppenverträge und ausgewählte

388 Katja Grabert, Andreas Nowak: Netzwerk Selbsthilfe rückt sie ins Blickfeld, in: Contraste (301), Heidelberg 2009, S. 9.

389 Goldrausch e.V.: Goldrausch Mikrokredit. Goldrausch e.V.. https://www.goldrausch-ev.de/goldrausch-mikrokredit (Zugriff: 7.7.2020).

Geldanlagen an. Es kooperiert mit verschiedenen Netzwerken und Zusammenhängen alternativer Ökonomie. Es ist Mitglied in nationalen und europäischen kooperativen Verbänden.[390] Das 2006 als eG gegründete «NETZ-Kompetenzzentrum für Selbstverwaltung und Kooperation Berlin-Brandenburg» konnte sich durch Hilfe des «Netzwerk Selbsthilfe» etablieren.

6.3.1.3 Der Bundesverein zur Förderung des Genossenschaftsgedankens

Die Stärkung des Genossenschaftsgedankens und die Propagierung und Vermittlung der genossenschaftlichen Grundprinzipien der Selbsthilfe, Selbstverantwortung und Selbstverwaltung und ihre praktische Umsetzung waren die Gründe, die ebenfalls 1985 zur Gründung des «Vereins zur Förderung des Genossenschaftsgedankens» führten. Der Verein verweist nicht nur auf die beachtenswerte Tradition der Genossenschaften, sondern auch auf die «vielgestaltigen zukunftsweisenden Antworten auf die Herausforderungen unserer Zeit».[391] Er bietet Interessierten die Möglichkeit, den Genossenschaftsgedanken zu vermitteln und weiterzuentwickeln und unterstützt mit seinen Aktivitäten das Anliegen kooperationsbereiter Neugründer, die genossenschaftliche Organisationsform zu wählen und zu nutzen. Seit seiner Gründung arbeitet er auch mit Alternativökonomischen Gruppen und selbstverwalteten Betrieben zusammen und plädiert für die Öffnung der Genossenschaftsverbände für neue genossenschaftliche Sichtweisen. Zumindest bei einigen Verbänden stieß er auf offene Ohren.

Der Verein nahm auch die bis dahin verschüttete Debatte des Verhältnisses zwischen Gewerkschaften und Selbstverwaltungs- bzw. Genossenschaftssektor wieder auf: «Es gibt viele verschiedene Gründe, warum beide Seiten – Gewerkschaften und Genossenschaften – einen Dialog führen sollten: Berührungspunkte sind sowohl in Kultur, Tradition, Wirtschaftsdemokratie, Reformidee und Beschäftigungspolitik zu finden» hieß

---

390 netz: NETZ für Selbstverwaltung und Selbstorganisation. Netz-Bund. www.netz-bund.de (Zugriff: 24.3.2020). Siehe auch: Burghard Flieger: Vom Dienstleistungsverband zur bundesweiten Interessenvertretung für Selbstverwaltung: das NETZ, in: Flieger, Nicolaisen, Schwendter (Hg.): Gemeinsam mehr erreichen, Neu-Ulm 1995, S. 188-204.

391 Bundesverein zur Förderung des Genossenschaftsgedankens e.V.: Über uns. Genossenschaftsgedanke. https://genossenschaftsgedanke.de/ueber-uns/ (Zugriff: 24.3.2020).

es in einem Thesenpapier des Arbeitskreises «Gewerkschaften und Genossenschaften» im «Verein zur Förderung des Genossenschaftsgedankens 1989».[392]

6.3.2 Genossenschaftsgründungen der 1970er- und 1980er-Jahre

Ein Beispiel für eine Genossenschaftsgründung eines selbstverwalteten Betriebes kommt aus dem HandwerkerInnenbereich. Dieser selbstverwaltete Betrieb übernahm von Beginn an die Rechtsform der eG und ergänzte sie durch Aspekte der Selbstverwaltung. Sie ist exemplarisch dafür, dass es gelungen ist, Produktivgenossenschaften wieder in die wirtschaftspolitische Diskussion zu integrieren. Aus diesem Beispiel wird auch deutlich, dass bereits in den 1970er-Jahren auf ökologisches und sinnvolles Produzieren geachtet wurde. Im Zusammenhang mit der Ökologiebewegung der 1970er-Jahre entstand auch die «GLS Gemeinschaftsbank eG». GLS steht für «Gemeinschaftsbank für Leihen und Schenken».[393] Die GLS-Bank nahm ein Bedürfnis und einen politischen Anspruch, der aus den gesellschaftlichen Umbrüchen der 1970er-Jahre resultiert, auf. Sie ist ein Beispiel dafür, dass aus einer Bewegung von Menschen mit gemeinsamen Interessen eine Genossenschaftsgründung auch im Bereich der Kreditwirtschaft erfolgreich zu realisieren und fortzuführen ist.

6.3.2.1 Beispiel: Handwerker-Genossenschaft Mannheim

Die 1981 durch zehn junge SchreinerInnen gegründete «Handwerker-Genossenschaft Mannheim eG» feierte unter dem Motto «uferlose Begegnung» in einer leerstehenden Halle am Verbindungskanal Linkes Ufer ihre Eröffnung. Bewusst wählten die GründerInnen die Rechtsform der Genossenschaft für ihren «Betrieb in Selbstverwaltung». Sie wollten zeigen, dass man als eG hierarchiefrei und gleichberechtigt im Team arbeiten und nach dem Konsensprinzip Entscheidungen treffen kann. Das Motto der Handwerkergenossenschaft war wie bei vielen selbstverwalteten Betrieben: «Betrieb ohne ChefIn». Die verschiedenen Betriebsbereiche organisierten ihren Arbeitsalltag in Teams, die

392 Zit. nach Sperling: Ein Blick zurück, S. 27.

393 GLS Bank: Was heißt GLS? GLS. https://www.gls.de/privatkunden/faq/ueber-die-gls-bank-und-ihre-arbeit/was-heisst-gls/ (Zugriff: 7.4.2020).

den Betrieb gesamtwirtschaftlich im Kollektiv führten. Die notwendigen Strukturen zur Umsetzung – als Gegenentwurf zur vorherrschenden Unternehmenskultur und weitergehend als Genossenschaftsregeln – mussten erst entwickelt werden. Zum Betrieb gehörte auch ein kleiner «Genossenschaftsladen», der 1987 neu konzipiert wurde. Das Sortiment umfasste nun eigene Entwurfsarbeiten aus der Schreinerei und Klassisches aus der Möbelrestauration, ergänzt durch andere ökologische Produkte rund ums gesunde Wohnen und Schlafen. Wichtig war dem Kollektiv «raus aus der ‹Müsli-Ecke› hin zu Möbeln in modernem Design» zu kommen.[394]

Die Handwerkergenossenschaft besteht bis heute unter dem Namen «RobinKruso Handwerkergenossenschaft e.G». Sie hat ihre Gebäude noch immer am Linken Ufer in Mannheim und «ohne Chefin» geht's auch in die nächsten Jahre.[395] «RobinKruso» wurde zum guten Beispiel, dass sich Selbstverwaltung und eingetragene Genossenschaft nicht ausschließen.

6.3.2.2 Beispiel: GLS Gemeinschaftsbank eG

Die GLS-Bank ist als anthroposophische Bank aus der Waldorfschulbewegung entstanden. Den theoretischen Hintergrund der Waldorfpädagogik bildet die anthroposophische Menschenkunde Rudolf Steiners (1861–1925). GründerInnen waren Menschen, die im Ruhrgebiet eine der ersten Waldorfschulen gegründet hatten, die sie gemeinschaftlich finanzieren wollten. Keine der örtlichen Banken wollte damals einen Kredit für eine freie Schule gewähren. Da auch von öffentlichen Stellen keine Unterstützung zu erwarten war, griff die Elterngruppe zur Selbsthilfe und baute eine alte Villa in Bochum als Schulhaus um. Aus diesen Erfahrungen und um ihre Vision, «das Geldsystem zu verändern, damit Geld für die Menschen da ist, nicht umgekehrt», verwirklichen zu können, verfestigte sich der Entschluss, eine neue Bank zu gründen. 1974 wurde die nach der Selbstdarstellung der GLS «erste sozial-ökologische Universalbank der Welt» gegründet.[396] Sie hat – ebenfalls nach Anga-

394 «Müslis» wurden die AkreurInnen selbstverwalteter Betriebe damals oft genannt, aufgrund ihrer alternativen Lebensweise.

395 RobinKruso: ökologisch ausbauen und einrichten. Robinkruso. https://www.robinkruso.de (Zugriff: 24.3.2020).

396 GLS-Bank: Kunden wählen GLS-Bank zum Spitzenreiter. GLS (8.6.2011). https://www.gls.de/privatkunden/gls-bank/aktuelles/presse/kunden-waehlen-gls-bank-zum-spitzenreiter/ (Zugriff 9.4.2021).

ben der Bank – bis heute zehntausenden Unternehmen und Projekten zum Leben verholfen. Im Jahre 2003 übernahm die GLS-Bank die 1985 nach dem Motto: «nehmt den Banken das Geld weg» von AktivistInnen aus der Alternativ-, Friedens- und Antiatombewegung gegründete «Ökobank eG».[397] Die Ökobank wollte ihr Geld an Projekte geben, die von «normalen» Banken abgelehnt wurden. Sie wurde wenige Jahre nach der Gründung zur größten Alternativbank in Europa. Der frühe Erfolg konnte sich aus vielerlei Gründen nicht fortsetzen. Einige Jahre später war die Ökobank – als «Exot im Bankenverkehr» – gescheitert.[398] Sicher wurde die Konkurrenz im Bankwesen unterschätzt, auch wurden die politischen Wurzeln vernachlässigt und die Anbindung an die Alternativbewegung ging verloren. Der Genossenschaftsverband und der genossenschaftliche Prüfverband waren über die alternativen Eindringlinge offensichtlich von vornherein nicht glücklich und daher auch nicht unterstützend tätig.

Profitiert von den politischen Wurzeln der Ökobank hat die «GLS Bank eG». Die ursprünglich ganz in der anthroposophischen Bewegung verankerte und abgeschottete Organisation hat sich nach der Übernahme des Bankgeschäfts der Ökobank und der kirchlichen Genossenschaft «IntegraBank eG» im Jahre 2008 für den Umweltbereich und christlich-katholische Interessen geöffnet und ihr Selbstverständnis erweitert.[399] Durch die Übernahme der Ökobank war die Konkurrenz von links ausgeschaltet. Eine passende Bank für alternative Bewegungen ist die GLS-Bank aufgrund ihrer anthroposophischen Ausrichtung dadurch nicht geworden. Nicht von ungefähr wird kritisiert, dass sich die GLS-Bank «heute noch erschreckend unpolitisch verhält, wie auch keine gewerkschaftliche Arbeitnehmervertretung zulässt».[400] Die Alternativen- und Bewegungsprojekte nehmen die «GLS eG» in Anspruch, weil es mit dem Untergang der Ökobank keine wirklich alternative Bank (mehr) gibt.

---

397 Zum Scheitern der Ökobank eG siehe: Hans H. Münkner, Bernd Steyer: Was wurde aus der Ökobank? Universität Marburg (2012), Vorlesungsskript.
https://www.online.uni-marburg.de/isem/WS11_12/docs/oekobank.pdf (Zugriff: 7.4.2020).

398 Ebd., S. 20f.

399 Caspar Dohmen: Good Bank – Das Modell der GLS Bank, Freiburg/Breisgau 2011.

400 Münkner, Steyer: Was wurde aus der Ökobank, S. 21.

Die «GLS Gemeinschaftsbank eG» gehört dem Bundesverband der Deutschen Volksbanken und Raiffeisenbanken (BVR) und dessen Sicherungseinrichtung an. Ihre Zentrale befindet sich in Bochum, Niederlassungen gibt es in München, Hamburg, Frankfurt am Main, Stuttgart, Freiburg im Breisgau und Berlin.[401]

6.3.3 Betriebsübernahmen und Genossenschaften

Ein Gründungsmotiv für Genossenschaften kann die Übernahme von Betrieben, die von der Schließung bedroht sind, sein. Um Arbeitsplatzverluste in einzelnen Produktionsstätten zu verhindern, wurden in den 1980er-Jahren von Beschäftigten und auch in der IG Metall Ansätze zu Betriebsübernahmen diskutiert und praktiziert.[402] Auch nach der Wirtschaftskrise von 2009 sind sie wieder aufgenommen worden.[403] Wie schon zu Zeiten von Eduard Bernstein und Franz Oppenheimer stellte sich die Frage, ob die beschäftigten ArbeiterInnen überhaupt in der Lage seien, eine Fabrik zu übernehmen? Bei Betriebsbesetzungen, Streiks und Versuchen, Betriebe in Selbstverwaltung zu übernehmen, handelt es sich meist um – noch – vereinzelte Reaktionen der ArbeitnehmerInnen auf drohende Betriebsschließungen, und zwar durch die ursprünglichen Belegschaften selbst. Bisher gibt es in Deutschland nur einzelne Erfahrungen mit dieser Form der Arbeitsplatzsicherung. Anders als bei den selbstverwalteten Betrieben war es nicht in erster Linie der Wunsch nach selbstbestimmtem Arbeit und Leben, der zu Belegschaftsinitiativen führte, sondern es waren drohende Arbeitsplatzverluste, die den Anstoß gaben. Im Folgenden werden einige Beispiele aufgezeigt.

6.3.3.1 Beispiel: Die Glashütte Süßmuth

Ein prominentes Beispiel für eine Betriebsübernahme, die heute jedoch schon Geschichte ist, ist die Glashütte Süßmuth in Immenhausen, einer beschaulichen Kleinstadt nördlich von Kassel, die bis 1970 dem Unternehmer und Künstler Richard Süßmuth

401 GLS Bank: Geschichte – Bankgeschäft, das Schule macht. GLS. https://www.gls.de/privatkunden/gls-bank/zahlen-fakten/geschichte/ (Zugriff: 1.6.2020).

402 Vgl. Heinz Bierbaum: Renaissance der Belegschaftsbetriebe? Zur Diskussion in den Gewerkschaften, in: Luxemburg (3), 2011.

403 Vgl. Herbert Klemisch, Kerstin Sack, Christoph Ehrsam: Betriebsübernahme durch Belegschaften, Düsseldorf 2010, S. 17 ff.

gehörte, der sie von seinem Vater 1946 übernommen hatte. Die Belegschaft übernahm die Hütte, nachdem sie, nach anfänglichem Aufwärtstrend, durch die schlechte Geschäftsführung und unternehmerisches Unvermögen in wirtschaftliche Schwierigkeiten geraten war. Andere Arbeitsplätze hätten die Beschäftigten in der strukturschwachen Region kaum gefunden. Der Arbeitgeberverband boykottierte das Unternehmen, auch die zuständigen Gewerkschaften teilten keinesfalls vorbehaltlos die Begeisterung des zuständigen «beherzten» Gewerkschaftssekretärs, doch die Belegschaft soll gejubelt haben: «Die Ausbeutung des Menschen durch den Menschen haben wir in diesem Betrieb beseitigt.»[404]

Schließlich waren die 260 Beschäftigten nun «Arbeitereigentümer» und fortan ihre eigenen Arbeitgeber. Träger der Selbstverwaltung wurde der «Verein der Beschäftigten der Glashütte Süßmuth», dessen Ziel und Zweck «die Verwirklichung der Selbstverwaltung in der Glashütte Süßmuth durch die dort beschäftigten Arbeiter und Angestellten» war. Fast zwanzig Jahre lang hat sich das Modell mit kleinen Modifizierungen gehalten, dann wurde die «privatwirtschaftliche» Note wieder hergestellt. 1989 herrschte ein gesellschaftliches Klima, in dem die Notwendigkeit, Unternehmen nach den Grundsätzen kapitalistischer Wirtschaft auszurichten, kaum mehr in Frage gestellt wurde, wie das 1970 zumindest in Ansätzen der Fall war. Jedenfalls konnte nicht mehr mit breitem Widerstand der Beschäftigten gegen die Re-Kapitalisierung gerechnet werden. Die Diffamierungen im Blick auf die «Genossenschaftshütte», die den Träumen «bolschewistischer Westlandreiter»[405] entsprungen sei, standen schon zu Beginn der Arbeiterübernahme auf der Tagesordnung. Hinzu kamen ökonomische Probleme, die die Banken ausnutzten, indem sie dem unerfahrenen Kunden horrende Zinsen abknöpften. Allerdings konnte auch eine Re-Kapitalisierung von 1989 die Glashütte und die Arbeitsplätze nicht retten. 1996 wurde die Hütte stillgelegt.

---

404 Vgl. Gisela Notz: Selbstverwaltung – mehr als Beteiligung und Mitbestimmung. Beispiele aus drei Betrieben, in Notz, Heß, Buchholz, Bühler (Hg.): Selbstverwaltung in der Wirtschaft: Alte Illusion oder neue Hoffnung?, Köln 1991, S. 99–106; Dies.: Den Betrieb übernehmen. Von der Krisenbearbeitung zu gesellschaftlicher Transformation, in: express (o. Nr.), 26.8.2012.

405 Zeitschrift des Deutschen Gewerbeverbandes e. V.: Der Selbstständige, April 1970.

6.3.3.2 Beispiel: Produktkonversion im Zusammenhang mit Betriebsübernahmen

Der Beweis, dass Betriebsübernahmen nicht funktionieren können, wurde damit aber nicht erbracht. Immer wieder gab es Versuche, so z. B. 1983 bei den Voith-Werken in Bremen. Fünfzig ehemalige Beschäftigte konnten die drohende Schließung verhindern und gründeten die «AN Maschinenbau- und Umweltschutzanlagen GmbH» als selbstverwalteten Betrieb. AN ist ein Beispiel dafür, dass Betriebsübernahmen mit einer Konversion in gesellschaftlich nützliche Produkte einhergehen können. AN stand jetzt für «Arbeitnehmer» und stellte ökologische Produkte (Blockheizkraftwerke, Anlagen für Biogas und Windkraftanlagen) her. Das Vorhaben konnte gelingen, weil es durch den Betriebsratsvorsitzenden, den Innovationskreis der Hamburger IG Metall und den SPD-geführten Bremer Senat unterstützt wurde. Nach einigen Turbulenzen wurde der Betrieb 1997 zur «AN Windenergie». Bis Übernahme durch die «Siemens Power Generation» 2005 war «AN Windenergie» einer der deutschen Marktführer im Windenergiesektor. Die Zahl der Beschäftigten war zwischen 1997 und 2005 von 60 auf 270 angewachsen. Beschäftigungspolitisch war die Betriebsübernahme ein Erfolg. Allerdings gibt es die beiden anderen Produktlinien nicht mehr. Und das Selbstverwaltungsmodell ist seit 1989 schrittweise zurückgenommen worden. Die ursprünglichen Ziele der Selbstverwaltung wie selbstbestimmtes Arbeiten, Einheitslohn, Abkehr vom Profitprinzip und die Herstellung von sozial nützlichen und ökologisch vertretbaren Produkten wurden im Laufe der Zeit mehr oder weniger über Bord geworfen.[406] Sie erscheinen heute noch als gelebte Utopie. «Geblieben ist ein Stück vom damaligen Sendungsbewusstsein», das allerdings seit der Übernahme durch Siemens verschwindet. Immerhin gibt es ein Mehr an Mitbestimmung für den Betriebsrat und bessere Zugänge zu allen Informationen. Der Genossenschaftsexperte Heinz Bierbaum führt die Zurücknahme der Selbstverwaltung auch auf die Konzentration auf Windkraft und die Kooperation mit anderen Unternehmen zurück.[407]

Betriebsübernahmen können mit einer Produktkonversion einhergehen, wenn sich Menschen damit auseinandersetzen,

---

406 Klemisch, Sack, Ehrsam: Betriebsübernahme, S. 17ff.

407 Heinz Bierbaum: Renaissance der Belegschaftsbetriebe, in: Luxemburg (3), 2011.

ob der Erhalt eines Betriebes sinnvoll ist. Die Produkte, die in großen Fabriken erzeugt werden, sind oft alles andere als sinnvoll. Sie können unnütz sein, sie können schädlich sein oder sie können gar hergestellt werden, um das Leben von Menschen zu bedrohen. Das wichtigste Beispiel für *Produktkonversion* kann unter der Maxime «Produkte für das Leben statt Waffen für den Tod» zusammengefasst werden.[408] Der 1976 durch den Ingenieur, Gewerkschaftsaktivisten und damaligen Chef-Konstrukteur beim englischen Luftfahrtkonzern «Lucas Aerospace», Mike Cooley, vorgestellte «Lucas-Plan» sah vor, statt Waffen, sozial nützliche Güter herzustellen. Das waren z. B. von den Beschäftigten selbst entwickelte, gut ausgetüftelte Konzepte für die Herstellung von Solarheizsystemen, künstlichen Nieren oder einen Straßen-Schienen-Bus. So sollten nicht nur die Arbeitsplätze erhalten, sondern die Produktion auf gesellschaftlich nützliche Produkte umgestellt werden. Mit der Produktkonversion wurden damals «nur die Konsequenzen aus einer Reihe von Widersprüchen gezogen». Zu diesen Widersprüchen gehörte der Gegensatz zwischen Hochtechnologie und Armut, zwischen dem was industrielle Fertigung leisten konnte und der gesellschaftlichen Realität: «Wir haben damals bei Lucas Areospace die raffiniertesten Maschinen produziert, Hochpräzisionsgeräte angefertigt, Nachbrenner für Düsentriebwerke gebaut und Bordcomputer für Militärjets entworfen. Wir arbeiteten mit hoch belastbarem, aber leichtem Material, wir hatten Versuchseinrichtungen und Klimakammern, in denen die Bedingungen des Weltraums simuliert werden konnten – und draußen, vor den Werkstoren, starben in Britannien jeden Winter Tausende von alten Leuten an Unterkühlung, weil sie sich keine Heizung leisten konnten.»[409]

Die Vorschläge des Alternativplanes wurden von der Konzernleitung nicht angenommen. 1981 wurde Mike Cooley entlassen. Die Begründung für die Ablehnung des Planes, der nicht nur durch die Friedensbewegung, sondern auch durch die Labour-Partei – weniger durch die Gewerkschaften – unterstützt wurde, war eindeutig: Das Kommando über das, was im Konzern produziert wird, gibt die Konzernleitung. Die Gewerkschaften und mit ihnen die Labour-Führung ließen das Projekt fallen.

---

408 Mike Cooley: Produkte für das Leben statt Waffen für den Tod, Reinbek 1982.

409 Zit. nach: Pit Wuhrer: Sie planten die bessere Zukunft, in: WOZ(07), 15.2.2007.

Die Spitze der Technikergewerkschaft TASS stand dem basisdemokratischen Ansatz der Lucas-ArbeiterInnen ohnehin höchst skeptisch gegenüber. Deren Initiative entsprach ihren Vorstellungen vom «demokratischen Zentralismus» nicht. Auch mit dem Ansatz einer sinnvollen, nicht zerstörerischen Arbeit, die den Menschen dient, konnten die Trade Unions wenig anfangen.[410]

6.3.3.3 Beispiel: Das revolutionäre Fahrrad

Im Oktober 2007 wurde «Bike Systems» in Nordhausen, eine Fahrradfabrik, die aus dem Industrieverband Fahrzeugbau (IFA-Kombinat) hervorgegangen war und 1989 den Übergang von der Planwirtschaft zur Marktwirtschaft nicht geschafft hatte, von der Belegschaft besetzt und anschließend in Selbstverwaltung übernommen. Dieser Besetzung wurde von Öffentlichkeit und Medien großes Interesse entgegengebracht.[411] Die Fabrik hatte mehrere Eigentümerwechsel und die Machenschaften von «Heuschrecken» erfahren und stand vor dem Aus. Die 130 FahrradwerkerInnen übernahmen den bereits geschlossenen Betrieb in Eigenregie, ohne Chef und zum Einheitslohn, belebten die Produktion von Fahrrädern wieder und fertigten die knallroten «Strike Bikes» – mit der schwarzen Katze als Emblem und Markenzeichen der AnarchistInnen produziert. Sie bekamen Aufträge und Solidaritätsbekundungen aus aller Welt.[412] Die 1830 Exemplare der ersten Strike-Bike-Produktion waren schnell verkauft. Die «Freie Arbeiterinnen- und Arbeiterunion (FAU)», andere selbstverwaltete Betriebe und Menschen aus sozialen Bewegungen unterstützten das Vorhaben von Anfang an. Die ArbeiterInnen machten solidarische Erfahrungen, die sie noch nie erlebt hatten. Nach Angaben eines Arbeiters herrschten «Zusammenhalt, Gleichheit und echte Freundschaft» unter den Männern und Frauen im Betrieb: «Es gab keine Rivalitäten, keine Grüppchenbildung, keine Arbeit im Stechschritt, dafür entspanntes Arbeiten und ein Lächeln auf den Lippen.» Dass ein Anstoß zur kollektiven Strike-Bike-Produktion ausgerechnet von der anarchosyndikalistischen FAU kam, missfiel damals manchen in der IG Metall.[413]

---

410 Notz: Den Betrieb übernehmen.

411 Siehe express (08–09), 2007 und express (05), 2008.

412 Vgl. Hans-Gerd Öfinger: Selbstverwaltet und ohne jede Bevormundung, in: Neues Deutschland (242), 16.10.2010.

413 Hans-Gerd Öfinger: Was bleibt vom Strike Bike?, in: Neues Deutschland (250), 26.10.2017.

Nach dem Bericht eines Kreuzberger Kollegen wollte die zuständige IG Metall in Nordhausen von den Aktionen nichts wissen. Die IGM soll die Belegschaft zwei Monate hingehalten und versucht haben, sie zum Aufgeben zu überreden. Zur Eröffnung erschienen neben PressevertreterInnen, VertreterInnen der FAU auch «weitere Gewerkschaften aus anderen Ländern».[414] Erst als sicher war, dass die Kampagne Erfolg haben würde, haben sich PolitikerInnen mit den roten Fahrrädern fotografieren lassen und die IGM Leipzig lud zu einer Pressekonferenz ein, bei der allerdings die FAU, die die Werbung für Strike Bike und den Verkauf der Räder unterstützt hatte, ausgeschlossen war. Doch der Plan, eine Genossenschaft mit Einlagen der Mitarbeiter zu gründen, scheiterte schließlich am Geld. Die Thüringer Landesregierung zeigte kein Interesse, sie sah keine Möglichkeit, auf unternehmerische Entscheidungen Einfluss zu nehmen.

Am Ende hatten jedoch weder die IG Metall noch die FAU, geschweige denn die Politik, weitergehende Perspektiven zum Erhalt der Nordhäuser Fahrradproduktion anbieten können. So hatten auch Ideen für sinnvolle alternative Produkte und Projekte mit tatkräftiger Unterstützung durch die örtliche Fachhochschule und staatliche Stellen wie die Landesentwicklungsgesellschaft keine Chance auf Umsetzung. Im Oktober 2007 wurde die Strike-Bike-Produktion beendet, viele Beschäftigte verließen die Firma. Am 1. November 2007 fügten sich die stolzen FahrradwerkerInnen schließlich den «Sachzwängen» des Insolvenzverfahrens und räumten schweren Herzens den Betrieb. Die meisten Anlagen wurden demontiert und nach Ungarn gebracht. Einige der verbliebenen ArbeiterInnen gründeten unter großen finanziellen Opfern die Strike Bike GmbH und produzierten auf dem verlassenen Gelände weiter. Sie wollten die Tradition der Fahrradproduktion fortsetzen, konnten auf Dauer aber dem Druck des kapitalistischen Marktes und der Wirtschaftskrise nicht standhalten. 2011 mussten auch die wenigen letzten GesellschafterInnen Insolvenz anmelden.[415]

Was bleibt also vom Strike Bike? «Es ist der Stolz, sich im Kampf um die Arbeitsplätze nicht geschlagen gegeben zu haben, die Besetzung und selbstverwaltete Produktion durchgezogen zu haben. Es ist auch die Erinnerung an gelebte Solidarität», brachte es ein Vertreter der IG Metall Nordhausen auf

414 Notz: Den Betrieb übernehmen.

415 Notz: ebd.

den Punkt.[416] Vielleicht gelingt es ihm bei einer nächsten Gelegenheit seine Gewerkschaft von der Wichtigkeit der solidarischen Unterstützung durch die große IG Metall zu überzeugen. Was bleibt, ist also auch die Hoffnung, dass sich künftige Belegschaften im Kampf um ihre Arbeitsplätze am Elan der Strike Biker orientieren, aus ihren Erfahrungen lernen, noch weiter gehen und die «heilige Kuh» des kapitalistischen Privateigentums in Frage stellen. Dass besetzte, selbstverwaltete und teilweise unter dem Druck der Belegschaft verstaatlichte Betriebe auch unter höchst widrigen Bedingungen überleben können, zeigen aktuelle Beispiele aus Brasilien, Venezuela und anderen Ländern der Welt.[417]

6.3.3.4 Befreite Inseln im Kapitalismus?

Nach den beschriebenen Niederlagen stellt sich die Frage, ob es überhaupt möglich ist, befreite Inseln im Kapitalismus zu schaffen. Doch nicht nur im Hinblick auf die gravierenden ökonomischen und sozialen Probleme, die weltweite Wirtschafts-, Finanz- und Umweltkrisen mit sich bringen, ist ein Umdenken notwendig. Betriebsübernahmen können eine reale Chance darstellen, nicht nur das Interesse der Arbeitenden an ihren Arbeitsplätzen zu befriedigen, sondern darüber hinaus Möglichkeiten für sinnvolle Arbeit unter weniger entfremdeten und krankmachenden Arbeitsbedingungen für die Herstellung von sozial nützlichen Produkten zu schaffen.

Wesentliche Erfolge bei den vorgestellten und vielen weiteren Betriebsübernahme-Projekten dürften vor allem in den Politisierungseffekten liegen. Oft handelte es sich bei den Betriebsübernahmen um betriebspolitisch kaum aktive Belegschaften, die sich innerhalb kürzester Zeit solidarisierten und mobilisierten. Sie machten die Erfahrung, erfolgreich selbstständig agieren und arbeiten zu können, ohne Chefs und Hierarchien. Ihnen kann man nicht mehr erklären, dass das unmöglich ist. Eine Voraussetzung für das Gelingen solcher Vorhaben ist vor allem die Unterstützung der zuständigen Gewerkschaften, die jedoch oft schwer zu bekommen ist; und das Herstellen einer breiten Öffentlichkeit. Bernd Riexinger und Lia Becker erinnern ebenfalls daran, dass den Gewerkschaften und linken Akteuren

416 Öfinger: Was bleibt vom Strike Bike?

417 Siehe Sven Giegold, Dagmar Embshoff (Hg.): Solidarische Ökonomie im globalisierten Kapitalismus, Hamburg 2008, S. 128–173.

bei Betriebsübernahmen Konzepte fehlten, wie etwa bei Opel Bochum und den Schlecker-Frauen.[418] Die Automobilindustrie (männliche Stammarbeiter) wurde anders als Schlecker (24000 Verkäuferinnen) mit staatlichen Subventionen und Abwrackprämie gestützt. Aber in beiden Fällen wurden die Betriebe geschlossen. Einige Verkäuferinnen versuchten Genossenschaften zu gründen und wurden dann doch zu kleinen Selbstständigen, die ihre Filialen mit ihrem eigenen Geld kauften. Von den sieben gegründeten Läden bestanden 2017 noch drei. Gegen die Drogistenkonkurrenz von dm, Roßmann und Müller können auch sie kaum konkurrieren.[419] Wichtig wären Versuche von und Erfahrungen mit Betriebsübernahmen in Betrieben, die nicht in den roten Zahlen stehen. Solche Übernahmen sind bis jetzt nicht bekannt geworden – was nicht heißt, dass es sie nicht gibt oder in der Zukunft nicht geben kann. Die Genossenschaften werben für die Übernahme von Familienbetrieben und anderen Kleinbetrieben, die keine NachfolgerIn haben, in Genossenschaften. Leider gibt es Anzeichen dafür, dass Steuerberater davon abraten. Auch hier ist Aufklärung notwendig.

6.4 Neue Bedeutung der Genossenschaften nach der «Wiedervereinigung»

Nach der Wiedervereinigung der beiden deutschen Staaten existierten im marktwirtschaftlichen System der BRD viele tausend gewerbliche Agrar- und Wohnungsgenossenschaften, die den dort tätigen ArbeitnehmerInnen gehörten, denn die DDR verfügte gegen Ende ihrer staatlichen Existenz über einen bedeutsamen genossenschaftlichen Sektor.[420] Mit dem Anschluss der fünf neuen Bundesländer an die BRD gab es plötzlich Hunderttausende produktivgenossenschaftliche Arbeitsplätze im deutschen marktwirtschaftlichen System. Zu Beginn der 1990er-Jahre sollten Produktivgenossenschaften daher im wiederver-

418 Bernd Riexinger, Lia Becker: For the many, not the few. Neue Initiative für sozial-ökologische Wirtschaftsdemokratie, in: Alex Demirovic (Hg.): Wirtschaftsdemokratie neu denken, Münster 2017, S. 118–140; hier: S. 137.

419 Siehe hierzu auch: Gisela Notz: Verkäuferinnen der ehemaligen Drogeriekette Schlecker gründen Genossenschaften, in: Lunapark21 (22), 2013.

420 Wolfgang Beywl: Selbstverwaltete und produktivgenossenschaftliche Unternehmen, S. 40f.

einigten Deutschland eine neue Bedeutung gewinnen. Darauf war die westdeutsche Marktwirtschaft nicht vorbereitet. Sozial- und WirtschaftswissenschaftlerInnen stellten sich die Frage, ob die produktivgenossenschaftliche Idee in der Situation der Wiedervereinigung der beiden deutschen Staaten Überlebens- oder gar Ausbreitungschancen hatte. Oder ob das harte Klima sozial- und wirtschaftspolitischer Restaurierungsprozesse in Gesamtdeutschland den Handlungsspielraum genossenschaftlicher Organisationsformen sogar einschränken würde.[421]

Der westdeutsche Typus der Marktwirtschaft schließt – im Gegensatz etwa zum italienischen oder französischen Typus – die Existenz eines bedeutsamen Sektors von Betrieben in Arbeitnehmerhand aus. Die offizielle Statistik zeigte 1989 ganze 18 eingetragene Produktivgenossenschaften, Wolfgang Beywl rechnete zusätzlich mit 20 Neugründungen, die «den Zählern entgangen» sind, und mit der gleichen Zahl Produktivgenossenschaften, die als Dienstleistungs- oder Konsumgenossenschaften gegründet wurden, um die Hürden zu umgehen, die einer registergerichtlichen Eintragung als «Urproduktivgenossenschaft» entgegenstehen. Als Haupthindernis für die mangelhafte Ausbreitung von Produktivgenossenschaften in der «alten» BRD sah er das Blockadeverhalten des konservativen bundesdeutschen Genossenschafts-Verbandswesens gegen die bereits erwähnten in den 1970er-Jahren entstandenen neueren Ansätze einer von den Produzenten getragenen «Wirtschaft von unten».[422] Mit der Vereinigung beider deutscher Staaten kam es dann zur Vervielfachung des arbeitnehmereigenen Unternehmenssektors mit erheblichen Marktanteilen im vereinten Deutschland. Dem harten Klima sozial- und wirtschaftspolitischer Restaurierungsprozesse in Gesamtdeutschland waren offensichtlich viele der bis dahin florierenden Betriebe und Einrichtungen nicht gewachsen. Auch die Hoffnung auf einen «dritten Weg» zwischen Kapitalismus und Sozialismus, wie sie mit dem Untergang des «real existierenden Sozialismus» wieder neu aufflackerte, blieb auf der Strecke. Der Mut zur Utopie, das heißt, zum prinzipiell gesellschaftsverändernden Denken, schien verlorengegangen zu sein.[423] Die «Freie»

421 Vgl. Ebd., S. 41.

422 Ebd., S. 42. Siehe hierzu auch die Abschnitte 6.3.1 und 6.3.2

423 Vgl. Gisela Notz u.a.: Einleitung der HerausgeberInnen, in dies (Hg.): Selbstverwaltung in der Wirtschaft. Alte Illusion oder neue Hoffnung?, Köln 1991, S. 12.

Markt- und Unternehmenswirtschaft schien ohne Alternative dazustehen. Die «Treuhand» stand vor der Aufgabe, eine ganze Volkswirtschaft nach den Grundsätzen der sozialen Marktwirtschaft zu privatisieren und die «Effizienz und Wettbewerbsfähigkeit der Unternehmen zu sichern» oder, wenn das nicht möglich war, stillzulegen. Die kurz nach der «Wende» beschriebene Hoffnung, dass wettbewerbsfähige DDR-Betriebe keine KäuferInnen finden könnten und stattdessen die Belegschaft sie als Genossenschaft übernehmen würde, um so auch ökologische Nischen zu erschließen und sich neue Impulse für den Genossenschaftssektor ergeben könnten, ist so nicht erfüllt worden.[424]

6.4.1 DDR-Genossenschaften

Alleine die Konsumgenossenschaften besorgten rund 40 Prozent des Lebensmittelumsatzes der DDR. Die 3900 Landwirtschaftlichen Produktionsgenossenschaften (LPG) mit 730.000 Beschäftigen (das entsprach über 80 Prozent der in diesem Sektor Beschäftigten) bewirtschafteten bis zur Wende rund 95 Prozent des Ackerlandes.[425] Die insgesamt 3000 Produktionsgenossenschaften der Handwerker, Gärtner und Fischer erbrachten mit ihren 160.000 Mitgliedern zusammen mit weiteren 50.000 beschäftigten Nichtmitgliedern 41 Prozent der Gesamtleistungen in diesen Branchen. Die quantitative Bedeutung der Produktivgenossenschaften wäre noch größer gewesen, wenn nicht 1972/73 viele der großen PGHs in volkseigene Betriebe (VEB) umgewandelt worden wären.[426]

Beywl verwies in seinem 1991 veröffentlichten Beitrag darauf, dass die Genossenschaften unter dem SED-Regime relativ gut gewirtschaftet hätten. Das zeige sich nicht nur in ihren Betriebsergebnissen, sondern auch in ihren Beiträgen zur Sozial- und Infrastruktur. Er verwies auf Kaufhallenbau, Betreiben von Kindergärten und ähnliche Aktivitäten. Das sei auch der Grund gewesen, dass sie nach der Wende über ein gutes Image innerhalb der ostdeutschen Bevölkerung verfügt hätten.[427]

Dennoch haben sich bereits während der unsicheren und durch westliche Desinformationspolitik geprägten Umbruchpha-

424 Ebd., S. 17.

425 Deutscher Raiffeisen Verband: Agrargenossenschaften.

426 Beywl: Selbstverwaltete Unternehmen, S. 44.

427 Ebd.

se in der ersten Jahreshälfte 1990 vor allem viele Produktionsgenossenschaften des Handwerks in privatwirtschaftliche Unternehmen umgewandelt oder wurden «kalt enteignet».[428] Ihnen folgten zahlreiche LPGs. Durchkapitalisierung der Gesellschaft, Privatisierung sozialer Risiken und Zentralisierung politischer Entscheidungsstrukturen, waren scheinbar nicht mit genossenschaftlichen Strukturen zu vereinen. Befördert wurde nun die Umwandlung der Genossenschaften in Vermögensverwaltungsgesellschaften; der eigentliche Genossenschaftsgedanke trat dabei in den Hintergrund. Zwar hatten die ostdeutschen Genossenschaften die Möglichkeit im Wege der Umwandlung in die bundesdeutsche Rechtsform eG eingetragene Genossenschaft nach den westlichen Gesetzen zu werden. Das vollzogen immerhin die aus den LPGs hervorgegangenen mehr als 1000 Agrargenossenschaften, die Anfang der 2000er-Jahre noch etwa ein Viertel der landwirtschaftlichen Nutzfläche bewirtschaften.[429] Sie sind immer noch, ebenso wie die 750 Wohnungsbaugenossenschaften mit etwa 1,2 Millionen Wohnungen, die heute noch für bezahlbare Wohnungen auf dem Gebiet der ehemaligen DDR sorgen, ein wesentlicher Wirtschaftsfaktor. Es könnten bedeutend mehr sein, wenn die soziale Diskriminierung der einstigen Kollektivmitglieder und die Diffamierung von Gemeinschaftsunternehmen – z. B. wurden LPG-Nachfolger als «rote Junker» bezeichnet – sowie der ökonomische Druck die Spielräume für alternative Wirtschaftsformen nicht reduziert hätten.[430] Die verpasste Chance zur Gründung bzw. Übernahme von Genossenschaften in Ostdeutschland ist bedauerlich, denn gerade die Konzentrationsprozesse und der Konkurrenzdruck zur «Verschlankung» bedeuteten oder beförderten den Abbau von Erwerbsarbeitsplätzen und förderten Milieu- und Umweltzerstörung.

Die verpasste Chance zur gesamtwirtschaftlichen Marktsteuerung ist auch deshalb bedauerlich, weil sich in der genossenschaftlichen Diskussion der Alt-BRD vor der «Wende» Bemühungen abzeichneten, die Produktivgenossenschaften wieder in die wirtschaftspolitische Diskussion zu bringen.[431]

---

428 Ebd.

429 Deutscher Raiffeisen Verband: Agrargenossenschaften.

430 Vgl. Judith Dellheim: Zur Veranstaltung der PDS zum Genossenschaftsgedanken am 8. Juni 1996, in: AG Wirtschaftspolitik beim Parteivorstand der PDS (Hg.): Die Genossenschaftsidee, ein lebensfähiges wirtschaftliches und soziales Konzept, Berlin 1997, S. 5–8; hier: S. 6f.

431 Siehe hierzu Abschnitt 6.3.3.

6.4.2 *Wohnungsbaugenossenschaften nach der «Wende»*

Vom Bestand der DDR geblieben sind etliche Wohnungsbaugenossenschaften. Ende der 1990er-Jahre gab es davon etwa 20150. Ebenso sind aus Hausbesetzungen in Städten der ehemaligen DDR wie Berlin, Chemnitz, Leipzig etc. einige neue Genossenschaften hervorgegangen. Nach der politischen Wende sollten in den Hochhaussiedlungen, den Plattenbauten in Berlin und anderswo viele Wohnungen an Investoren verkauft werden, weil die Bausubstanz und die Wohnungen als nicht mehr zeitgemäß galten. Viele der ursprünglichen BewohnerInnen zogen weg, obwohl sie noch in den 1980er-Jahren froh über die Neubauwohnungen gewesen waren, die ihnen mehr Wohnkomfort und -Fläche brachten, als sie vorher in den Hinterhöfen hatten. Die dort Gebliebenen bekamen es allerdings mit der Angst zu tun, als bekannt wurde, dass die vorher gemeinnützigen Wohnungen an Investoren verkauft werden sollten.

Ein Beispiel, wie so genannte Bestandsgebäude wieder in Gemeineigentum überführt werden konnten, bietet die «Wohnungsgenossenschaft Grüne Mitte Hellersdorf eG» in Marzahn-Hellersdorf am Stadtrand im Osten Berlins. 1995 wurde sie aus einer Bürgerinitiative, die damit tausende Wohnungen in der bestehenden Hochhaussiedlung vor «Finanzinvestoren» gerettet hat, gegründet. Heute verfügt die Wohnungsbaugenossenschaft über 2615 Wohnungen und hat über 570 Mitglieder ausschließlich im Berliner Bezirk Marzahn-Hellersdorf. Die durchschnittliche Netto-Kaltmiete beträgt 6,15 Euro pro qm. Ein reges Genossenschaftsleben mit Angeboten für Alt und Jung belebt die Hochhaussiedlung. Kindergärten, Schulen, Einkaufsmöglichkeiten, Restaurants und medizinische Betreuung befinden sich in direkter Nachbarschaft.[432] Im Jahr 2008 wurde die Stiftung «Grüne Mitte» von der Wohnungsgenossenschaft «Grüne Mitte Hellersdorf eG» gegründet. Sie versucht zu helfen, wo gesellschaftliche Defizite bestehen, indem sie die Jugend- und Altenhilfe fördert und hilfebedürftige Personen unterstützt.[433]

---

432 siehe Michael Bönisch: Wohnungsgenossenschaft Grüne Mitte Hellersdorf, auf: Wohnungsgenossenschaften Berlin. https://wohnungsbaugenossenschaften-berlin.info/wohnungsgenossenschaft-gruene-mitte-hellersdorf-eg/ (Zugriff: 8.7.2020).

433 Grüne Mitte: Unsere Stiftung, auf: Grüne Mitte. https://www.stiftung-gruene-mitte.de (Zugriff: 8.7.2020).

6.4.3 DDR-Genossenschaftsbanken nach der «Wende»

1989 existierten in der DDR 95 Genossenschaftskassen für Handwerk und Gewerbe mit weiteren 89 Zweigstellen sowie 272 Bäuerliche Handelsgenossenschaften mit 2817 Bankstellen.[434] Ihre Situation war geprägt von der allgemein angespannten wirtschaftlichen Lage in der DDR. Investitionsmittel waren, bis auf wenige industrielle Schwerpunktbereiche, in der DDR knapp.[435] Bereits kurz nach dem Mauerfall am 9. November 1989 kam es zwischen Bankgenossenschaften in Ost und West zu ersten Kontakten, aus denen sich Kooperationsbeziehungen entwickelten. Diese reichten vom Bereitstellen von Bürogeräten, bundesdeutschen Gesetzbüchern und Fachliteratur bis zum gegenseitigen MitarbeiterInnenaustausch und Qualifizierungsmaßnahmen für ostdeutsche Bankangestellte. In der ersten Jahreshälfte 1990 ergänzten die westdeutschen Genossenschaftsverbände die spontanen Maßnahmen durch gezielte Unterstützung. Die Absicht war, auch in der DDR einen genossenschaftlichen Bankenverbund nach dem Muster der Alt-BRD entstehen zu lassen. Neben den Volks- und Raiffeisenbanken sollten sich auch die verschiedenen regionalen Genossenschaftsverbände der Bundesrepublik an den Maßnahmen beteiligen, so dass jede Kreditgenossenschaft in der DDR durch eine Partnerbank aus der Bundesrepublik unterstützt und beraten wurde.

Zur Finanzierung der Hilfeleistungen aus dem genossenschaftlichen Finanzverbund initiierte der Bundesverband der Volks- und Raiffeisenbanken im Mai 1990 einen besonderen Solidarfonds «Personelle Maßnahmen». Die finanziellen Hilfen erfolgten nicht uneigennützig; man sah das erhebliche Geschäftspotenzial im Osten mit seinem unterentwickelten Finanzsektor. Diesen wollte man nicht allein den Sparkassen und Privatbanken überlassen. Eine negative Entwicklung bei den ostdeutschen Genossenschaftsbanken hätte sich auch negativ auf das Image des genossenschaftlichen Finanzverbundes in den westdeutschen Bundesländern ausgewirkt – zumal sich die Ost-Institute ab April 1990 wieder in Volks- beziehungswei-

434 Presseinformation des Verbandes der Genossenschaftskassen für Handwerk und Gewerbe der DDR, vom 24. November 1989, BArch, DN 8, Nr. 1038.

435 Vgl. Marvin Brendel: Die Transformation der ostdeutschen Genosenschaftsbanken.

se Raiffeisenbanken umbenannten und Werbemittel des westdeutschen Finanzverbundes einzusetzen begannen.

Das Vorhaben, den «Verband der Genossenschaftskassen für Handwerk und Gewerbe der DDR» – der sich im April 1990 in Verband der Kreditgenossenschaften der DDR umbenannt hatte –, zu einem eigenständigen Regionalverband auszubauen, scheiterte an den Auflagen des Bundesaufsichtsamtes für das Kreditwesen. Kritik an einer Eingliederung der ostdeutschen Bankgenossenschaften in die westdeutschen Verbände kam vor allem von den Genossenschaftsverbänden in Bayern, Baden und Württemberg. In den von ihnen unterstützten DDR-Bezirken entstand der «Mitteldeutsche Genossenschaftsverband» als eigenständiger ostdeutscher Regionalverband.

Die MitarbeiterInnen der Genossenschaftsbanken in Ostdeutschland standen 1990 vor großen Herausforderungen. Sie mussten neue Begrifflichkeiten, Vorschriften, Gesetze und den Umgang mit neuer Banktechnik sowie vielen neuen Produkten und veränderten Kundenwünschen lernen. Besonders hoch war 1990 die Nachfrage nach Krediten für den Autokauf, nach Kfz-Versicherungen und Krediten für die Sanierung und Modernisierung von Gebäuden. Zudem mussten die MitarbeiterInnen die Erkenntnis bewältigen, dass sich ihre Bank künftig in einem freien Markt eigenverantwortlich gegen die lokale Konkurrenz anderer Banken behaupten musste.

Im ländlichen Bereich bedeutete die Neuordnung des ostdeutschen Bankwesens die Trennung von Geld- und Warengeschäft, wie es in Westdeutschland größtenteils schon in den 1960er- und 1970er-Jahren geschehen war. Das Warengeschäft wurde zusammen mit den ihm zuzuordnenden Vermögenswerten und den MitarbeiterInnen in der Regel in eine eigenständige Genossenschaft ausgelagert. Unter den zu kleinen Genossenschaftsbanken kam es zu einem weitreichenden Konzentrationsprozess. Dabei schrumpfte ihre Zahl bis 1998 um 190 auf noch 148 Volks- und Raiffeisenbanken, der Umfang der Bankfilialen nahm ab. Aufgrund dieses Konzentrationsprozesses haben sich die Genossenschaftsbanken der ehemaligen DDR im vereinten Deutschland als dritte Gruppe neben privaten Kreditbanken und öffentlichen Sparkassen etabliert.[436]

Auch wenn sie keine Billigstanbieter sind, sind die Genossenschaftsbanken bei VerbraucherschützerInnen beliebt, weil ihre

436 Ebd.

12800 Filialen den Wettbewerb beleben.[437] Seit der Verschmelzung der «Deutschen Zentral-Genossenschaftsbank» (DZ Bank AG) mit der «Westdeutsche Genossenschafts-Zentralbank» (kurz WGZ Bank) am 29. Juli 2016 gibt es innerhalb des genossenschaftlichen Finanzsektors nur noch ein Zentralinstitut für alle rund 12000 deutschen Kreditgenossenschaften: Die «DZ BANK Gruppe». Sie stellt ihre Dienstleistungen für die Genossenschaftsbanken und deren Mitgliedern zur Verfügung.[438]

6.4.4. Konsumgenossenschaften nach der Wende

Die Wendezeit und die Wiedervereinigung führten ab 1990 zu einer radikalen Veränderung der wirtschaftlichen und gesellschaftlichen Rahmenbedingungen für die ostdeutschen Konsumgenossenschaften. Die großen westdeutschen und internationalen Handelskonzerne drängten mit ihrer Marktmacht auf den ostdeutschen Markt und entfachten einen unerbittlichen Konkurrenzkampf, in dem nur die stärksten ostdeutschen Konsumgenossenschaften ihr Überleben sichern konnten. Viele Läden und Produktionsbetriebe wurden geschlossen, das Personal entlassen.[439] Das Dilemma der Konsumgenossenschaften nach der «Wende» wird deutlich, wenn man sich vergegenwärtigt, dass im Jahre 2013 ganze 30 Konsumgenossenschaften im wiedervereinigten Bundesgebiet gezählt wurden. Sie spielten also im Vergleich zu den Banken kaum eine Rolle.[440] Immerhin hatte es bis zum 27. Juni 2000 gedauert, bis der erste «Gesamtdeutsche Dachverband für Konsumgenossenschaften» (GDK) in Berlin gegründet wurde. Damit gab es zum ersten Mal in Deutschland eine einheitliche Interessenvertretung aller Konsumgenossenschaften und der angeschlossenen Dienstleistungs- und Verbrauchergenossenschaften. Gründungsmitglieder waren der ostdeutsche «Konsumverband Berlin» sowie der westdeutsche «Zentralverband deutscher Konsumgenossen-

437 Pfeiffer: Genossenschaftsbanken, S. 9. Zahlen von 2015.

438 DZ BANK: Die Geschichte der DZ-Bank, auf: DZ Bank. https://www.dz-bank.de/internet_static/history/index.html (Zugriff: 7.4.2020).

439 Burchard Bösche, Jan-Frederik Korf: Chronik der deutschen Konsumgenossenschaften. 150 Jahre Konsumgenossenschaften in Deutschland, Hamburg 2003, S. 43.

440 Michael Stappel: Die deutschen Genossenschaften 2013. Entwicklungen – Meinungen – Zahlen, Wiesbaden 2013.

schaften Hamburg».[441] «Es ist keine Fusion», stellte Wilhelm Kaltenborn (Vorstandssprecher Konsumverband Berlin), einer der beiden gewählten Präsidenten des neu gegründeten Verbandes klar.Nach wie vor sollten die beiden Verbände – der ostdeutsche «Konsumverband Berlin» mit 820.000 Einzelmitgliedern und der westdeutsche »Zentralverband Deutscher Konsumgenossenschaften ZdK Hamburg» mit 60.000 Mitgliedern – unabhängig voneinander agieren. Dass man sich zehn Jahre Zeit ließ, um auf einen gemeinsamen Nenner zu kommen, lag, so Kaltenborn, an den osttypischen Problemen, mit denen der Konsum nach der Wende zu kämpfen hatte.

Für die West-Genossenschaften innerhalb des ZdK waren die vergangenen Jahre durch einen massiven Mitgliederrückgang gekennzeichnet. Schuld daran waren vor allem die Strukturveränderungen im Einzelhandel. Außerdem hatte man in den 1970er-Jahren mit der Umwandlung von Konsumgenossenschaften in Kapitalgesellschaften begonnen, was den Genossenschaftsgedanken schwächte. Die Vorstände der Ost- und Westverbände waren sich bei der gemeinsamen Veranstaltung einig, dass die Genossenschaft als Idee und in der Praxis auch nach der «Wende» noch modern sei. Vom neuen Gesamtverband erhoffen sie sich eine Stärkung der Genossenschaftsbewegung. Der neu gegründete Gesamtverband will bei Gründungen aktiv helfen. Der zweite Präsident des neuen Verbandes Detlev Schmidt bestätigte im Jahr 2000, dass auch Modelle für die wieder zu belebende Rückvergütung, mit der Konsummitglieder am Wirtschaftserfolg ihrer Genossenschaft beteiligt werden, im Gespräch sind.[442]

Im Jahr 2003 entstand ein gesamtdeutscher Prüfungsverband mit dem Namen «Prüfungsverband deutscher Kosum- und Dienstleistungsgenossenschaften e. V.» (PdK). Im gleichen Jahr erließ die Europäische Kommission das »Statut über die Europäische Genossenschaft (SCE)» und schaffte damit nach zwanzigjähriger Vorarbeit die Voraussetzungen für die Gründung von länderübergreifenden Genossenschaften.[443]

441 Gesamtverband Deutscher Konsumgenossenschaften: Erster gesamtdeutscher Dachverband für Konsumgenossenschaften gegründet. Berlin 2000, Pressemitteilung.

442 Ebd.

443 Bösche, Korf: Chronik, S. 49.

7. Aktuelle Bedeutung von Genossenschaften in der BRD

Gartenstadtsiedlung Bauverein Schweinfurt eG von 1917

Genossenschaften haben in den letzten Jahren immer mehr an Bedeutung gewonnen, weil sie das Bedürfnis nach mehr Mitbestimmung, nach Gemeinsamkeit und nach dem sorgsamen Umgang mit Ressourcen unterstützen. Nicht zuletzt durch die – vor allem durch junge Menschen ausgelöste – Klimabewegung wird die Suche nach einem Ausweg aus dem real existierenden kapitalistischen Raubbau an Mensch und Natur immer dringender. Angeprangert wird die in kapitalistischen Unternehmen und Dienstleistungsbetrieben übliche Produktionsweise, die auf die Einsparung von Arbeits- und Personalkosten, nicht aber auf den sorgsamen Umgang mit Ressourcen gerichtet ist.

Nachdem innerhalb der Gewerkschaften Genossenschaften, die ja einmal als dritte Säule der Arbeiterbewegung galten, in den letzten Jahren eine untergeordnete Rolle spielten, werden sie im Zuge der neuen Aufmerksamkeit für diese Unternehmensform und ihre Prinzipien im Zusammenhang mit der Forderung nach einer Demokratisierung von Wirtschaft und Arbeit wieder stärker diskutiert.[444]

444 Vgl. Ronald Hartz, Melanie Hühn, Irma Rybnikova, Markus Tümpel: Partizipationspraktiken in Genossenschaften.

Seit das Genossenschaftsgesetz 2006 reformiert wurde, ist auch die Zahl der Neugründungen gestiegen. Gab es 2003 ca. 60 Neugründungen, so waren es im Jahr 2011 bereits 353 neue Genossenschaften, die sich in das Genossenschaftsregister eintragen ließen.[445] Auch wenn dies ein Höhepunkt war und seither die Zahl wieder rückläufig ist, wurden besonders durch die Ausrufung des Jahres der Genossenschaften 2012 der Vereinten Nationen neue Impulse für den Bekanntheitsgrad der demokratischen Unternehmensform gesetzt.

Neben dem großen Bedürfnis vieler Menschen nach Gemeinschaft spielt vor allem die Möglichkeit der Mitbestimmung bei der Wahl der Rechtsform eG eine große Rolle. Alle Mitglieder können Gegenwart und Zukunft der Genossenschaft aktiv mitgestalten – wenn sie Lust dazu haben.

7.1 Aktuelle Entwicklungen der Genossenschaften

Gegenwärtig zeigt sich ein Trend der erfolgreichen Ausdifferenzierung von Genossenschaften in neue Geschäftsfelder. Im Gegensatz zu den Mega-Genossenschaften der Weimarer Republik, die zu Konzentrationsprozessen geführt haben, erweisen sie sich nun in vielfältiger Weise als «fortschrittsfähige Organisationen»[446]. Das gilt nicht nur für Produktivgenossenschaften.

Zur Vielfalt genossenschaftlicher Erscheinungsformen gehören heute kleine und große Banken und Kreditgenossenschaften, Agrar- und Molkereigenossenschaften, Dorfladengenossenschaften, Bürgerbusgenossenschaften, Produktivgenossenschaften, Schülergenossenschaften, SeniorInnengenossenschaften, Genossenschaften von Gewerbetreibenden, Groß- und Kleinhandelsgenossenschaften und natürlich Wohnungsbaugenossenschaften etc. In technischen, ökologischen und sozialen Bereichen haben sich intellektuelle «Professionsgenossenschaften» qualitativ und quantitativ ausgeweitet. Dies sind Zusammenschlüsse vorwiegend qualifizierter Berufsgruppen des Sozi-

---

445 Vgl. Michael Stappel: Die deutschen Genossenschaften 2014. Entwicklung – Meinungen – Zahlen, Wiesbaden 2014, Study 418 Hans Böckler Stiftung, S. 6f.

446 Burghard Flieger: Produktivgenossenschaft.

al- und Gesundheitswesens und sie bieten Dienstleistungen aus diesen Bereichen an. Sie entstehen oft aus den neuen sozialen Bewegungen und zeichnen sich durch hohe Professionalität der Arbeit aus. Das gilt auch für die Zusammenschlüsse von EinzelkämpferInnen und FreiberuflerInnen, wie BeraterInnen, AnwältInnen, ÄrztInnen, Juristlinnen, ArchitektInnen, StadtplanerInnen, HistorikerInnen oder anderen. Wichtig ist für solche Genossenschaften, dass die Beteiligten sich zunächst die Frage stellen, was sie gemeinsam erreichen wollen und dass professionelle Strukturen entstehen. Dazu gehört, dass die Geschäftsführung ausreichend Mittel aus den Projekten erhält, um Verhandlungen zu führen und die Akquise der Aufträge zu übernehmen. Auch sollten die Interessenten für eine Mitgliedschaft vor einer Neuaufnahme genau angeschaut und die Zusammenarbeit zunächst erprobt werden.[447]

Erfolgreich waren in den letzten Jahren die aus dem Anspruch des nachhaltigen Wirtschaftens entstandenen Erzeuger-Verbraucher-Genossenschaften (EVG) und die Energiegenossenschaften sowie die Sozialgenossenschaften.

Geschätzt werden neben den demokratischen Strukturen die Kostenvorteile, zum Beispiel bei Einkaufsgenossenschaften durch gemeinsame Bestellungen von Gütern und Lebensmitteln; bei Wohnungsgenossenschaften die gemeinsame Anschaffung und Nutzung kostenintensiver Güter; bei Theatergenossenschaften die Förderung kultureller Belange; bei Energiegenossenschaften die Verfolgung ökologischer und klimarelevanter Ziele durch Nutzung erneuerbarer Energien; bei Ärztegenossenschaften die Versorgung durch koordinierte Zusammenarbeit von ÄrztInnen, Krankenhäusern und Rehabilitationseinrichtungen; bei gemeinwesenorientierten Genossenschaften die Versorgung mit Gütern, für die «Staat und Markt keine geeigneten Angebote mehr bereitstellen».[448] Letztere gründen sich besonders in ländlichen Gebieten. Mit der Expansion der Genossen-

---

447 Schriftliches Interiew mit Holger Martens von der Historiker Genossenschaft eG vom 5.4.2020. Siehe hierzu auch die Interviews in: https://www.deutschlandfunkkultur.de/genossenschaften-die-potenziale-einer-unterschaetzten.976.de.html?dram:article_id=464880 (Zugriff: 13.7.2020)

448 Kritisch hierzu: Herbert Klemisch, Helene Maron: Genossenschaftliche Lösungsansätze zur Sicherung der kommunalen Daseinsvorsorge, in: Zeitschrift für das gesamte Genossenschaftswesen, Band 60 (3), 2010. S. 3–13.

schaften in den verschiedenen Sektoren stabilisierte sich in positiven Fällen eine gemeinwirtschaftliche Vernetzung.

Die innovative Kraft der Genossenschaft ist bei neu gegründeten Genossenschaften ebenso spürbar wie bei den traditionellen Genossenschaften, die sich seit Jahrzehnten stabil am Markt behaupten. Ob in der Landwirtschaft, im Finanzsektor, im Handel, im Handwerk oder im Dienstleistungsbereich: Genossenschaften sind meist stabil und in Bewegung, das macht ihre aktuelle Attraktivität aus.

7.1.1 Bau- und Wohngenossenschaften

Da das Thema «bezahlbarer Wohnraum» in den letzten Jahren nicht nur in den großen Städten, sondern auch auf dem Lande verstärkt zum Problem geworden ist und damit in den Fokus der Öffentlichkeit gerückt ist, sollen Wohnungsgenossenschaften in ihrer aktuellen Bedeutung noch einmal aufgenommen werden. Denn Wohnen ist ein Grundbedürfnis wie Essen und Schlafen. Das Wohnungsthema ist für mehr als zwei Drittel aller Menschen in Deutschland eines der drängendsten sozialen Probleme, das in Zukunft noch weiter an politischer Relevanz und Dringlichkeit gewinnen wird.

In 77 Großstädten in Deutschland gibt es 1,9 Millionen bezahlbare Wohnungen zu wenig, das ist das Ergebnis einer Studie der Hans-Böckler-Stiftung vom April 2018.[449] Es fehlen vor allem Wohnungen mit Mietpreisen zwischen vier und sechs Euro pro Quadratmeter (Nettokaltmiete), um alle Haushalte nach Einkommenshöhe und Haushaltsgröße mit angemessen großem und leistbarem Wohnraum zu versorgen.[450] Bezahlbarer Wohnraum ist längst als großes Thema in der Politik angekommen: Reform der Mietpreisbremse oder Wohnraumoffensive mit 1,5 Millionen neuen Wohnungen – all das sind Schlagworte, die auch im Koalitionsvertrag der Regierung verankert sind. Doch über eines scheinen Experten mittlerweile einig zu sein: Mit Neubau allein lässt sich das Problem gar nicht lösen. Auf

449 Hans-Böckler-Stiftung: In Deutschlands Grossstädten fehlen fast zwei Millionen bezahlbare Wohnungen, Düsseldorf 2018, Pressemitteilung 8.04.

450 Nora Albu: Lohnstückkosten des deutschen verarbeitenden Gewerbes: inländische und globale Verflechtungen. Düsseldorf 2018, IMK Study 63.

so manches Neubauprojekt könnte sogar verzichtet werden, wenn Wohnraum gleichmäßiger verteilt und richtig genutzt wäre.[451] Als Möglichkeiten werden genannt: Wohnungstausch zwischen Jung und Alt, kein Vermieten an Touristen, keine Ferienwohnungen, Gründung von Wohngemeinschaften.

Durch Versäumnisse der Wohnungspolitik wird bezahlbarer Wohnraum nicht nur in Ballungsgebieten immer knapper. Damals wie heute ist keine Lösung von renditeorientieren Investoren zu erwarten, im Gegenteil, diese sind Teil des Problems. Nicht nur in Berlin und München, sondern auch in den kleineren Gemeinden, namentlich in den Fremdenverkehrszentren, steht das Thema «Wohnen» weit oben auf der Agenda.

Wie pervers ist ein Wohnungsmarkt, wenn junge Menschen sich kaum trauen, mit anderen zusammenzuziehen oder Kinder zu bekommen, weil sie dann eben mehr Wohnraum brauchen, oder RentnerInnen mehr als die Hälfte ihrer Rente für Miete ausgeben müssen und Alte dazu gezwungen werden, in zu groß gewordenen Wohnungen zu bleiben, weil jede kleinere das Doppelte kostet und sie sich das gar nicht leisten können.

In Österreich ist das Recht auf Wohnungstausch in einem Gesetz verankert. VermieterInnen müssen einem Wohnungstausch zustimmen, wenn nicht gravierende Einwände wie z. B. Mietschulden eines Beteiligten dagegen sprechen. Besonders einfach ist das in den Wiener Gemeindebauten.[452] Bei «Wiener Wohnen» gibt es das Programm «65 Plus». Damit die SeniorInnen bei einem Umzug in eine kleinere Wohnung nicht draufzahlen müssen, wird ihnen im Rahmen des Programms ein Mietnachlass von 35 Prozent gewährt. Und bei der Suche nach einem Tauschpartner ist man den Mietern auch behilflich.[453]

In Berlin stiegen die Mieten im vergangenen Jahrzehnt doppelt so stark wie die Einkommen, für Wohnungssuchende sogar viermal so stark. Berlin-Kreuzberg, traditionell ein Bezirk, in dem vor allem ArbeiterInnen wohnen – in den 1970er-Jahren kamen StudentInnen und «Alternative» hinzu – ist heute der teuerste Berliner Bezirk bei Neuvermietungen. Das heißt nicht,

---

451 BR Fernsehen: Neue Ideen gegen die Wohnungsnot, auf: BR (23.9.2018) https://www.br.de/br-fernsehen/sendungen/dokthema/wohnen-wohnungsnot-zweckentfremdung-massnahmen-100.html (Zugriff: 30.3.2020).

452 Siehe Exkurs Gemeindewohnungen und Kommunalbauten, S. 146f.

453 Ebd.

dass die Menschen, die dort wohnen, wohlhabend sind. In allen Großstädten explodieren die Bodenpreise und die Kaufpreise für Eigentumswohnungen in Bestandsbauten. Das sind fette Jahre für Spekulanten, Immobilienhaie und Anleger und das ist eine schmerzhafte Demonstration dessen, was geschieht, wenn ganz auf den freien Markt vertraut wird. Das Ende der Preisspirale nach oben ist nicht absehbar. Kein Wunder, dass in Berlin und anderswo die Hälfte der BewohnerInnen Angst hat, sich eine Wohnung bald nicht mehr leisten zu können. Das sind nicht mehr nur die Erwerbslosen und GeringverdienerInnen, sondern es betrifft auch die Mittelschicht. Zum Glück regt sich Widerstand durch große mietenpolitische Demonstrationen, aber auch mit Überlegungen, wie es anders und besser werden kann. Jedenfalls ist vielen klar: Mit diesem Mietenwahnsinn kann es so nicht weitergehen.[454]

Doch die Umwandlung von Mietswohnungen in Eigentum geht munter weiter. Sie bedeutet trotz Mietenstopp und Vorkaufsrecht eine hohe Rendite für Wohnungsunternehmen und sie ist die entscheidende Ursache für die Verdrängung der MieterInnen. Mietshäuser werden in Scheibchen verkauft und Hausgemeinschaften auseinandergerissen. Zahlreiche MieterInnen, die davon bedroht sind, gründen Initiativen, um sich dagegen zu wehren. Sie überlegen nicht nur rechtliche Schritte, sondern auch Aktionsformen, um eine Überführung in Eigentum zu verhindern und die Vermarktung zu durchbrechen. Eine rechtliche Handhabe gegen Umwandlung in Eigentum gibt es aber (noch) nicht. Neben der Forderung nach einem staatlich bezuschussten Erwerb der eigenen Mietwohnung wächst die Idee, von MieterInnen getragene Genossenschaften zu gründen, die die Objekte gemeinsam erwerben.[455] Parteien und Bürgerinitiativen wollen sich für die Stärkung der Genossenschaften und kommunaler Wohnbaugesellschaften einsetzen sowie den Kampf gegen Spekulation mit Grund und Boden aufnehmen. Allerdings kann auch eine Genossenschaft bezahlbare Mieten nur garantieren, wenn sie günstigen Baugrund bekommt. Deshalb ist die Zusammenarbeit der Genossenschaften mit den Kom-

454 Das Gesetz zur Mietenbegrenzung im Wohnungswesen in Berlin (MietenWoG Bln), der sog. Mietendeckel, wurde am 30.1.2020 vom Berliner Abgeordnetenhaus beschlossen und ist am 23.2.2020 in Kraft getreten.

455 Vgl. Gareth Joswig: Die Stadt der verlorenen Häuser, in: taz (o. Nr.), 30.7.2019, S. 21.

munen und Gemeinden notwendig. Sie können Bedingungen schaffen, dass Wohnungsbaugenossenschaften bei der Grundstücksvergabe bevorzugt werden.

Im Land Berlin wurde die ehemals kommunale «Gemeinnützigen Siedlungs- und Wohnungsbaugesellschaft» (GSW) privatisiert. Dies ist nur ein Beispiel. Auch der Freistaat Bayern hat Wohnungen der «Gemeinnützigen Bayerischen Wohnungsgesellschaft» (GBW) verkauft. Wenn die Kommunen etwas gegen die Wohnungsnot tun wollen, müssen sie dafür sorgen, dass Grund und Boden Eigentum der Kommune bleibt und nicht an private Inverstoren verkauft wird.

Grund und Boden sollten keine Ware sein. Schließlich gebietet Artikel 15 des Grundgesetzes, dass sie zum Zweck der Vergesellschaftung in Gemeineigentum oder andere Formen der Gemeinwirtschaft überführt werden können. Es ist also möglich, zum Schutz der Bevölkerung und des Gemeinwohls von öffentlicher Seite Eingriffe vorzunehmen und stärkere Vorgaben zu machen. Darauf beziehen sich auch Initiativen und AktivistInnen, die sich unter dem Slogan «Wohnen ist Menschenrecht – Deutsche Wohnen & Co enteignen» zusammengeschlossen haben. Das Recht auf Wohnen muss für alle Menschen gelten, egal aus welchem Land sie kommen.

Ziel sollte eine schrittweise Zurückdrängung von Bodeneigentum sein, das nicht der privaten Nutzung, sondern allein der monopolistischen Verwertung dient, sowie ein sukzessiver Aufbau von Gemeinschaftseigentum – zur Gewährleistung «eine[r] dem Wohl der Allgemeinheit dienende[n] sozial gerechte[n] Bodennutzung unter Berücksichtigung der Wohnbedürfnisse der Bevölkerung».[456] Vorschläge hierzu hat die Initiative «Deutsche Wohnen & Co enteignen» entwickelt. Ziel der Initiative ist die Versorgung der Stadtbevölkerung mit Wohnraum zu bezahlbaren Mieten. Die Entschädigung soll per Gesetz geregelt und anteilig vom Land Berlin und über Kredite finanziert werden. Zur Sicherung demokratischer und transparenter Entscheidungsstrukturen soll für die vergesellschafteten Wohnungsbestände ein Gesamtmieterbeirat eingerichtet werden. Von einem Mitglied des «Münchner Aufrufs für eine andere Bodenpolitik» kommt ein Vorschlag, der sich gleichfalls auf Artikel 15 des Grundgesetzes stützt und sich für eine Begrenzung der privatrechtlichen Verfügungsgewalt über Grund und

456 Baugesetzbuch § 11 Abs. 5, München 2018.

Boden ausspricht. «Gesellschaftliche Veränderungen», so hieß es bereits in den 1970er-Jahren, «werden uns nicht geschenkt, sie müssen erkämpft werden. Dies gilt auch für ein soziales Bodenrecht.»[457]

Um das zu erreichen, braucht es weitere Genossenschaften, auch für rekommunalisierte Wohnungen und für Bestandswohnungen. Durch Genossenschaftsgründungen werden sie den Miethaien dauerhaft entzogen. Zudem wollen immer mehr engagierte BürgerInnen selbst das Ruder in die Hand nehmen und Projekte für dauerhafte und bezahlbare Wohnungen planen und umsetzen. Wichtig sind Vernetzungen, auch zwischen Mieterinitiativen und Wohngenossenschaften. Ein Beispiel für einen Zusammenschluss ist der «Verein Genossenschaftsforum e.V.» Er wurde bald nach dem Zusammenschluss der beiden deutschen Staaten 1993/94 von 12 Wohnungsgenossenschaften gegründet. Aktuell zählt er 49 Berliner und Potsdamer Wohnungsgenossenschaften sowie fördernde Institutionen und Privatpersonen zu seinen Mitgliedern, die über rund 146000 Wohnungen in Berlin und Potsdam verfügen und mehr als 250.000 BewohnerInnen ein sicheres Zuhause bieten.

Durch Diskussionsbeiträge, Publikationen und Veranstaltungen stärkt das Forum die öffentliche Wahrnehmung der besonderen Charakteristika und Chancen des genossenschaftlichen Wohnens. Zugleich fördert es die Vernetzung der Genossenschaften und setzt Impulse für die Weiterentwicklung der genossenschaftlichen Idee. Wohnungsbaugenossenschaften können bei der Sicherung bezahlbaren Wohnraumes und beim Neubau preisgünstiger Wohnungen durch das Angebot von hochwertigem Wohnraum bei vergleichsweise niedrigen Mieten eine wertvolle Rolle spielen. Unter der Maßgabe der Mitgliederförderung gilt es, in Wohnungsgenossenschaften bauliche und kulturelle Qualitäten mit ökonomischen Erfordernissen, aber auch sozialen Zielsetzungen in Einklang zu bringen. Das Genossenschaftsforum beleuchtet mit seiner Arbeit die Herausforderungen dieser Aufgaben und verweist auf Erfahrungen, Einschätzungen und Lösungen aus der Geschichte und auf aktuelle Ansätze.[458]

---

457 Vgl. Werner Heinz, Bernd Belina: Die kommunale Bodenfrage, Berlin 2019.

458 Berliner Genossenschaftsforum e.V.: Startseite. https://www.berliner-genossenschaftsforum.de (Zugriff: 8.4.2020).

Solche Vernetzungen sind auch deshalb wichtig, weil sich im Bereich der Wohngenossenschaften ein Trend abzeichnet, zunehmend kleine Genossenschaften für jeweils individuelle Wohnprojekte zu gründen. Kleine Gruppen sind oft mit der Gründung von Genossenschaften überfordert und/oder befürchten den bürokratischen Aufwand und zu hohe Kosten. Vom Forum angebotene Beratung kann dabei hilfreich sein.

7.1.2 Vorteile einer Wohnungsbaugenossenschaft

Wer in einer Wohnung einer Wohnungsbaugenossenschaft (WBG) wohnt, ist nicht einfach nur MieterIn. Er wird Mitglied (GenossIn) und MiteigentümerIn der Genossenschaft. Und das hat viele Vorteile: Vor allem ist es die Vergemeinschaftung von Grund und Boden und der Immobilie. Beides ist der Spekulation auf dem Wohnungsmarkt entzogen. Wohnungsgenossenschaften ermöglichen durch den geringeren Anteil an einzubringendem Eigenkapital auch einkommensschwachen Haushalten eine auf ihre Bedürfnisse ausgerichtete Wohnraumversorgung. Das finanzielle Risiko für die Mitglieder ist außerdem auf die Höhe der erworbenen Anteile begrenzt. Beim Anschluss an eine bestehende Genossenschaft kann auf vorhandenes Know-how und bewährte Strukturen bei der Planung und Umsetzung des Vorhabens zurückgegriffen werden. Schließlich sichert das in der Satzung verankerte Demokratieprinzip, nach dem unbeachtet vom geleisteten Kapitaleinsatz die Stimme eines/r jeden Genossenschaftlers/in gleich viel zählt, die gleichberechtigte Wahrung der Interessen ab.

Genossenschaftliches Wohnen dient nicht nur der Spekulationsverhinderung und hat nicht nur finanzielle Vorteile, sondern es dient auch der Sicherung der sozialen Ziele und dem Zusammenhalt einer Gruppe von Menschen, von denen jeder demokratisches Mitbestimmungsrecht auf der Mitgliederversammlung hat. Wohnungsbaugenossenschaften sind dem Wohl ihrer Mitglieder verpflichtet. Die private Wohnfläche kann verkleinert werden und Gemeinschaftsflächen genutzt werden. Nachbarschaftshilfe wird möglich und Nachbarschaft kann auch über das Genossenschaftshaus hinaus organisiert werden. Die Genossenschaft stärkt den sozialen Zusammenhalt, festigt die soziale Verantwortung und entwickelt das demokratische Leben in unserer Gesellschaft weiter.

- Wohngenossenschaften können Lebensraum für alle sein – unabhängig z. B. von Lebensform, Geschlecht, Herkunft, Sprache, Alter, Behinderung oder Einkommen.
- Die Genossenschaft bietet ein lebenslanges Wohnrecht, dauerhafte, bezahlbare Nutzungsentgelte; Kündigungen wegen Eigenbedarfs gibt es nicht, bei manchen Genossenschaften kann die nachfolgende Generation die Wohnung behalten, so sie GenossenschafterIn ist.
- Es gibt keine Kaution und keine Maklergebühren; die Betriebskosten sind gering.
- Es gibt eine mieterorientierte Verwaltung und unterschiedliche Service-Leistungen für die BewohnerInnen. Beispiele: Reparaturen, die der nachhaltigen Werterhaltung des Wohnungsbestandes dienen, verschiedene Arten von Beratungen, Kinderspielplätze und Gemeinschaftsgärten, mitunter auch Kindergärten und Kitas oder gar Schulen.
- Manche Wohngenossenschaften haben einen Einkaufsservice vor allem für die älteren Menschen oder haben selbst einen Laden für das Notwendigste.
- Die meisten Wohnungsbaugenossenschaften haben Gemeinschaftsräume, organisieren Feste, Filmabende, politische Veranstaltungen etc.
- Beteiligung der Mitglieder bei der Gestaltung des Gemeinschaftseigentums und der Optimierung der Betriebskosten.

7.1.3 Beispiel: Genova Wohngenossenschaft Vauban eG in Freiburg

«Vauban eG» ist die wohl bekannteste unter den neuen jüngeren Wohngenossenschaften in Deutschland. Sie ist ein Wohnprojekt von Menschen, die gemeinsam im Freiburger Modellstadtteil Vauban leben. Vauban ist ein ehemaliges Kasernengelände am Stadtrand von Freiburg, jedoch zentrumsnah gelegen. Es begann mit dem Umbau von Haus 037, einem ehemaligen Kasernengebäude, das während der Nazizeit 1937/38 erbaut wurde und bis 1992 von den französischen Streitkräften als Offizierscasino genutzt wurde. 1993, kurz nach der Wiedervereinigung, begann die zivile Nutzung des Hauses mit der SUSI-Bauküche, dem Essenstreff für Obdachlose und der Kindertagesstätte. Nach den ursprünglichen Plänen der Stadt Freiburg hätte das Kasino zugunsten von neuen Wohngebäuden weichen sollen. Auf Initiative der BewohnerInnen konnte es erhalten werden. Seit 2001 wird es von einem eigenen Trägerverein verwaltet. Heute dient es als Stadtteilzentrum von Vauban.[459] Inzwischen ist Vauban ein eigener Stadtteil geworden, «ein Stadtteil der kurzen Wege», wie er genannt wird. Viele Einrichtungen wie z. B. Lebensmittelläden, Drogeriemarkt, Bauernmarkt, Ärzte, Apotheke oder Fahrradladen sind fußläufig zu erreichen.[460]

Die Genova knüpfte mit ihrer Gründung im Jahre 1997 an die genossenschaftlichen Ideale der demokratisch organisierten Selbsthilfe und Eigenleistung der «alten» Genossenschaftsbewegung an.[461] Sie wird getragen von dem Engagement, der Kreativität und den finanziellen Beiträgen ihrer Mitglieder. In den Jahren 1999 und 2001 wurden je zwei Häuser mit insgesamt 73 Wohnungen fertiggestellt und bezogen. Genova ist ein lebendiges Beispiel für ein gelungenes Projekt. Die gemeinsame Planungs- und Bauzeit und die zusammen erbrachten Eigenleistungen haben den Grundstein für eine tragfähige Nachbarschaft gelegt. Die BewohnerInnen kennen sich, helfen sich aus, finden aber auch die Möglichkeit zum Rückzug.

Genova ist auch ein soziales Projekt. Jung und Alt, Menschen verschiedener Herkunft und mit unterschiedlichen Lebensentwürfen wagen das Experiment einer lebendigen Nachbarschaft. Die weitgehend barrierefreie Bauweise ermöglicht den Verbleib in den Wohnungen bis ins hohe Alter. Die Mieten bleiben stabil; mit Fortschreiten der Kredittilgung ist auf lange Sicht finanzielle Entlastung zu erwarten. Die Genossenschaftsanteile werden mit 2,5 Prozent verzinst. Die Häuser sind nach ökologischen Kriterien mit ressourcenschonenden Baustoffen gebaut. Der bei Fertigstellung der Häuser in Freiburg vorgeschriebene Niedrigenergiestandard wurde um zwanzig Prozent unterschritten. Die Häuser verfügen über Gemeinschaftsräume (Gästezimmer und

---

459 Stadtteilzentrum Vauban 037 e.V.: Stadtteilzentrum Haus 037, auf Haus0137. https://www.haus037.de/geschichte (Zugriff: 28.3.2020).

460 Stadtteil-vauban: Startseite, auf: Stadtteil-Vauban. https://stadtteil-vauban.de (Zugriff: 27.3.2020).

461 Rainer Smolla: Genova Wohngenossenschaft Vauban eG, Stadtteil Quartier Vauban in Freiburg, in: Gisela Notz / Astrid Wolf: Selbstverwaltete Betriebe stellen sich vor. Ein Seminar im Bildungs- und Ferienzentrum Salecina. 3.–6. Oktober 2013, Salecina 2013, S. 30f.

Gemeinschaftshaus) und über Gemeinschaftsgärten und Spielplätze. In Genova lebt man umweltschonend: Neunzig Prozent der BewohnerInnen haben kein eigenes Auto.[462]

7.1.4 Bau- und Wohngenossenschaft Spreefeld Berlin eG – aus Protest entstanden

Die «Bau- und Wohnungsgenossenschaft Spreefeld Berlin eG» ist ein Projekt für gemeinschaftliches Wohnen und Arbeiten in der Berliner Innenstadt. Die «Spreefeld Berlin eG» errichtet drei zusammenhängende Gebäude mit insgesamt ca. 6000 bis 8000 qm Wohn- und Nutzfläche, ergänzt um Räume für gewerbliche, öffentliche und andere Nutzungen. Das Projekt entstand 2007 vor dem Hintergrund der Initiative «Mediaspree versenken!», die sich erfolgreich gegen eine massive Bürohausbebauung des Spreeufers in Kreuzberg-Friedrichshain wandte. Dem wollte die «Spreefeld eG» ein sinnvolles Konzept entgegensetzen. Die Genossenschaft wurde zum Beispiel für eine eG, die Wohnraum für generationsübergreifende, sozial gemischte, nachbarschaftliche Arbeits- und Wohnformen zur Verfügung stellt. Das Freiflächenkonzept beachtete das Prinzip: Altes lassen, Neues ansiedeln, Zukünftiges wachsen lassen.[463] Nach Abschluss der Baumaßnahmen sollte Platz bleiben auch für langsamere Entwicklungen in den sogenannten «Optionsräumen». Solidarität und demokratische Mitbestimmung prägen die Projektvorgaben ebenso wie gute Architektur, konsequent niedrige Kosten und ressourcensparendes Vorgehen in Bau- und Betriebsphase.

Die drei Häuser, aus denen das Projekt besteht, mussten frei stehen. Sie entstanden, weil möglichst viele Bewohner Aussicht auf den Fluss haben sollten. Außerdem galt die Forderung: «Spreeufer für alle» auch für die SpaziergängerInnen. Das genossenschaftliche Grundstück ist fünfzig Meter vom Wasser öffentlich oder besser: offen.

---

462 Wohngenossenschaft Vauban eG: Das Konzept, auf: Genova - Freiburg www.genova-freiburg.de/Konzept.html (Zugriff 28.3.2020).

463 wohnbund e.V.: «Bau- und Wohngenossenschaft Spreefeld stadtlabor berlin Berlin eG», in: wohnbund informationen (22), München 2014, S. 30.

7.1.5 Beispiel für Wohnprojekte in kleinen Gemeinden

Wohngenossenschaften entstehen nicht nur in Großstädten, sondern auch in kleineren Gemeinden, wo der Mangel an bezahlbaren Wohnungen oft ebenso groß ist. In Prien am Chiemsee, einem bekannten bayerischen Ferien- und Ausflugsort, baut die «MARO Genossenschaft für selbstbestimmtes und nachbarschaftliches Wohnen e.G.» mit Sitz in Ohlstadt im Landkreis Garmisch-Partenkirchen im neu erschlossenen Bereich Eglwies ein Mehrgenerationen-Wohnprojekt mit 17 Wohnungen und Tiefgarage. Das Besondere an diesem Projekt ist, dass auf der zweiten Grundstückshälfte die Gemeinde Prien sieben Reihen-/Doppelhäuser zum Verkauf an Einheimische errichtet.[464] Die 17 Wohnungen mit nachhaltigem Energiekonzept werden größtenteils gemäß Einkommensorientierter Förderung (EOF) errichtet und sind alle barrierefrei. Beide Grundstücke werden durch einen Gemeinschaftshof und gemeinsam genutzte Spiel- und Freizeitflächen verbunden. Die Gartenanlage sowie die Gemeinschaftsflächen zu den benachbarten Reihenhäusern schaffen Orte der Begegnung und Kommunikation.

7.1.6 Beispiel für eine «junge Wohngenossenschaft» mit sozial-politischem Anspruch

Die Berliner Wohnungsbaugenossenschaft «Besser Genossenschaftlich Wohnen von 2016 eG» ist eine frei finanzierte junge Genossenschaft, die sich dem Prinzip des «Social Business» verpflichtet hat.[465] Sie geht davon aus, dass in den letzten Jahren viele Menschen in Deutschland viele große und kleine Vermögen erarbeitet oder geerbt haben. Gleichzeitig sei das Bewusstsein und die Bereitschaft gewachsen, diese Vermögen sozial, ökologisch und nachhaltig einzusetzen und der Gesellschaft Teile davon zurückzugeben. Die «BeGeno16eG» will drei Säulen der Nachhaltigkeit – Ökologie, Ökonomie, Soziales – zusammenführen. Für die Mitglieder der Genossenschaft baut sie in den nächsten Jahrzehnten neue Stadtquartiere. Über ihre

464 Einheimische bedeutet hier, für Menschen aus der Gemeinde. Das schließt Ferienwohnungen oder Zweitwohnungen aus.

465 Social Business oder Sozialunternehmen ist ein wirtschaftliches Konzept. In dem Bereich tätige Unternehmen wollen soziale und ökologische gesellschaftliche Probleme gleichermaßen lösen.

Genossenschaftsanteile sind die GenossInnen selbst TeilhaberInnen am Projekt, nehmen Einfluss auf die Entwicklung des Quartiers für gute Nachbarschaft und gemeinschaftlichen Lebensraum für Jung und Alt.[466]

Soziale Nachhaltigkeit bedeutet für die «Begeno16eG» Solidarität mit benachteiligten Menschen. Einige Mitglieder bezahlen eine reduzierte Miete, die durch andere Bewohner, die mehr zahlen, ausgeglichen wird. Für andere übernehmen Paten die zu leistenden Geschäftsanteile. Ökologische Nachhaltigkeit will sie durch hohe Energieeffizienz der Bauprojekte und durch weitestmögliche Nutzung nachhaltiger Baustoffe erreichen.

Im Dezember 2019 sind die ersten BewohnerInnen in das Pilotprojekt QuartierWIR in Weißensee eingezogen. Seitdem haben sich Quartiersstrukturen gebildet, die sich vor allem im Engagement der BewohnerInnen in verschiedensten Arbeitsgemeinschaften äußern. Die Wohnungen sind den vielfältigen Bedürfnissen verschiedener Lebensformen angepasst:

Neben Ein-, Zwei- und Vierzimmerwohnungen gibt es Gemeinschaftscluster mit sieben Appartements für Wohngemeinschaften und Wohngruppen. Zum Projekt gehören: Dachterrassen, Kiosk, Cafeteria, Kita, ein kleines Schwimmbad und Plaza. Diese Orte und Plätze sollen Treffpunkte zum Kennenlernen und für gemeinschaftliche Aktivitäten sein. Die Miete liegt bei 10,25 Euro pro qm Wohnfläche (netto-kalt) zuzüglich der Betriebskostenvorauszahlung.[467]

7.1.7 Mietergenossenschaften: Beispiel Falkenried Terrassen eG

Die selbstverwaltete «Mietergenossenschaft Falkenried-Terrassen» im Hamburger Stadtteil Eppendorf hat eine interessante Geschichte.[468] Die Wohnungen sind meist alte Arbeiterwohnungen, erbaut zwischen 1890 und 1902, die in den 1960er-Jahren abgerissen werden sollten. 1973, nachdem die gewerkschaftseigene «Neue Heimat Nord» und SAGA-Bau den größten Teil

466 BeGeno16eG: Quartier WIR Genossenschaftlich Wohnen im Moselviertel, Berlin o.J, Faltblatt.

467 Zum Vergleich: der Mietspiegel in Berlin Kreuzberg lag 2022 bei 11,90 Euro pro qm.

468 Mietergenossenschaft Falkenried-Terrassen: geschichte, auf: Falkenried – Terassen https://www.falkenried-terrassen.de/geschichte.html (Zugriff: 10.7.2020).

der Wohnungen gekauft hatten, gründete sich eine Mieterinitiative mit dem Ziel, die Häuser zu erhalten. 1976 beauftragte die «Neue Heimat» eine Firma mit einer Instandsetzungskosten-Untersuchung. Das Ergebnis war: die Kopfbauten[469] sollten renoviert, die Terrassenhäuser abgerissen werden. 1981 dachte die Mieterinitiative erstmals über Mieterselbstverwaltung und Genossenschaft nach, nachdem ein «vertrauliches Papier» des Bausenators vom schrittweisen Abriss der Terrassen gesprochen hatte. 1982 wurde aus der Mieterinitiative ein Verein. Als die «Neue Heimat» vor dem wirtschaftlichem Zusammenbruch stand und einige Häuser bereits von einer Spekulantin gekauft worden waren, stellte die Mieterinitiative den betroffenen BewohnerInnen ein Modell zur Instandsetzung und Selbstverwaltung in Form einer Mietergenossenschaft vor. 1988 wurde die «Mietergenossenschaft Falkenried-Terrassen» gegründet. Der Senat beschloss den «Neue-Heimat»-Wohnungsbestand an zwei städtische Wohnungsbaugesellschaften zu übergeben. Nach zähen Verhandlungen wurden die Häuser 1991 von der «Johann Daniel Lawaetz-Stiftung» gekauft, die zwei Jahre vorher durch die Hamburger Bürgerschaft errichtet worden war und unter anderem Wohn- und Mietergruppen unterstützen sollte.[470] Nun wurden die Häuser instandgesetzt und unter Berücksichtigung ökologischer Grundsätze modernisiert. Die Mietergenossenschaft übernahm die Federführung und die BewohnerInnen wurden an den Planungen beteiligt. Nach einigen Schwierigkeiten war die Sanierung 1998 erfolgreich beendet. Die 324 genossenschaftseigenen Wohnungen konnten vermietet werden. Die Selbstverwaltung durch die Mietergenossenschaft hatte sich bewährt, auch wenn die Belastungen oft erheblich waren.[471] Seit 2013 stehen die Gebäude unter Denkmalschutz.[472] Neben den üblichen Genossenschaftsorganen gibt es den Belegungsausschuss, der für die Vergabe freier Wohnungen verantwortlich ist und Haus- und Terrassenversammlungen organisiert.

469 Das sind die Gebäude, die den Beginn einer Reihenbebauung markieren.

470 Johann Daniel Lawaetz-Stiftung: Wie alles anfing www.lawaetz.de/ueber-die-stiftung/wie-alles-anfing/ (Zugriff: 10.7.2020).

471 Zwei Vertreterinnen der Mietergenosenschaft Falkenried bei einer Veranstaltung der Mietergemeinschaft Kotti&Co am 22.11.2019 in Berlin.

472 Mietergenossenschaft Falkenried-Terassen: Geschichte.

7.1.8 Dachgenossenschaften

Dachgenossenschaften sind ein Zusammenschluss von kleineren Projekten und Genossenschaften. Das können kleine eigenständige gemeinschaftliche Wohnprojekte mit unterschiedlichen Konzepten wie Familien-, Frauen-, Inklusions-, generationsübergreifende Wohnprojekte sein, aber auch regionale Energiegenossenschaften u. a. Die Kostenersparnisse durch ein gemeinschaftliches genossenschaftliches Dach können immens sein. Noch gibt es wenige Beispiele für solche Dachgenossenschaften. In Freiburg sollen kleinere Hausprojekte, zu denen sich BürgerInnen zusammenschließen, mit Know-how durch den Genossenschaftsexperten Burghard Flieger unterstützt werden. Die Freiburger Dachgenossenschaft mit dem Namen «Wohnen für alle» wurde vor Kurzem gegründet.[473] Die «I.D.G. Dachgenossenschaft» in Düsseldorf ist ein weiteres Beispiel.[474] Der Genossenschaftsexperte Holger Martens gab in einem Interview zu bedenken, dass eine Dachgenossenschaft vermutlich nur Sinn bei räumlicher Nähe der einzelnen Projekte macht, da die Interessen und Wege sehr unterschiedlich sein können und es keine leichte Aufgabe sei, diese zu bündeln und zu managen. Kleine Wohnprojekte an bestehende Baugenossenschaften anzubinden, könnte die bessere Lösung sein. Wünschenswert wäre, es würde die Möglichkeit bestehen, auch kleine Genossenschaften ohne großen Aufwand betreiben zu können, das sei jedoch in absehbarer Zeit kaum zu erreichen.[475] Dachgenossenschaften sind auch im Bereich der Energiegenossenschaften aktiv.[476] Hier handelt sich um regional begrenzte, Beispiele sind «Regionalstrom Franken eG», «BürgerEnergie Thüringen Sachsen eG», «BioEnergieService Marburger Land eG».

473 Jens Kitzler: Dachgenossenschaft für Freiburger Hausprojekte steht vor Gründung, in: Badische Zeitung (o. Nr.), 18.6.2020; sowie Gespräch mit Burghard Flieger im Januar 2020.

474 I.D.G. Dachgenossenschaft: Dauerhaft bezahlbaren Wohnraum realisieren, auf: Dachgenossenschaft. https://www.dachgenossenschaft.de (Zugriff: 8.7.2020).

475 Interview mit Holger Martens am 5.4.2020.

476 Netzwerk Energiewende jetzt: Praxisplattform, auf: Dachgenossenschaften. https://www.energiegenossenschaften-gruenden.de/dachgenossenschaften.html (Zugriff: 8.7.2020).

7.1.9 Mietshäusersyndikat

Das «Mietshäusersyndikat», das 1992 in Freiburg gegründet wurde, ist eine in Deutschland singuläre, kooperative und nicht kommerzielle, marktunabhängig organisierte Beteiligungsgesellschaft zum gemeinschaftlichen Erwerb von Häusern, die selbstorganisiert in Gemeineigentum überführt werden, um langfristig bezahlbare Wohnungen und Raum für Initiativen zu schaffen. Das Syndikat beteiligt sich an Projekten, damit diese dem spekulativen Immobilienmarkt entzogen werden, das heißt, nicht weiterverkauft werden können. Gleichzeitig fördert das Syndikat den Solidartransfer zwischen leistungsfähigeren und finanzschwächeren Projekten.

Es ist an genossenschaftlichen Prinzipien orientiert, hat aber bewusst eine andere Rechtsform gewählt. In einer Broschüre zur Selbstdarstellung beschreibt es die Gründe, die für eine GmbH und gegen eine Genossenschaftsgründung sprachen: «Die Hausprojekte im Mietshäuser Syndikat sind von der Idee her genossenschaftliche Projekte. Trotzdem wurde beim Austüfteln des Organisationsmodells Anfang der 1990er-Jahre nicht die deutsche Rechtsform der eingetragenen Genossenschaft (eG) gewählt. Dafür gibt es viele Gründe: Einzelgenossenschaften lassen sich nicht miteinander verknüpfen wie GmbHs im Syndikatsmodell; eine Dachgenossenschaft hingegen, der alle Häuser gehören, ließe den einzelnen Hausprojekten zu wenig eigenen Spielraum. Außerdem ist die Rechtsform eG mit komplizierterer Gründung und Kontrolle durch den Genossenschaftsverband schwerer zu handhaben.»[477] Umso größer war die Freude des Syndikats, dass es 2012 durch die zweitgrößte Wohnungsgenossenschaft in NRW, den «Spar- und Bauverein eG in Solingen», mit dem Klaus-Novy-Preis für Innovationen beim genossenschaftlichen Bauen und Wohnen ausgezeichnet wurde.

Im Jahr 2020 war das Syndikat an 158 Hausprojekten und 16 Initiativen in Deutschland beteiligt. Die meisten Projekte, die beim Syndikat mitmachen, sind Kollektive, die kein Privateigentum wollen. Sie stehen hinter der Idee, Eigentum zu kollektivieren und verstehen sich als Teil einer linken Infrastruktur. Mitglieder der Syndikatgruppen brauchen kein eigenes Geld einzubringen. Das Syndikat unterstützt sie jedoch darin, in ih-

477 Mietshäuser Syndikat GmbH: Das Mietshäuser Syndikat, S. 7.

rem Umfeld «Direktkredite» zu sammeln.[478] Die meisten Syndikatsprojekte unterstützen sich gegenseitig, um Wissen und Erfahrung kollektiv zu teilen.

Zum «Mietshäusersyndikat» gehören auch explizit feministische Projekte, wie das queer-feministische «Bildungszentrum lila-bunt», dass das Haus in der Eifel genossenschaftlich erworben hat, nachdem das «Frauenbildunghaus-Zülpich» das Haus nach vierzig Jahren feministischer Bildungsarbeit im Sommer 2019 geschlossen hatte. Damit ist sichergestellt, dass das Haus nicht zurück auf den Kapitalmarkt kommt.

Auch das Frauenwohnprojekt im Paradies von Konstanz gehört zum «Mietshäusersyndikat». Seit 2010 wohnen dort jüngere und ältere Frauen mit und ohne Kinder in elf Zweizimmer-Wohnungen zwischen 47 und 62 qm, zentrumsnah mit vielen Gemeinschaftseinrichtungen und offenen Türen für Bewohnerinnen und FreundInnen.[479]

7.2 Produktivgenossenschaften

7.2.1 Beispiel: Hanffaser Uckermark eG

Auch im Bereich der Produktivgenossenschaften erfahren Genossenschaften wieder einen stärkeren Zulauf. In jüngster Zeit werden sie vermehrt neu gegründet. Meist haben sie neben den demokratischen Ansprüchen einer Genossenschaft auch das Ziel, einen Beitrag zur Klima-, Ökologie- und Umweltpolitik zu leisten. Ein Beispiel ist die Industriegenossenschaft «Hanffaser Uckermark eG». Sie ist ein Industrieprojekt im genossenschaftlichen Eigentum für Menschen, die das Ziel einer Rohstoffwende teilen.[480] Mit diesem politischen Anspruch übernahm die Hanf-Genossenschaft 2013 die Hanf-Fabrik, die seit 1996 in der Uckermark zertifizierten Hanf angebaut hat, der bisher für natürliche Dämm- und Baumaterialen weiterverarbeitet wurde.

478 Vgl. Elisabeth Voß: Wegweiser solidarische Ökonomie, Neu-Ulm 2015, S. 100.

479 Das Wohnprojekt im Paradies von Konstanz. https://paradieswohn-gmbh.jimdofree.com (Zugriff: 5.3.2023).

480 HANFFASER Uckermark eG: Hanf ist der Stoff der Zukunft, auf: HANFFASER Uckermark. https://www.hanffaser.de/uckermark/index.php/hanf-genossenschaft (Zugriff: 20.4.2021)

Vom Anbau über die Erntetechnik, den Transport, die Verarbeitung der Hanffasern bis zur Fertigstellung der Produkte bleibt der Anspruch der Nachhaltigkeit bestehen.

Mit der Übernahme der Hanf-Fabrik durch die Hanf-Genossenschaft wurde das sozialökonomische Konzept der Genossenschaft mit den konsequent ökologischen Ansprüchen der Hanf-Fabrik vereinigt.

7.3 Energiegenossenschaften

Besonders dynamisch gestaltete sich seit den letzten Jahrzehnten die Gründung von Energiegenossenschaften als Teil der Energiewende und Ausdruck von Bürgerengagement und Partizipation der VerbraucherInnen. Der Schwerpunkt der Neugründungen liegt bei Genossenschaften, die Solaranlagen installieren, aber auch Windenergie oder Nahwärme liegen in Trend. Burghard Flieger bezeichnet sie «als privatrechtliche Unternehmen», die «die einzig wirkliche Alternative zur gemeinwesenverantwortlichen staatlichen Organisation der Energieversorgung» darstellen.[481] Er geht davon aus, dass sie bei der Umsetzung der Energiewende in den kommenden Jahren eine Schlüsselrolle spielen werden. Dies deshalb, weil BürgerInnen die Energieversorgung in die eigene Hand nehmen wollen und am Aufschwung der regenerativen Energieproduktion teilhaben wollen.

Eine der ältesten Energiegenossenschaften ist aus der Anti-AKW-Bewegung hervorgegangen: Die «Stromrebellen» gründeten 1994 die «Elektrizitätswerke Schönau» (EWS). Einziger Gesellschafter war die «Netzkauf Schönau», die zunächst die Rechtsform der Gesellschaft bürgerlichen Rechts (GbR) wählte.[482] An ihr waren über 650 BürgerInnen beteiligt. Seit Dezember 2009 ist die «Netzkauf EWS eG» als eingetragene Genossenschaft die Eigentümergesellschaft der Elektrizitätswerke Schönau. Die Genossenschaft als Rechtsform, so sehen

481 Burghard Flieger: Wirtschaftliche Beteiligung im kommunalen Klimaschutz – Energiegenossenschaften: Bürgerbeteiligung an der kommunal organisierten Energiewende, in: Heinrich-Böll-Stiftung Brandenburg (Hg.): Bürgerbeteiligung im kommunalen Klimaschutz. Antworten europäischer Städte und Gemeinden, Potsdam 2011, S. 58.

482 Vgl. Voß: Wegweiser, S. 124.

das die AkteurInnen, erleichtert die Aufnahme neuer Mitglieder und stärkt die Handlungsfähigkeit des Unternehmens.[483] In der Zwischenzeit ist die Genossenschaft bundesweit tätig und hat fünf Tochter-GmbHs, die Strom produzieren und verkaufen.

Von den fast 2000 Genossenschaften, die seit 2006 gegründet wurden, entstanden rund 850 im Bereich erneuerbare Energien. Mit 237 davon liegt Bayern im Ländervergleich vorn. Sie bauten Photovoltaik-, Biogas-, Windkraftanlagen sowie Nahwärmenetze und Bioenergiedörfer. Die Genossenschaftsverbände stehen den Energiegenossenschaften positiv gegenüber und unterstützen deren Gründungen.[484] Holger Martens gibt allerdings zu bedenken, dass viele «Energiegenossenschaften» keinen Förderauftrag für ihre Mitglieder erfüllen, sondern eher Kapitalanlagefonds darstellen.[485] Tatsächlich ist die Gründungswelle für Energiegenossenschaften 2014 als Folge der sinkenden Förderung im Zusammenhang mit der Reform des Erneuerbare Energien Gesetzes vom 1. August 2014 zurückgegangen.[486] Das ist schade, denn sie sind zukunftsweisend für eine nachhaltige Energiewirtschaft in BügerInnenhand.[487]

7.3.1 «Bestimmen, woher der Wind weht», die Genossenschaft Windfang eG

Ein Beispiel für Energiegenossenschaften, die in den 1990er-Jahren gegründet worden sind, ist die «FrauenEnergieGemeinschaft Windfang eG». Sie ist die erste Frauenenergiegenossenschaft in der BRD.

Ihre Geschichte begann 1991 mit einem ersten Treffen von etwa zehn interessierten Frauen. Sie suchten nach einer Möglichkeit, einen geeigneten Standort in Dithmarschen – einer Region in Schleswig-Holstein – zu pachten, um dort eine Wind-

483 EWS Elektrizitätswerke Schönau: Willkommen bei den EWS. Energiewende mitgestalten https://www.ews-schoenau.de (Zugriff. 8.7.2020).

484 Vgl. Herbert Klemisch, Walter Voigt: Genossenschaften und ihre Potenziale für eine sozial gerechte und nachhaltige Wirtschaftsweise, Bonn 2012, S. 50f.

485 Martens: Anders wirtschaften, S. 44.

486 Vgl. Stappel: Die deutschen Genossenschaften, S. 6.

487 Siehe Ministerium für Wirtschaft, Klimaschutz, Energie und Landesplanung Rheinland-Pfalz (Hg): Bürger machen Energie. In sieben Schritten zur Energiegenossenschaft, Mainz o.J., Broschure.

kraftanlage (WKA) zu errichten. Die meisten der potentiellen Windfängerinnen waren damals noch Studentinnen oder gerade am Beginn ihrer Berufstätigkeit und für alle bedeutete es Learning by doing.

Die bald auf zwanzig Personen angewachsenen Gruppe von (angehenden) Ingenieurinnen hatte die Nase voll davon, dass Männer meist die Augen verdrehten, wenn sich «Frauen und Technik» zusammenbringen wollten, und sie beschlossen, den Spieß umzudrehen: «Während Männer oft viel Wind um nichts machen, wollten sie Wind machen, um einen Beitrag zu einer Energiewende zu leisten.»[488] Bewusst wählten sie die Form der Genossenschaft, denn eine Genossinnenschaft schien ihnen als die demokratischste Unternehmensform, die in Deutschland möglich ist: Hierarchien, wie sie in kapitalistisch organisierten Unternehmen üblich sind, lehnten sie ab und «Aktienjunkies» wollten sie ebenfalls nicht sein. Sie wollten bestimmen, woher der Wind weht. Als Genossinnenschaft sind sie mit ihren Schwerpunkten einzigartig in Deutschland.[489] Nach unzähligen Sitzungen erfolgte 1992 der Eintrag ins Genossenschaftsregister. Die unabhängige betriebswirtschaftliche Kontrolle durch den genossenschaftlichen Prüfverband sahen sie als zusätzliche Sicherheit für die Geldgeberinnen an. Gemeinsam legten sie Arbeits- und Betriebsstrukturen fest, verteilten die Arbeit auf Gruppen, gewannen neue Mitstreiterinnen. Es wurde mit Banken verhandelt, mit Grundeigentümern und Stromversorgern wurden Verträge abgeschlossen und nach vier arbeitsreichen Jahren konnte 1995 die erste Windkraftanlage auf dem Acker eines befreundeten Bauern in Betrieb genommen werden. Die gesamte Arbeit erfolgte mehr oder minder «ehrenamtlich». Durch den Ertrag der Anlage konnte der Strombedarf von mehr als dreihundert Vier-Personen-Haushalten pro Jahr gedeckt werden. Die Frauen beschlossen, weitere Windkraftanlagen zu errichten.

Hauptanliegen der «Windfängerinnen» sind neben der praktischen Arbeit: Frauen sollen

---

488 Windfang e.G.: «Windfang» FrauenEnergieGemeinschaft, in: Barbara Bollwahn: Frauengenossenschaften – Genossenschaftsfrauen, Berlin 2008, S. 11–12; hier: S. 11.

489 Stefanie Usbeck: Windfang eG, die Genossenschaft, auf: BMWI. https://www.bmwi.de/Redaktion/DE/Downloads/Stellungnahmen/Stellungnahmen-Gruenbuch/Organisationen/150227-windfang-eg.pdf?__blob=publicationFile&v=1 (Zugriff: 31.3.2020).

- ermutigt werden, sich in technischen Bereichen zu professionalisieren,
- Einfluss auf die Energiewirtschaft nehmen,
- eine Möglichkeit bekommen, ihr Geld anzulegen und den Einfluss darauf zu behalten,
- einen Gegenpol zu Großinvestoren bilden,
- den bewussten Umgang mit Energie voranbringen,
- den Ausbau erneuerbarer Energien fördern.

1995 gehörten «Windfang» bereits 160 Frauen an, die der Genossinnenschaft insgesamt 750.000 DM anvertrauten. Von diesen 160 Frauen waren annähernd 30 für «Windfang» aktiv; an den nächsten Projekten wurde bereits gearbeitet.

20 Jahre nach der Gründung hatten sich etliche Frauen aus dem aktiven «Windfängerinnendasein» verabschiedet. Die meisten sind jedoch geblieben und neue sind hinzugekommen. Die Genossinnen sind professioneller geworden und nutzen die Strukturen für den inhaltlichen, politischen und freundschaftlichen Austausch untereinander. Die Generalversammlung findet über mehrere Tage an wechselnden Orten statt; hier werden gemeinsam neue Themen erkundet. In Hamburg-Francop wurde die erste Multimegawattanlage errichtet. Im Jahr 2020 produzierte die Genossinnenschaft mit insgesamt elf Windkraft- und drei Solaranlagen über zwölf Millionen Kilowattstunden im Jahr. Zu «Windfang» gehören nun weit über dreihundert Frauen und es kommen ständig neue dazu.[490]

7.4 Erzeuger-Verbraucher-Genossenschaften

In den letzten Jahren sind Erzeuger/Verbrauchergenossenschaften (EVG) immer erfolgreicher geworden. Sie haben besonders deshalb an Bedeutung gewonnen, weil sie für Produzenten und Konsumenten gleich wichtig sind und beide Parteien unter einem Dach vereinigen. Sie ermöglichen Landwirten den Absatz ihrer ökologisch angebauten Erzeugnisse und stellen für ihre konsumierenden Mitglieder Transparenz und ökologische Qualität beim Kauf der Bioprodukte sicher.[491] Das heißt einerseits Kontrolle durch die kritischen VerbraucherInnen, für die es wichtig ist zu wissen, wo ihr Essen herkommt; und

490 Bollwahn: Frauengenossenschaften, S. 12.

491 Burghard Flieger: Prosumentenkooperation.

andererseits gerechte Preise für die ErzeugerInnen. Das muss nicht immer reibungslos funktionieren. Schließlich verfolgen die verschiedenen Teilgruppen in der Erzeuger-Verbraucher-Genossenschaft grundsätzlich gegensätzliche Interessen: Erzeuger wollen eine möglichst hohen, Verbraucher einen möglichst niedrigen Preis erzielen.[492] Die gemeinsame Grundidee «Förderung des ökologischen regionalen Landbaus» und das Ziel, die Produkte der Erzeuger im Direktvertrieb an die eigenen Mitglieder zu vertreiben, führen allerdings zu einem partnerschaftlichen Miteinander der Produzenten und Verbraucher. Dazu zählen auch faire Preise für Erzeuger und Verbraucher sowie ein Verständnis für die gegenseitigen Bedürfnisse und Anforderungen. Dabei können EVGs unterschiedliche Vermarktungsstrategien verfolgen. Verbreitet sind Kooperationen mit Solidarischer Landwirtschaft (Solawi), die ebenfalls als Genossenschaften organisiert sein können. Sie verbinden die Prinzipien der Solawi mit denen der Genossenschaften und distanzieren sich ausdrücklich von rechten Initiativen und Vereinen, die im Umfeld von landwirtschaftlichen Gemeinschaften ihr antisemitisches, rassistisches und völkisch-nationales Gedankengut verbreiten.[493]

Die größte deutsche Erzeuger-Verbraucher-Genossenschaft im Bereich Ernährung ist die «TAGWERK Verbraucher- und Erzeugergenossenschaft eG» in Dorfen in der Nähe von München. Sie wurde 1984 von vier Biobauern, die damals noch eine Minderheit waren, und 47 VerbraucherInnen gegründet. Sie hatte Ende des Jahres 2017 795 GenossInnen, der Förderverein 443 Mitglieder.[494]

Eine andere der ältesten EVGs ist die Bremer «Erzeuger-Verbraucher-Genossenschaft». Sie wurde 1988 gegründet. Sie ist ein Zusammenschluss von über 500 VerbraucherInnen und Er-

---

492 Inge Asendorf u. a.: Nachhaltigkeit durch regionale Vernetzung – Erzeuger-Verbraucher-Gemeinschaften im Bedürfnisfeld Ernährung, München 2003, S. 22f, Endbericht.

493 Solawi – Genossenschaften: Startseite, auf: Solawi – Genossenschaften. https://solawi-genossenschaften.net (Zugriff: 11.7.2020).
Vgl. auch Gisela Notz: Alternativ Wirtschaften: gemeinsam – ökologisch – am rechten Rand. Lunapark (21), 24.1.2018. https://www.lunapark21.net/alternativ-wirtschaften-gemeinsam-oekologisch-am-rechten-rand/ (Zugriff: 12.11.2020).

494 Tagwerk: Pioniere und ihre Geschichte, auf: Tagwerkcenter. https://tagwerkcenter.net/ueber-uns/unsere-geschichte (Zugriff: 11.7.2020).

zeugerInnen (z. B. Bauern, Gärtner, Bäcker, Schlachter) aus Bremen und dem Umland.[495]

Beide sind exemplarisch für die ersten EVGs, die aus politischen Zusammenhängen (Anti-Atombewegung, Initiative gegen den Münchner Großflughafen) entstanden sind. Sie haben sich in Hinterhöfen und Bahnhofswirtschaften zusammengesetzt und sind heute, nachdem Bio Mainstream geworden ist, florierend. «TAGWERK» wurde zum Großhändler für Naturkost und enthält viele kleine Läden, die «Bremer EVG» will lieber übersichtlich bleiben und ist dennoch die größte Lebensmittelgenossenschaft in Bremen. Für die Mitglieder organisieren sie Hofbesichtigungen, Hoffeste, Projekt- und Informationsveranstaltungen zu Themen wie ökologischer Landbau, Lebensmittelqualität, Agro-Gentechnik, nachhaltiger Konsum etc. und engagieren sich in agrarpolitischen Bündnissen.[496]

7.5 Schulgenossenschaften Beispiel: FWR-Schule Wetzlar eG

Die Zahl der genossenschaftlich organisierten Schulen ist in Deutschland verschwindend gering. Bundesweit gibt es wohl nicht mehr als ein Dutzend, davon sind die meisten Waldorfschulen. Die Gründung der Schulgenossenschaft «Friedrich-Wilhelm-Raiffeisen Schule eG» in Wetzlar erfolgte 2006/7. Gründer der Schulgenossenschaft ist ein gemeinnütziger Bildungsdienstleister und Bildungsmedienhersteller (Deutsche Fernschule e. V.). Nach dem Motto: «Wir machen anders Schule» arbeitet sie nach dem selbstentwickelten «WEiSE®»-Konzept. «WEiSE» steht für «Werteorientierte Erziehung in individualisierten Schul-Einheiten mit Eltern». Es ist vom Hessischen Kultusministerium genehmigt und (nach Art. 7 (4) GG) als Konzept mit besonderem pädagogischen Interesse anerkannt.[497] Der kooperative Stil einer Genossenschaft als Rechtsform erschien der Schule, für die beabsichtigte Zusammenarbeit zwischen Kindern, Eltern und Lehrern besonders geeignet. Eltern und Lehr-

495 Bremer EVG: Wir über uns, auf: Bremer – EVG. https//www.bremer-evg.de (Zugriff: 11.7.2020).

496 siehe Flieger: Prosumentenkooperation, S. 114–128.

497 FWR Wetzlar: Wer wir sind. Schulgenossenschaft FWR – Schule Wetzlar eG, auf: FWR Wetzlar. https://www.fwr-wetzlar.de/wer-wir-sind/ (Zugriff: 29.3.2020).

kräfte sind Mitglieder der Genossenschaft und wollen an einem Strang ziehen. Vorteile bilden die geringe Schülerzahl pro Jahrgang mit durchschnittlich neun bis zehn, höchstens zwölf Kindern pro Klasse, die großzügigen Räumlichkeiten mit dem riesigen Schulhof im Wald und die Verwendung modernster Unterrichtstechnologie.

Bewusst bezieht sich die Schule auf Friedrich-Wilhelm Raiffeisen, der zu seiner Zeit Bürgermeister von Weyerbusch im Westerwald gewesen ist und dort mit Hilfe der Genossenschaft den verarmten Bauen helfen wollte. Die Schule will diese Idee auf den heutigen Zustand der Bildung übertragen. Viele Eltern würden, wie Raiffeisen damals, nach Alternativen suchen – durch «Hilfe zur Selbsthilfe». Die FWR-Schule will – im Gegensatz zu den meisten Privatschulen, die christlich oder anthroposophisch ausgerichtet sind – eine weltliche Schule sein, von deren Aufgaben «Bildung und Erziehung, Beratung und Bewertung sowie Innovation» möglichst viele Kinder profitieren sollen. Sie soll deshalb keine Eliteschule sein, sondern eine ganz normale integrative Gesamtschule.[498] Die SchülerInnen werden auf den Übergang ins Gymnasium vorbereitet und zum Real- oder Hauptschulabschluss geführt. Die Genossenschaft hat 190 Mitglieder; 130 SchülerInnen und über 25 Lehrkräfte arbeiten dort gemeinsam. Im Jahre 2019 wurde ein bilingualer Grundschulzweig gegründet. Der Genossenschaftsanteil beträgt einmalig 200 Euro, den die Eltern zurückbekommen können, wenn ihr Kind die Schule beendet. Natürlich können Eltern wie LehrerInnen in den Aufsichtsrat oder Vorstand gewählt werden.

7.6 Sozialgenossenschaften

In der BRD gibt es ein breites Spektrum von Sozialgenossenschaften. Sie sind Organisationen der Hilfe auf Gegenseitigkeit, deren Mitglieder im sozialen Sektor agieren und deren Solidarität über den Mitgliederkreis hinaus am Gemeinwohl orientiert ist.[499] In den letzten Jahren liegen sie im Trend. Alleine vom

498 FWR Wetzlar: Jedes Kind individuell fördern – die Friedrich-Wilhelm-Reiffeisen-Schule eG, in: Genial. Das Magazin für das genossenschaftliche Netzwerk, 11.12.2018.

499 Burghard Flieger: Sozialgenossenschaften: Neue Kooperativen zur Lösung gemeindenaher Aufgaben, in: Tilo Klöck (Hg.): Solidarische Ökonomie und Empowerment, Neu-Ulm 1998, S. 138.

Januar bis Juni 2014 gab es 19 Neugründungen.[500] An ihrem Beispiel kann aufgezeigt werden, dass sich Wirtschaftlichkeit und sozialpolitisch verantwortliches Handeln nicht widersprechen müssen. Das breite Spektrum vorhandener Sozialgenossenschaften reicht von Projekten für Langzeitarbeitslose und für Unternehmen zur Arbeitsplatzsicherung für benachteiligte Gruppen über Betriebsgenossenschaften, die Tagesstätten für behinderte Kinder oder Schulen führen, bis hin zu neuen Dienstleistungskooperativen im Altenbereich.[501]

7.6.1 Karuna eG Sozialgenossenschaft, Berlin

Ein Beispiel für eine «junge» Sozialgenossenschaft ist die «Karuna eG», zu der die Karuna Obdachlosenhilfe gehört, die mit ihrer Zeitung vierhundert Obdachlosen ermöglicht, ein bisschen Geld zu verdienen.

Außerdem betreibt die eG Kältehilfe, Wohnprojekte und den Karuna Sub, einen Kleinbus-Shuttle für Obdachlose. Ein halbes Dutzend engagierter Mitarbeiter fährt montags bis freitags zwischen 8.00 und 16.30 Uhr einschlägige Plätze an und verteilt Kaffee, Frischwasser und Hygieneartikel. Während ein Bus vor Ort bleibt, werden mit einem zweiten Bus Obdachlose in Krankenhäuser, zu Ämtern etc. gefahren.[502]

Von der Corona-Pandemie, die seit März 2020 viele Einrichtungen lahmlegt, sind Obdachlose und Straßenkinder besonders betroffen. Für sie ist der Aufruf «bleib zu Hause» purer Hohn. Denn zu Hause bleiben kann nur, wer ein zu Hause hat. Selbst die «existenzunterstützenden Tafeln» stellen ihre Hilfe ein und die Suppenküchen schließen. Die Kritik an den Tafeln mit aussortierten Lebensmitteln für Arme und Hilfsbedürftige ist alt. Sie mindern den Reichtum der Wohlhabenden ebenso wenig, wie es das Verteilen von Armensuppe durch die «besser gestellten Damen» zu Beginn der Industrialisierung getan

500 Stappel: Die deutschen Genossenschaften 2014, S. 7.

501 Burghard Flieger, Bundesverein zur Förderung des Genossenschaftsgedankens, Paritätische Bundesakademie (Hg.): Sozialgenossenschaften. Wege zu mehr Beschäftigung, bürgerschaftlichem Engagement und Arbeitsformen der Zukunft, Neu-Ulm 2003.

502 KARUNA Zukunft für Kinder und Jugendliche in Not Int. e.V.: Allgemein. KARUNA SOZIALGENOSSENSCHAFT, auf: Karuna Berlin (25.3.2016). https://cms.karuna-ev.de/2016/05/karuna-sozialgenossenschaft/ (Zugriff: 20.4.2021).

hat. Solche Maßnahmen sind geeignet, das soziale Prestige der Wohltätigen zu mehren und die Hungernden zu demütigen. Sie bleiben die BittstellerInnen und sie bleiben arm.[503] Und wie sich aktuell zeigt, können sie zu jeder Zeit zurückgedreht werden. «Die beste Hilfe ist jetzt Bargeld», findet auch Karuna. Daher zahlen die KARUNA-Obdachlosenlotsen[504] täglich zehn Euro direkt an Betroffene aus.[505]

Karuna hilft aber nicht nur den Obdachlosen. 67 Menschen zwischen 17 und 82 Jahren, vorwiegend aus Deutschland, aber auch z.B. aus der Schweiz, aus den USA, aus Vietnam haben sich unter dem Motto: «Einer für alle, alle für einen!» zusammengeschlossen. Sie verstehen sich als erste solidarische Jugendgenossenschaft in Deutschland. Gemeinsam mit Jugendlichen wollen sie eine Wahlfamilie bilden. Menschen jeden Alters und verschiedener Herkunft haben sich vereint um sich – wie es in einer Familie eigentlich sein sollte, aber keinesfalls immer ist – Halt zu geben, Beziehungen herzustellen, zu pflegen, sich zuhause zu fühlen. Der Genossenschaft gehören Jugendliche an, die auf der Straße leben oder gelebt haben, aber auch JuristInnen, KünstlerInnen, Kreative, Firmen, Stiftungen, JournalistInnen, LehrerInnen, Auszubildende, StudentInnen, KulturwissenschaftlerInnen, RentnerInnen und andere. Ihr Anliegen ist es, mit der Genossenschaft für eine bessere, eine gerechtere Welt zu kämpfen. Obwohl sie sich Jugendgenossenschaft nennen, wollen sie alle Altersgruppen in ihre Arbeit einbeziehen, weil sie denken, dass sie «generationsübergreifend klüger sind».[506] In der Zusammenarbeit von «ausgegrenzten und integrierten Menschen» in einer Gemeinschaft «auf Augenhöhe» sehen sie eine Antwort auf die Herausforderungen unserer Zeit.

---

503 Siehe hierzu: Gisela Notz: Die neuen Freiwilligen. Das Ehrenamt – Eine Antwort auf die Krise?, Neu-Ulm 1999, 2. Aufl.

504 Die «Obdachlosenlotsen» sind ehemalige Obdachlose, die den Kontakt zu Obdachlosen auf der Straße suchen.

505 KARUNA Sozialgenossenschaft: Corona Soforthilfe, auf: Karuna – Sozialgenossenschaft. https://www.karuna-sozialgenossenschaft.de (Zugriff: 12.7.2020).

506 KARUNA Sozialgenossenschaft: Mitmachen?! Einer für alle, alle für einen! Karuna – Sozialgenossenschaft. https://www.karuna-sozialgenossenschaft.de/mitmachen/ (Zugriff: 19.3.2020).

Als «gesellschaftliches Entwicklungslabor» will «KARUNA eG» mit Jugendlichen, Obdachlosen und Zivilgesellschaft weitere innovative Projekte realisieren.[507]

7.7 Frauengenossenschaften

Vor 10 bis 15 Jahren erschien es so, als ob die Worte «Frauenbewegung» und «Feminismus» keinen guten Klang mehr hätten und für junge Frauen nicht mehr attraktiv seien. Kein Wunder, dass seit Mitte der 1990er-Jahre, wie Sibylle Plogstedt feststellt, über Frauenbetriebe und Kollektive im Westen nur noch lückenhaft publiziert wurde. Über Frauengenossenschaften noch weniger. Und auch in Sibylle Plogstedts Buch finden wir unter 23 Betrieben und Projekten nur eine Genossenschaft.[508] Spätestens 50 Jahre nach dem Aufbruch von 1968 wurde deutlich, dass sich Feminismus als solidarisches Projekt noch lange nicht erledigt hat.[509] Vor 50 Jahren gab es viele Gründe «reine» Frauenprojekte einzurichten, schließlich waren die Genossen nicht bereit, über die besondere Diskriminierung der Frauen zu diskutieren. Sie hatten wichtigere Themen zu bewältigen, deshalb flogen im September 1968 die Tomaten und Frauen begannen Frauenräume zu erobern. Dass es dafür auch später Gründe gab, wird am Beispiel des bereits dargestellten Frauenprojekts «Windfang» deutlich.[510] Frauen wollten nicht mehr nur «männerfreie» Räume, sondern sie wollten auch Hierarchien als patriarchale Strukturen abschaffen. In Betrieben ohne Chefin haben alle Frauen Entscheidungsfunktionen, die sie kollektiv treffen. Hierarchien wurden schon in den 1970er-Jahren als patriarchale Strukturen abgelehnt. Angesichts der Debatten um die (schlechten) Chancen von hochqualifizierten Frauen in Führungspositionen müssten genossenschaftliche hierarchiearme Frauenprojekte für Frauen attraktiv sein. Schließlich bietet die

---

507 KARUNA Sozialgenossenschaft eG: Lieberose Karuna Garten. https://karuna-garten.de. Siehe auch: Geno-Nachrichten vom 4.5.2020: https://www.genonachrichten.de/karuna-sozialgenossenschaft-in-der-kritik/ (Zugriff: 12.7.2020).

508 Sibylle Plogstedt: Frauenbetriebe. Vom Kollektiv zur Einzelunternehmerin, Ulmer 2006.

509 Vgl. Gisela Notz: Warum flog die Tomate, S. 75.

510 Siehe Abschnitt 7.3.1.

Rechtsform der Genossenschaft eine Möglichkeit, kollektiv zu leben und zu arbeiten.

Frauenprojekte und Betriebe sind in erster Linie soziale Kunstwerke und keine wissenschaftlichen Experimente. Sie sind aus der Erkenntnis heraus entstanden, dass die negativen Auswirkungen der kapitalistischen Wirtschaft sich in der lebensverachtenden Praxis sowohl am Arbeitsplatz als auch in den immer noch meist patriarchal strukturierten Kleinfamilien zeigen. Deshalb sind die darin arbeitenden Frauen nicht nur daran interessiert, Einheit von Privatleben und Arbeit herzustellen, sondern beide Bereiche zu verändern. Sie haben sich den Slogan der neuen Frauenbewegungen «Das Private ist politisch» zu eigen gemacht. Und die Wenigsten wollen, selbst wenn sie Konflikte aushalten müssen, zu «normalen» Strukturen zurück.

Die Strukturen von Genossenschaften bieten grundsätzlich die Möglichkeit zur Aufhebung der geschlechtshierarchischen Arbeitsteilung, besonders dann, wenn die Akteure gemeinsames Leben und Arbeiten zum Programm erhoben haben. Genossenschaften können einen Beitrag zur Verwirklichung einer konkreten Utopie hin zu einer Lebensarbeitswelt, die der Entfaltung der Persönlichkeit aller Gesellschaftsgruppen dient, leisten. Der Anpassungsdruck an marktgesetzliche Sachzwänge kann jedoch als Ausrede benutzt werden, dass auch in Genossenschaften das Patriarchat die Arbeit verteilt.[511] Ein Grund mehr, «reine» Frauenprojekte zu gründen.

7.7.1 *WeiberWirtschaft Berlin*

Unter dem Motto «Mutige Weiber tun sich zusammen» gründeten 17 Frauen 1989 in Berlin-Mitte die nach ihren eigenen Aussagen «erste Frauengenossenschaft seit der Weimarer Republik».[512] Die Frauen kauften von der Treuhandanstalt ein leer stehendes Gebäude in Ostberlin, das früher der Produktionsstandort des «VEB Berlin Kosmetik» gewesen ist. Nach einer «kurzen aber heftigen Gründerzeit» konnten 1994 die ersten Frauen in das Gründungszentrum einziehen. Der Wer-

511 Vgl. Gisela Notz: Gibt es ein richtiges Leben im falschen? Frauen in der Selbstverwaltungswirtschaft, in: Gisela Notz u. a. (Hg.): Selbstverwaltung in der Wirtschaft. Alte Illusion oder neue Hoffnung? Köln 1991, S. 190.

512 WeiberWirtschaft Berlin eG: Mutige Weiber tun sich zusammen in: Barbara Bollwahn: Frauengenossenschaften, Berlin 2008, S. 16.

bespruch lautete damals: «Grundeigentum in Frauenhand», das motivierte viele Frauen, sich hier einzukaufen. Und es gab sogar Banken, die bereit waren das Unternehmen zu finanzieren, obwohl es «Weiberwirtschaft» hieß.[513] Hinzu kam ein Neubau mit Geschäften und Sozialwohnungen. Inzwischen ist die Frauengenossenschaft «WeiberWirtschaft eG» Europas größtes Gründerinnen- und Unternehmerinnenzentrum. Burghard Flieger ordnet sie den Betriebs- bzw. Verwaltungsgenossenschaften zu, bei der die Verbindung zwischen Ökologie und Feminismus bei der Gründung eine zentrale Bedeutung spielte.[514] Die Genossenschaft stellt mehr als 7000 Quadratmeter Nutzfläche zur Ansiedlung von Gründerinnen, Unternehmerinnen und Frauenorganisationen in ihrem Gewerbehof zur Verfügung. 60 Frauenunternehmen profitieren von fairen Mietpreisen, einer guten Infrastruktur, der zentralen Lage, zahlreichen Vernetzungsmöglichkeiten, einem Kindergarten und vor allem von vielen interessanten Nachbarinnen. Die «WeiberWirtschaft» unterstützt Gründerinnen, vermietet Tagungsräume, vergibt den WeiberWirtschafts-Mikrokredit für Kleinstkredite von 1000 bis 10.000 Euro, informiert mit einer Infomail und einem Rundbrief und organisiert Führungen durch ihr Zentrum.[515] Mit der Sanierung Anfang der 1990er-Jahre hat sie bereits Zeichen gesetzt und die «Erste ökologische Gewerbehofsanierung» in Berlin durchgeführt. Der Anspruch für ressourcensparendes und nachhaltiges Wirtschaften setzt sich im laufenden Betrieb fort.[516]

Vor Jahren warb das Gründerinnenzentrum mit dem Slogan: «Wir geben Frauen Raum und machen Männern den Hof.» Heute haben sie die Unternehmensphilosophie: «Männer dürfen hier rein und raus», weil sie gelernt haben, dass die Unternehmen, die sie unter der Genossenschaft versammelt haben, nicht ohne männliche Kundschaft überleben können.[517] Allerdings akzeptieren sie, dass es Angebote ausschließlich für Frauen gibt, dazu gehört das Lesbenarchiv, das keine Männer

513 Plogstedt: Frauenbetriebe, S. 145.

514 Burghard Flieger: Das novellierte Genossenschaftsgesetz als Chance für Teamgründungen von Frauen, Freiburg, o.J., S. 3f.

515 WeiberWirtschaft eG: Startseite, auf Weiberwirtschaft. https://weiberwirtschaft.de/home/ (Zugriff: 12.7.2020).

516 Vgl. Katja von der Bey: WeiberWirtschaft. Standort für Chefinnen in: zfwu (1), Altendorf 2003.

517 Plogstedt: Frauenbetriebe, S. 105.

in ihren Räumen duldet. Einmieten dürfen Männer sich nur in Ausnahmefällen, das ist in der Satzung verankert. Die «Weiber-Wirtschaft» gehört dem Netzwerk der Unternehmerinnen- und Gründerinnenzentren an.

Während der Corona-Pandemie sorgten sich die Frauen nicht nur um die Gesundheit der Frauen unter dem Dach ihrer Genossenschaft, sondern auch um das Überleben der Genossenschaft. Wie durch «ein kleines Wunder» zeichneten viele Frauen im April 2020 neue Geschäftsanteile. Es war der höchste Zuwachs von neuen Geschäftsanteilen seit vielen Jahren. Für die Gründerinnen war das ein wichtiges Signal: Sie waren nicht allein! Die Genossenschafterinnen standen solidarisch hinter Ihnen.[518]

7.7.2 Genossinnenschaft Schokofabrik eG

Die «Genossinnenschaft Schokofabrik eG» in Berlin ist das größte Frauenzentrum Europas. Sie wurde im Jahr 2003 gegründet, um das Frauenzentrum Schokofabrik, das aus einer Hausbesetzung hervorgegangen ist und seit 1981 als Verein bestand, zu erhalten. Damit sollten sowohl für die alten Gebäude der ehemaligen Schokoladenfabrik Verantwortung übernommen werden als auch die aus der Hochzeit der Frauenbewegungen der 1970er-Jahre entstandenen Frauenräume erhalten bleiben.

Die Existenz des beliebten Frauenzentrums in Kreuzberg war bedroht, weil das landeseigene Wohnungsunternehmen, die GSW, die Immobilie verkaufen wollte. Mieterinnen, Mitarbeiterinnen des Vereins und Eigentümerinnen der Wohnungen im Haus wurden Genossinnen. Später kamen Freundinnen dazu, Unterstützerinnen des Frauenzentrums, ehemalige Besetzerinnen und Gründungsfrauen aus der Anfangszeit.[519] Laut § 13 der Satzung können ausschließlich Frauen und Mädchen Genossinnen der Schokofabrik eG werden, auch für beitreten-

518 WeiberWirtschaft eG: Solidarisch gegen Corona, auf: WeiberWirtschaft. https://weiberwirtschaft.de/news/artikel/solidarisch-gegen-corona/ (Zugriff: 12.7.2020).

519 Genossinnenschaft Schokofabrik eG.: Über uns. Übersicht. Genossinnenschaft Schokofabrik. https://www.genossinnenschaft-schokofabrik.de/index.php?id=107 (Zugriff: 3.4.2020).

de juristische Personen gilt, dass «deren Gesellschafterinnen, Mitfrauen, Genossinnen und geschäftsführende Organe ausschließlich Frauen und Mädchen sind.[520] Mehr als 116 Frauen[521] unterstützen seither die Genossinnenschaft und ihre Projekte. Dazu gehören: Angebote an Beratung, Hilfe zur Selbsthilfe, Bildung – zum Beispiel Deutschkurse und andere Angebote für Migrantinnen –, Sport und Wellness – z. B. das nach orientalischer Tradition errichtete Hamam –, politische Veranstaltungen, eine Frauenmöbelwerkstatt, das Frauenkrisentelefon e. V., die Kindertagesstätte «Schokokids» für zwanzig Kinder und das QueerFeministische Kollektiv Café OYA, das auch politische und kulturelle Veranstaltungen organisiert, und natürlich bezahlbarer Wohnraum für Frauen sowie die Mädchenwohngruppe, die in Kooperation mit «Jugendwohnen im Kiez» eingerichtet wurde und Schutzräume für Mädchen bietet, die nicht mehr in ihrer bisherigen Wohnumgebung bleiben wollen. Die Schokofabrik sieht sich als «Aktivposten gegen Gentrifizierung beim Wohnen und bei [unseren] vielfältigen sozialen und feministischen Projekten».[522] Über einhundert Frauen sind es, die in der Schokofabrik leben und arbeiten. 2020 ist es gelungen, eine energetische Sanierung durchzuführen, ohne dass sich die Mieten dadurch erhöht hätten.[523] Damit will das Projekt dezentrale und ökologische Versorgungsstrukturen unterstützen und die klimaschonende Erzeugung von notwendiger Energie ermöglichen.

7.7.3 Frauenwohnprojekte

«Selbst initiierte autonome Wohnprojekte waren mehr oder weniger eine logische Entwicklung aus der neuen Frauenbewegung mit ihren Bestrebungen nach selbstbestimmten Räumen», schreiben Ruth Becker und Eveline Linke in einer empirischen Studie über Frauenwohnprojekte.[524] Im Jahr 2000 identi-

---

520 Satzung der Genossinnenschaft Schokofabrik eG. Nach § 143 der Satzung ist sie Mitglied des Verbandes Berlin – Brandenburgischer Wohnungsunternehmen e. V. (BBU). Sie wird von diesem Prüfungsverband geprüft.

521 Genossinnenschaft Schokofabrik: Über uns.

522 Ebd.

523 Elisabeth Voß: Genossinnen betreiben energetische Sanierung mietenneutral, in: Mietermagazin (3), 2020, S. 13.

524 Ruth Becker, Eveline Linke: Mehr als schöner wohnen!, S. 24.

fizierten sie 29 Projekte in Deutschland; wahrscheinlich kamen in den folgenden zwanzig Jahren neue hinzu. In diesem Zusammenhang interessieren Wohnprojekte, die die Tradition der Frauengenossenschaften neu beleben. Wir finden solche u. a. in Berlin, Hamburg, Bremen, Köln und München. Sie alle folgen dem Anspruch «Wohnraum in Frauenhand», getreu den Ansprüchen der Frauenbewegung soll das im Kollektiv und nicht individuell geschehen.

7.7.3.1 Beispiel: FrauenWohnen eG München

In München entstand am 1. März 1998 die erste Frauenwohn- und Baugenossenschaft. Sie versteht sich als selbstbestimmte, selbstverwaltete Solidargemeinschaft von Frauen. Explizites Ziel der Genossenschaft «FrauenWohnen eG» ist es, bezahlbaren Wohnraum für Frauen in München zu schaffen, der vor Spekulation sicher und für die Genossinnen bezahlbar ist. Inzwischen halten fast 300 Mitfrauen Anteilscheine à 1100 Euro. Dadurch sind sie Miteigentümerinnen der Großimmobilien der Genossenschaft. Bei der Planung der freifinanzierten und geförderten Wohnungen wurden frauenspezifische Bedürfnisse in den Vordergrund gestellt. Mitfrauen, die einziehen, erhalten ein lebenslanges Wohnrecht. Ziele sind unter anderem nachbarschaftliches Miteinander, Gemeinschaft statt Anonymität, Achtsamkeit und Toleranz sowie Mitbestimmung. Eine erste Wohnanlage in München-Riem wurde im Herbst 2006 fertiggestellt. 49 Wohnungen, Gemeinschaftsräume sowie eine Gewerbeeinheit für freischaffende Berufe bilden den baulichen Rahmen für das Wohnprojekt. Die zwei- bis fünfgeschossigen Gebäude werden von einem grünen Innenhof aus über Laubengänge erschlossen. Nach außen haben alle Wohnungen große Loggien oder Privatgärten mit Ausblick ins Grüne.[525]

Die Genossenschafterinnen müssen zwischen 400 und 520 Euro Eigenkapital pro Quadratmeter aufbringen. Das sind für eine Wohnung von 55 Quadratmeter 28600 Euro. Für München ist dies in der bebauten Lage preisgünstig. Ein weiteres Projekt, ein Altbau, wird entsprechend den Ansprüchen umgebaut. In der Genossenschaft sind ausschließlich Frauen Mitglieder (Mitfrauen). Männer können in den Genossenschaftsim-

525 FrauenWohnen eG: FrauenWohnen eG München, auf: Frauenwohnen. https://www.frauenwohnen-eg.de (Zugriff: 17.7.2020) sowie Flieger: Das novellierte Genossenschaftsgesetz, S. 5.

mobilien mitwohnen, sei es als Ehemann, Lebenspartner oder Sohn, dürfen aber keine Anteile erwerben.[526]

7.7.3.2 Beispiel: Beginenhof Köln eG

Die «Beginenhof Köln eG» wurde 2011 von Frauen für Frauen als erste Frauen-Baugenossenschaft in Nordrhein-Westfalen und als einzige Genossenschaft der unter dem «Dachverband der Beginen e.V.» zusammengeschlossenen 16 Beginen-Projekte gegründet.[527] Er ist ein generationsübergreifendes Lebens- und Wohnprojekt. Wohnen können dort ausschließlich Genossinnen, die Genossenschaftsanteile zu insgesamt 2000 Euro erworben haben.[528] Unterstützerinnen können ebenfalls Genossenschaftsanteile erwerben. Ende des Jahres 2013 zogen 27 Genossenschaftlerinnen in den Beginenhof in Köln-Widdersdorf ein. «Individuelles Leben in einer Frauengemeinschaft», so lautet das Credo der Bewohnerinnen. Eine Genossenschaft passt nach Meinung der Gründerinnen am besten zu den ideellen Werten der Beginen. Damit steht langfristig sicherer und günstiger Wohnraum für Frauen zur Verfügung, insbesondere für die nächsten Generationen. Es gibt drei verschiedene Wohnformen: öffentlich geförderte für Frauen mit geringem Einkommen, freifinanzierte und «eigentumsähnliche» Wohnungen. Diese Dreigliederung entspricht dem sozialen Anliegen der Genossenschaftlerinnen.

Jede Frau hat ihre eigene abgeschlossene Wohnung und kann die Gemeinschaftsräume mit insgesamt fast 200 qm und zwei begrünte Innenhöfe nutzen. Darüber hinaus beteiligt sie sich an den Aktivitäten der Gemeinschaft, wie z. B. an der Gremienarbeit oder den praktischen Arbeiten in Haus und Garten. Alle 14 Tage findet eine Hausversammlung statt, an der in der Regel alle Frauen teilnehmen. Sie dient dem formalen Austausch und geselligen Beisammensein. Konfliktsituationen werden u. a. auch mit dem Angebot der Supervision geklärt.

---

526 Hildegard J. Kamp-Hell: Leben in der Genossenschaft. Münchner Frauen verwirklichen einzigartiges Projekt in Riem, in: AZ 50 plus vom 24.5.2005, S. 5, sowie Flieger: Das novellierte Genossenschaftsgesetz, S. 5.

527 Die Beginenhöfe sind mittelalterliche Frauengemeinschaften, die sich zu Wirtschaftsgemeinschaften zusammenschlossen und um die es viele Mythen gibt, die in diesem Zusammenhang nicht alle aufgezeigt werden können. Siehe hierzu Gisela Notz: Kritik des Familismus, S. 54–56.

528 Beginenhof Köln eG: Startseite, auf. Beginenhof – Köln. https://www.beginenhof-koeln.de/ (Zugriff: 12.7.2020).

7.8 Mediengenossenschaften

7.8.1 Zeitungsgenossenschaften

Die beiden Zeitungsgenossenschaften, die im Folgenden beschrieben werden, haben unterschiedliche Entstehungshintergründe. Beide erlebten bewegte Zeiten. Die «taz-Genossenschaft eG» ist ein Beispiel, wie ein selbstverwalteter westberliner Alternativbetrieb der 1970er-Jahre in eine prosperierende Tageszeitung mit der Rechtsform einer Genossenschaft umgewandelt werden konnte, während die «junge Welt» bereits nach dem Zweiten Weltkrieg gegründet wurde, die auflagenstärkste Tageszeitung im «anderen Deutschland» war und sich nach ihrer Übernahme durch einen kapitalistischen Betrieb nur mühsam erholen konnte. Letztlich verdanken beide ihr Überleben dem rechtzeitigen Sprung in die Genossenschaft.

7.8.1.1 «Kauft die taz»: Die taz-Genossenschaft eG

Mitte der 1970er-Jahre blühte in der BRD die Alternativ-Presse. Es waren bewegte Zeiten: in Nicaragua endete damals die Diktatur Somozas, in Afghanistan marschierten sowjetische Truppen ein. Der «Deutsche Herbst» polarisierte die BRD.[529] Die damals traditionell links-orientierte Tageszeitung taz wurde 1979 von einer Handvoll junger Leute als selbstverwalteter Zeitungsverlag gegründet und verstand sich als Projekt der Alternativbewegung und der Stärkung der Gegenöffentlichkeit; als Gegenmodell zum «Verlautbarungsjournalismus». Die GründerInnen wollten mit der linken Tageszeitung «das Ungehörte laut, das Quergedachte geltend, das Verdrängte sichtbar» machen.[530] «Wir haben keine Chance, aber wir nutzen sie», hieß es in der ersten Ausgabe der taz. Seit dem 17. April 1979 erscheint sie täglich, pünktlich und bundesweit. Das wäre ohne das solidarische Handeln ihrer LeserInnen niemals möglich gewesen.[531]

529 Vgl. Anja Maier: Auch dafür ist die taz gegründet worden, in: taz (12237), 16. Mai 2020, S. 37.

530 Ebd.

531 Vgl. Kornelia Gellenbeck: Unabhängigkeit ist doch käuflich – die «taz Genossenschaft», in: Heinrich-Kaufmann-Stiftung des Zentralverbandes deutscher Konsumgenossenschaften e. V. (Hg.): «Miteinander geht es besser». Beiträge zur 1. Tagung zur Genossenschaftsgeschichte, Norderstedt 2011, S. 7–13.

Internet gab es noch keines, das Telegramm war das schnellste Instrument zur Nachrichtenübermittlung. Um das nötige Gründungskapital aufzutreiben, hatten 7000 LeserInnen vorab eine Zeitung abonniert, die es noch gar nicht gab. Die etablierten Zeitungsverlage gaben dem unterkapitalisierten und selbstverwalteten Betrieb kein Jahr. Die Tageszeitung galt als Teil der Alternativbewegung. Die MitarbeiterInnen entschieden über die meisten Dinge ihres täglichen Arbeitsprozesses selbst. «Jeder Schritt hin auf die Etablierung fester Entscheidungsstrukturen» wurde lange Zeit «von mehr oder weniger großen Teilen der Belegschaft immer wieder als Verstoß gegen basisdemokratische Ansprüche bekämpft und soweit wie möglich verhindert». Als sich schließlich nicht nur die Probleme, sondern auch die damit verbundenen Auseinandersetzungen häuften und sich die wirtschaftliche Situation verschärfte, entschied das Pfingstplenum 1988, ein Leitungsmodell zu installieren. Damit war ein Teil der «ungefestigten, spontanen, flexiblen, aber auch beliebigen Verhältnisse» verschwunden, «ohne die die taz nicht hätte entstehen – und mit denen sie nicht hätte überleben können». Dennoch gelang es – trotz Versuchen mit verschiedenen Finanzierungskonzepten – nicht, das Finanzproblem zu lösen.

Zwölf Jahre nach ihrer Gründung und zwei Jahre nach dem Fall der Berliner Mauer stand die notorisch unterkapitalisierte taz endgültig vor dem finanziellen Aus: Zwar stiegen in der neuen «gesamtdeutschen» Hauptstadt die Immobilienpreise und damit auch der Wert des taz-Verlagshauses unweit vom alten Grenzübergang «Checkpoint Charlie» sprunghaft an, aber dagegen stand die Tatsache, dass mit der Mauer auch die staatlichen Subventionen des Bundes weggefallen waren. Die Steuervorteile und Lohnhilfen der «Berlinförderung» hatten bislang die Unwirtschaftlichkeit des Kleinverlags kaschiert. Aber nun lebte die taz Monat für Monat rund 100.000 DM über ihre Verhältnisse, d. h. von den Vorauszahlungen ihre AbonnentInnen.

«Kauft die taz» war der erste Werbeslogan der Genossenschaft, deren Entstehen eine ausführliche und kontroverse Diskussion vorausging. Bisher hatte die taz mit dem Trägerverein «Freunde der alternativen Tageszeitung e. V.» kein kapitalistischer Betrieb sein wollen, ihre GründerInnen hatten sich von ihrem Tun lediglich so viel Gewinn erhofft, dass die Zeitung durch die Überschüsse regelmäßig verbessert werden konnte. Mit knapper Mehrheit beschloss das letzte taz-Plenum am 2.

Oktober 1991 die Gründung einer Genossenschaft. Künftig sollte es flache Hierarchien, eine moderate Lohndifferenzierung und eine «richtige» Chefredaktion geben. Dafür wurde die taz an viele ihrer LeserInnen verkauft, die innerhalb von wenigen Monaten eine ungeahnte Solidaritätswelle entfachten und drei Millionen DM Genossenschaftskapital zusammenbrachten.

Die Genossenschaftsgründung war eine Rettungsaktion. Die Zeitung gehört seit 1992 allein den GenossInnen der «taz Genossenschaft». In der Zwischenzeit hat sie sich zum erfolgreichen Geschäftsmodell entwickelt, das die Unabhängigkeit der Tageszeitung sichert. Etwa 1000 neue Mitglieder mit einer Million Euro kommen jährlich hinzu. Bereits ab 500 Euro, die auch in 20 Raten bezahlt werden können, kann Mensch Mitglied werden. Und natürlich hat jede GenossIn nur eine Stimme – unabhängig von der Anzahl der gezeichneten Anteile.[532] Freilich können oder müssen – und das gilt auch für andere Genossenschaften – nicht alle Mitglieder alles entscheiden. Zwar können alle LeserInnen Genossenschaftsmitglieder der taz werden, sie haben aber keine Mitspracherechte, was den Inhalt der Zeitung angeht.[533] Die Mitglieder der Genossenschaft hatten zumeist als LeserInnen zur taz gefunden und sie wurden GenossInnen, weil ihnen deren publizistische Unabhängigkeit wichtig ist. Im März 2021 hatte die Genossenschaft 20.835 Mitglieder, die mit einem Kapital über 19 Millionen Euro «in die Pressevielfalt investieren» und somit die wirtschaftliche und publizistische Unabhängigkeit der taz sichern.[534] Sie sind der Mittelpunkt eines breiten Netzwerks. Die GenossInnen haben mit ihren Einlagen das Verlagshaus in bester Hauptstadtlage und den Bau und den Umzug in ein repräsentatives neues Gebäude finanziert und über alle (Wirtschafts-)Krisen hinweg den Verlagsbetrieb aufrechterhalten. Das Geld wurde in die Qualitätsverbesserung der Zeitung gesteckt, ein neues Redaktionssystem, ein neues Layout, ein neues Wochenendmagazin, ein neuer Regionalteil und ein neuer Webauftritt wurden bisher aus Mitteln der Genossenschaft und der Entwicklungs KG[535] finanziert.

---

532 Geschafft 20.000!, in taz (o. Nr.), 18. April 2020, S. 31.

533 Vgl. Elisabeth Voß: Wie wirtschafte ich solidarisch, Interview in: CCG Magazin vom 6.3.2017.

534 taz vom 3. März 2021, S. 1.

535 Der Konsolidierungskreis der taz besteht seit dem Jahr 2003 aus den Gesellschaften taz, die tageszeitung. Verlagsgenossenschaft eG (Holding); TAZ Verlags- und Vertriebs GmbH (Redaktion und Verlag); con-

Der taz angegliedert ist die «taz Akademie», die junge kritische JournalistInnen im In- und Ausland fördert und die gemeinnützige «taz Panter Stiftung für Meinungsvielfalt im öffentlichen Raum». Das Stiftungskapital von rund 1,4 Millionen Euro darf laut Satzung nicht angetastet werden. Ausschließlich aus den Kapitalzinsen finanzieren sich Akademie und der «taz Panterpreis für soziales Engagement». Ein Gutteil des Stiftungskapitals kam aus dem Kreis der taz-GenossInnen.[536] Fast einmalig ist der von der taz erfundene «taz Solidarpakt», der drei verschiedene Preisstufen für die AbonnentInnen vorsieht: den politischen Preis, den Standardpreis oder den ermäßigten Preis. Unter diesen Preisstufen können die LeserInnen selbst wählen, wie viel sie bezahlen möchten. Wer mehr als den Standardpreis für ein Abonnement zahlt, ermöglicht es Menschen mit geringeren finanziellen Spielräumen, sich ebenfalls ein taz-Abo zu leisten. Seit längerer Zeit kann die taz auch digital gelesen werden. Aus der Presselandschaft ist das einstige Alternativblatt nicht mehr wegzudenken.

7.8.1.2 «Wir drucken, wie sie lügen…»: LPG «junge Welt eG»

Die «Linke Presse-, Verlags-, Förderungs- und Beteiligungsgenossenschaft (LPG) junge Welt eG» kann im Jahr 2020 ihr 25jähriges Bestehens feiern. Eigentlich ist die Tageszeitung «junge Welt» viel älter. Sie wurde 1947 vom antifaschistischen Geist getragen als Wochenzeitung in Berlin gegründet. Seit 1952 erscheint sie täglich und entwickelte sich bis 1989 zur auflagenstärksten Tageszeitung der DDR.[537] Kritischer und informativer als andere Medien erreichte die «junge Welt» eine hohe Popularität. Bereits in dieser Zeit wurde die ursprünglich als Jugendzeitung konzipierte «junge Welt» («Zentralorgan der FDJ») von allen Altersgruppen gelesen. Nach der Privatisierung der «jungen Welt» durch den Verkauf für eine DM an eine Westberliner Mediengruppe sank die Auflage rasch, auch weil die Zeitung sich nicht ausreichend von anderen unterschied und

---

trapress Media GmbH (Werbung); contra press Satz und Druck GmbH & Co. Neue KG (Produktion); taz Treuhand- und Verwaltungs GmbH; taz Entwicklungs GmbH; taz Entwicklungs GmbH & Co. Medien KG.

536 Ebd, S. 13.

537 junge Welt: Über diese Zeitung. Jungewelt. https://www.jungewelt.de/ueber_uns/diese_zeitung.php (Zugriff: 27.3.2020).

keinen klaren linken Kurs mehr fuhr. Ein Versuch im Jahre 1994, die Zeitung klar zu profilieren, wurde vorzeitig abgebrochen: Die damaligen Eigentümer stellten die Produktion der Tageszeitung junge Welt Anfang April 1995 ein, die Beschäftigten wurden entlassen. Ein Teil der Belegschaft wollte das Ende nicht akzeptieren. Mit viel Mühe, Überzeugungskraft, Verhandlungsgeschick und Enthusiasmus gelang, was keiner erwartet hatte: die «junge Welt» erschien genau sieben Tage nach dem verkündeten Konkurs wieder.[538] Neun MitarbeiterInnen gründeten daraufhin am 7. Oktober 1995 den «Verlag 8. Mai GmbH», in dem auch die deutschsprachige «Granma Internacional», eine kubanische Monatszeitung der PCC, der Kommunistischen Partei Kubas, erscheint. Im Februar 1998 gründeten sie die Genossenschaft LPG «junge Welt eG» und konnten so das weitere Erscheinen der jungen Welt als linke, marxistisch orientierte überregionale Tageszeitung mit einem hohen Anteil an Hintergrundberichten und umfassenden Analysen realisieren – bis heute. Möglich war dies durch inhaltliche Klarheit, vielfältige Aktionen von Verlag und Redaktion, die starke Unterstützung der LeserInnen sowie das Wirken der Genossenschaft – und nicht zuletzt durch die engagierte Arbeit vieler freier Autorinnen und Autoren.[539] Den finanziell engagierten LeserInnen, von denen viele zu GenossenschafterInnen wurden, war stets klar: Wir sind KapitalgeberIn für ein linkes Projekt. Renditen sind kaum zu erwarten. Insofern betrachten viele Genossenschaftsmitglieder ihr eingezahltes Geld als «adventure capital», Abenteuerkapital. Keine Partei steht hinter dem Projekt, kein Großverlag, keine Gewerkschaft, kein linker Mäzen und keine andere finanzstarke Gruppierung. Die «junge Welt» ist das Produkt ihrer LeserInnen, ihrer MitarbeiterInnen und vor allem der Genossenschaft. Kredite bekommt der Verlag nicht. Die GenossInnen führen das darauf zurück, dass die meisten BRD-Banken nicht gewillt sind, Darlehen an Genossenschaften zu geben, weil sie traditionelle Unternehmensstrukturen bevorzugen.[540] Die «junge Welt» finanziert sich fast ausschließlich aus den Einnahmen

538 Vgl. Klaus Fischer: Abenteuerkapital. Ohne Genossenschaft geht nichts mehr: Zehn Jahre nach dem Neustart der jungen Welt hat sich die LPG für Verlag und Redaktion als unersetzlich erwiesen, auf: Jungewelt. https://www.jungewelt.de/unterstuetzen/genossenschaft/geschichte.php#Skip0 (Zugriff: 27.3.2020).

539 junge Welt: Über diese Zeitung.

540 Fischer: Abenteuerkapital.

durch die AbonnentInnen der Print- und Onlineausgabe. Die Genossenschaft LPG «junge Welt eG» übernimmt die finanzielle Absicherung (Liquidität, Investitionen). Andere wesentliche Finanzierungsquellen bestehen nicht.

Im Mittelpunkt der journalistischen Tätigkeit stehen soziale Fragen, Kriegstreiberei und imperialistische Kriege. Die Erfahrungen linker Bewegungen und Organisationen aus der ganzen Welt sollen auch für die Kämpfe im Lande genutzt werden. Diesen Ansatz verdeutlicht die «junge Welt» auch mit der Internationalen Rosa-Luxemburg-Konferenz, die sie jährlich am zweiten Samstag im Januar gemeinsam mit anderen Organisationen in Berlin durchführt.[541]

Heute wird die «junge Welt» von 2267 GenossInnen getragen.[542] Die Printausgabe erscheint werktäglich mit mindestens 16 Seiten, am Freitag mit der Feminismus-Seite, am Wochenende zusätzlich mit der achtseitigen Beilage «faulheit und arbeit» und jedes Jahr zum 8. März, dem Internationalen Frauentag, mit einer extra Feminismus-Beilage. «Sie lügen wie gedruckt, wir drucken, wie sie lügen», damit hat die «junge Welt» 20.000 zahlende LeserInnen geworben und darauf, dass sie nicht auch selbst lügt, wie gedruckt, wirft der Verfassungsschutz ein Auge.[543]

7.8.1.3 «Eine kleine linke Tageszeitung ist besser…»: die nd.Genossenschaft eG

Die «nd.Genossenschaft» wurde am 1. Januar 2022 als Genossenschaft der MitarbeiterInnen und LeserInnen der Tageszeitung «nd.DerTag» und der Wochenzeitung «nd.DieWoche» gegründet. Auch sie sind als Zeitungen schon viel älter. Sie sagen von sich selbst, dass sie nie eine «normale Zeitung» gewesen seien. 1946 ist die «nd» aus einem antifaschistischen Flugblatt hervorgegangen, wurde im April des gleichen Jahres von Wilhelm Pieck und Otto Grotewohl als Zeitung der Staatspartei SED gegründet und ist daraufhin zu einem «trockenen Partei- und Staatsblatt» geworden. 1990 musste sie sich «im kapitalistischen Deutschland» neu erfinden. Sie war nun keine Parteizeitung mehr, wurde aber von PDS und später von der

541 junge Welt: Über diese Zeitung.

542 Stand 27.3.2020.

543 Manfred Götzke: 25 Jahre Verlag der jungen Welt. Zeitung für DDR-Nostalgiker und Kapitalismuskritiker. Deutschlandfunk, 27.4.2020.

Partei «Die Linke» unterstützt. Nach einem langen, schwierigen Prozess der Genossenschaftsgründung versteht sie sich als unabhängige linke Tageszeitung, die der Belegschaft und den LeserInnen gehört. Laut Satzung ist sie ein solidarisches, nachhaltiges Unternehmen mit fairen Löhnen. Sie stellt und vertreibt die sozialistische Zeitung «nd» sowie angrenzende Publikationen, die «der Verteidigung der Menschenrechte und der Vertretung der Interessen der Marginalisierten sowie dem Kampf gegen Rassismus, Klassismus, Antisemitismus, Sexismus und Faschismus und für den Frieden verpflichtet» sind und Debatten im Sinne eines linken Pluralismus ermöglichen.[544]

7.9 Infrastrukturgenossenschaften

Kommunale Infrastruktureinrichtungen sind eine wichtige Voraussetzung für das Leben in Kommunen und Gemeinden. Seit Jahrzehnten wird die prekäre Lage der Kommunen beklagt. Löcher in der kommunalen Versorgung und im sozialen Netz sollen schon lange durch ehrenamtliche Tätigkeit, «freiwillige» Arbeit oder bürgerschaftliches Engagement gestopft werden.[545] Das funktionierte nicht immer; in den letzten Jahren kommen Genossenschaften ins Spiel. Eine große Zahl der Neugründungen findet in den Bereichen Energie, Umwelt und Wasserversorgung statt. Ob Bürgerenergiegenossenschaften, genossenschaftliche Dorfläden, Bürgerschwimmbäder, Bürgerbusse, kulturelle Einrichtungen oder Abfallgenossenschaften, auch hier wird die meiste Arbeit gratis geleistet. Besonders in kleineren Gemeinden und für die ältere Bevölkerung wird die Bedeutung in den nächsten Jahren zunehmen, weil öffentliche Verkehrsmittel in vielen ländlichen Regionen kaum mehr zur Verfügung stehen, Dorfläden von den Supermarktketten verdrängt worden sind und wirtschaftlich orientierte Anbieter sich solche Geschäfte und Unternehmungen gar nicht mehr leisten können.

544 Hierzu § 2 Abs. 2 der Satzung. Siehe: Regina Stötzel: Wie auf dem Standesamt. Die nd.Genossenschaft ist mit der Gründung auf den Weg gebracht, in: nd vom 15.8.2021. Siehe auch: https://www.nd-aktuell.de/artikel/1160039.nd-und-genossenschaft-was-noch-zu-sagen-waere.html (Zugriff: 5.3.2023).

545 Vgl. Notz: Die neuen Freiwilligen sowie Gisela Notz: «Freiwilligendienste» für alle. Von der ehrenamtlichen Tätigkeit zur Prekarisierung der «freiwilligen» Arbeit, Neu-Ulm 2012.

Genossenschaftlich organisierte Läden, Busse, Schwimmbäder, Schulen, Kindergärten, Gesundheits- und Pflegeeinrichtungen, Krankenhäuser u. a. sind nicht am Gewinn orientiert sind, sondern aufs Gemeinwohl und meist auch – dank Gratisarbeit – kommen sie ohne staatliche Hilfe aus.[546] Aber auch sie können oft nur existieren und erfolgreich arbeiten, weil sie zumindest vorübergehend, oft aber auch dauerhaft auf ehrenamtlich arbeitende GenossInnen zurückgreifen.

Die AkteurInnen solcher, meist kleiner Genossenschaften nehmen den Gedanken solidarische Selbsthilfe der Väter des Genossenschaftsgedankens auf, um mit ihrem Engagement den Strukturwandel abzufedern. Das gilt besonders für Regionen, aus denen der Staat sich zurückgezogen hat oder die unternehmerische Infrastruktur zusammengebrochen ist. Obwohl diese Aktivitäten kritisch zu sehen sind, weil sie mit viel unbezahlter Arbeit Aufgaben übernehmen, die durch Staat und Markt bereitgestellt werden müssen, bieten z. B. Dorfladengenossenschaften meist nicht nur Einkaufsmöglichkeiten und Poststationen, sondern sind auch Begegnungsstätten und tragen so maßgeblich zum Miteinander bei.

7.9.3 Kulturgenossenschaften

Für die Kultur- und Kreativwirtschaft, die vielfach als Zukunftsbranche bezeichnet werden, gilt, dass für sie eine alternative Organisations- und Rechtsform angebracht erscheint. Aktuell ist der Anteil der Freiberufler und Selbstständigen im Kulturbereich höher als in anderen Branchen. Auch der Anteil der «ehrenamtlich» Arbeitenden ist hoch. Innerhalb der Soziokultur als «Alternativkultur» hat die unbezahlte Arbeit eine lange Tradition. Viele Projekte sind durch ehrenamtliche KulturarbeiterInnen entstanden. Aber auch im traditionellen Kulturbereich sind sie nicht mehr wegzudenken.[547] In diesem Abschnitt geht es um professionelle Kulturgenossenschaften, in denen sich Kulturschaffende in einem kollektiven gemeinschaftlichen Geschäftsbetrieb zu einer Genossenschaft zusammenschließen, um gemeinsam Dinge zu tun, die sie alleine nicht tun können oder auch gar nicht tun wollen. Ohne Gratisarbeit geht es auch da

546 Vgl. Notz: Theorien alternativen Wirtschaftens, S. 129f.

547 Vgl. Gisela Notz: «Das Museum greift gern auf die einsatzfreudigen Damen zurück.», in: Femina Politica (2), 2007, S. 53–61.

nicht immer. Ein Beispiel für ein genossenschaftliches Kulturhaus findet sich in Oldenburg. Es ist auch exemplarisch dafür, wie traditionelle genossenschaftliche Strukturen mit weitergehenden Ansprüchen an Selbstverwaltung verknüpft werden können.

7.9.3.1 Beispiel: Die «Polygenos Kulturräume eG» Oldenburg

Seit September 2013 wurde die Genossenschaft angeschoben, als klar war, dass das alternative Kulturhaus verkauft werden sollte und das Risiko bestand, dass es damit verschwinden könnte. Investoren standen schon in den Startlöchern. Innerhalb kürzester Zeit zahlten über 800 MitstreiterInnen 275.000 Euro für Genossenschaftsanteile auf ein Treuhandkonto ein. Am 22.1.2014 wurde die «Polygenos Kulturräume eG» als Genossenschaft im Handelsregister eingetragen. Daraufhin kaufte sie das Poly-Haus.[548] Natürlich kann jede GenossIn, die Anteile von mindestens je 100 Euro gezeichnet hat, gleichberechtigt mitbestimmen, wie sich das Kulturhaus entwickelt. Neben den vom Gesetz vorgeschriebenen Gremien haben sich mehrere Arbeitsgruppen aus Engagierten gebildet, die das eigentliche Herz der Genossenschaft sind. Einmal monatlich trifft sich das Poly-Plenum, um Ideen für alles, was im gemeinsamen Haus passieren soll, zu sammeln, zu besprechen und die Umsetzung voranzutreiben. Das Plenum ist ein offener Ort zum Austausch, an dem alle teilnehmen können. Zweimal im Monat trifft sich die Öffentlichkeitsarbeitsgruppe, die dafür zuständig ist, dass Konzept und Programm von Polygenos nach außen getragen werden.[549]

Das Poly-Haus am Rande der Oldenburger Innenstadt will neuen Raum erschließen, um künstlerisch und kreativ tätigen Initiativen und interessierten Menschen in Oldenburg einen vielseitigen Begegnungsort zu bieten. Dafür vermietet die Genossenschaft Räume im Poly-Haus an Einzelpersonen oder Gruppen, die unter anderem in den Bereichen Kunst, Kultur, Medien, Soziales, Nachhaltigkeit, Umwelt und Bildung tätig sind.

548 Polygenos Kulturräume eG: Startseite, auf: Polygenos. https://www.polygenos.de (Zugriff: 24.6.2020).

549 Polygenos Kulturräume eG: Arbeitsgruppen, auf: Polygenos. https://www.polygenos.de/ueber-uns/arbeitsgruppen/ (Zugriff: 24.6.2020).

Es bietet einen Übungsraum für Bands, Kommunikationsräume für verschiedene Initiativen, die zukunftsorientierte, kulturelle Veranstaltungen und Projekte umsetzen wollen. Sein Ziel ist, alle Ideen jenseits des Mainstreams mit Leben zu füllen, Gleichgesinnte zu vernetzen und die Kulturszene der Stadt zu bereichern. 2019 konnte die Genossenschaft ihr fünfjähriges Bestehen feiern. «Solange unsere Gesellschaft von wirtschaftlichem Denken bestimmt wird und dadurch Klima, Umwelt, soziale Gerechtigkeit und Frieden bedroht sind, solange immer mehr Lebensbereiche kommerzialisiert werden, menschliche Beziehungen unter Vereinsamung leiden und Minderheiten ausgegrenzt werden können, versteht sich Polygenos als ein Resonanzboden für alternative Kultur, Gemeinschaftlichkeit und diskriminierungsfreie und pluralistische Kommunikation, als ein Ort alternativen Lebens, der Experimentierfreude von gelebter Solidarität und sozialem Ausgleich, kurz als Raum gemeinsamen sinnvollen Tuns, was auch gemeinsames Feiern einschließt» – so heißt es in der Pressemitteilung zum «Jubelwochenende».[550]

550 Polygenos Kulturräume eG: Jubelwochenende im Poly-Haus – 5 Jahre Genossenschaft, auf: Polygenos (23.6.2019) https://www.polygenos.de/presse/pressemitteilungen/jubelwochenende-5-jahre-genossenschaft/ (Zugriff:24.6.2020).

8 Ein Blick über den nationalen Tellerrand

Mondragon im Baskenland: Großgenossenschaft mit sozial-religiösen Wurzeln

In der globalisierten Welt gibt es keine abgeschotteten Inseln. Solidarisches Wirtschaften findet immer im globalen Kontext statt, schreibt Elisabeth Voß in ihrem «Wegweiser Solidarische Ökonomie».[551] Das gilt auch und vor allem für Genossenschaften. Sie sind keine nationale Veranstaltung, sie agieren schon lange weltweit. In Brasilien beispielsweise gehörte die Förderung von Solidarischer Ökonomie und Genossenschaften zum Regierungsprogramm[552]. Unter den TeilnehmerInnen des Kongresses «Solidarische Ökonomie im globalisierten Kapitalismus»

551 Elisabeth Voß: Wegweiser Solidarische Ökonomie.

552 Inwieweit das unter der Regierung des ultrarechten Präsidenten Jair Bolsonaro bestehen bleibt, ist abzuwarten.

im November 2006 in Berlin und beim Kongress Solidarische Ökonomie und Transformation Solikon 2015, der vom 5. bis 9. September 2015 ebenfalls in Berlin stattfand, sowie bei weiteren kleineren Kongressen in Kassel, Wien, Barcelona und anderswo waren VertreterInnen aus vielen Ländern der Welt anwesend.[553] Die Berichte zeigten auf, dass in anderen europäischen und außereuropäischen Ländern die Genossenschaften noch viel bunter und aktiver sind als in der Bundesrepublik.

8.1 Europa

In der aktuellen genossenschaftlichen Diskussion geht es meist um kleinere Projekte. Im Folgenden sollen zwei Beispiele aus dem europäischen Raum dargestellt werden, die aufzeigen, dass Genossenschaften auch «Verbundprojekte» kleinerer Betriebe sein können (Schweiz) oder gar internationale Konzerne mit einer großen Anzahl von Beschäftigten und vielen unterschiedlichen Betrieben, Supermärkten, eigener Bank und Universität (Mondragón, Baskenland, Spanien). Wie aus Betriebsbesetzungen Genossenschaften entstehen können, zeigt das dritte Beispiel (Teefabrik Scop-Ti, Frankreich).

8.1.1 Schweiz

In der Schweiz waren 2019 insgesamt 8407 Genossenschaften im Handelsregister eingetragen, das sind 1,29 Prozent aller eingetragenen Unternehmen.[554] 41,8 Prozent der Schweizer Genossenschaften sind Wohnbaugenossenschaften.[555] Ähnlich

553 Vgl. hierzu: Karl Birkhölzer: Soziale Solidarische Ökonomie – eine weltweite Bewegung, in: Sven Giegold, Dagmar Embshoff (Hg.): Solidarische Ökonomie im globalisierten Kapitalismus, Hamburg 2008, S. 128–131; sowie Forschungs- und Dokumentationszentrum Chile – Lateinamerika e.V.: Solikon 2015, auf: fdcl. https://www.fdcl.org/event/solikon-2015/ (Zugriff: 24.6.2015); siehe auch die internationalen Beiträge in: Almar Altvater, Nicola Sekler (Hg.): Solidarische Ökonomie. Reader des Wissenschaftlichen Beirats von Attac, Hamburg 2006.

554 Schweizerische Eidgenossenschaft: Handelsregister. EIngetragene Gesellschaften pro Rechtsform und Kanton, auf: EHRA I Statistiken (1.1.2020). https://ehra.fenceit.ch/wp-content/uploads/sites/54/statistiken/2020-01-01-eingetr-Rechtseinheiten-Rechtsform.pdf (Zugriff 26.4.2021).

555 Idée Cooperative: Genossenschaften in der Schweiz – ein Erfolgsmodell der Gegenwart und Zukunft. Genossenschaftsmonitor, Bern 2020,

wie in der BRD hat das Genossenschaftsrecht in der Schweiz eine lange Tradition. Im schweizerischen Obligationenrecht (OR) von 1881, in dem das Genossenschaftsrecht enthalten ist, Artikel 828 heißt es – ähnlich wie im deutschen Recht: «Die Genossenschaft ist eine als Körperschaft organisierte Verbindung einer nicht geschlossenen Zahl von Personen oder Handelsgesellschaften, die in der Hauptsache die Förderung oder Sicherung bestimmter wirtschaftlicher Interessen ihrer Mitglieder in gemeinsamer Selbsthilfe bezweckt.» Auch nach dem Schweizer Gesetz ist die Genossenschaft nicht nur eine Rechtsform, sondern auch eine wirtschaftliche Selbsthilfepraxis.

In die Geschichte eingegangen ist die durch den Züricher Gottlieb Duttweiler (1888–1962) gegründete «Migros-Organisation».[556] Sie ist 1925 als Aktiengesellschaft gegründet worden. Ihre bewegte Firmengeschichte ist verbunden mit Kämpfen gegen Gegner von allen Seiten. 1941 wurde das in der Zwischenzeit riesige Unternehmen zum «Bund der Migros-Genossenschaften» zusammengeschlossen.[557] Heute ist die «Migros» das größte Einzelhandelsunternehmen der Schweiz.

Auch in der Schweiz entstanden im Zuge der Alternativbewegung der 1970er-Jahre eine große Zahl von selbstverwalteten Betrieben.[558] Viele Menschen waren mitgerissen von der Hoffnung auf die Veränderung der gesellschaftlichen Verhältnisse, die 1968 auch die Schweiz erfasste, und wollten aktiv ihr eigenes Leben umgestalten. Dazu gehörten Theo Pinkus (1909–1991) und Amalie Pinkus-De Sassi (1910–1996). Ihre Buchhandlung in der Zürcher Altstadt wurde in den 1960er-Jahren zum Wallfahrtsort der «neuen Linken», zur bekanntesten Adresse in der linken Szene.[559] Sie vergesellschafteten 1971 ihren Privatbesitz, indem sie zunächst die «Stiftung Studien-

---

S. 13.

556 Curt Riess: Gottlieb Duttweiler – eine Biografie. Zürich 2011.

557 Faust: Geschichte der Genossenschaftsbewegung.

558 Eine Dokumentation von 1979 erfasst 46 Betriebe, die sich im Herbst 1977 bei einer Tagung in der «Stiftung Bildungs- und Ferienzentrum Salecina» im Unterengadin versammelt hatten und eine gesamtschweizerische Vernetzung diskutierten. Siehe: Toni Holenweger, Werner Mäder (Hg.): Inseln der Zukunft? Selbstverwaltung in der Schweiz, Zürich 1979.

559 Gisela Notz: Amalie Pinkus-De Sassi (1910–1995), in: Günter Benser / Dagmar Goldbeck, Anja Kruke (Hg.): Bewahren. Verbreiten. Aufklären. Archivare, Bibliothekare und Sammler der Quellen der deutschsprachigen Arbeiterbewegung, Bonn 2017, S. 112–121; hier: S. 117.

bibliothek» zur Geschichte der Arbeiterbewegung und am 3. März 1973 nach langwierigen Diskussionen die selbstverwaltete «Pinkus-Genossenschaft», der nur die im Betrieb (Buchhandlung und Antiquariat) Arbeitenden angehören konnten, gründeten. 1975 kam die «Limmat-Verlags-Genossenschaft» hinzu, die unter anderem wichtige Bücher zu Frauen- und Geschlechterfragen veröffentlichte.[560] Amalie und Theo Pinkus hofften darauf, die nach 1968 entstandene neue alternative Bewegung mit der alten Genossenschaftsbewegung und mit der Arbeiterbewegung zu verbinden. Die Philosophie der selbstverwalteten Buchhandlung war einfach: «Niemand, der in den Betrieb kommt, muss Eigenkapital mitbringen, und niemand der weggeht, kann etwas mitnehmen.»[561] Die «Pinkus Genossenschaft» war bis zu ihrem Konkurs 1998 ein selbstverwalteter Betrieb, es gab keine formalen Hierarchien. Die Entscheidungen wurden in den monatlich stattfindenden Vollversammlungen getroffen, auf der alle im Betrieb Arbeitenden eine Stimme hatten. Eine ausführliche Betriebsverfassung regelt Arbeitszeiten, Urlaub, Einheitslohn und Ausbildung ebenso wie die Aufgabe der verschiedenen Abteilungen und Gremien. Der Limmat-Verlag feierte 2015 unter dem Motto «40 Jahre todt-glücklich, zäh und wild» sein 40-jähriges Jubiläum.

1980 wurde als Konsequenz des Vernetzungstreffens im Tagungshaus der «Stiftung Salecina» ein gemeinsames Netzwerk, der Verein «Netzwerk für Selbstverwaltungsbetriebe», ins Leben gerufen, der eine periodisch erscheinende Informationszeitschrift herausgab. Er verfolgte das Ziel, die Idee der Selbstverwaltung weiterzuverbreiten, die gegenseitige Hilfe und den Informationsaustausch unter den Projekten zu fördern und er engagierte sich auch politisch für die selbstverwalteten Betriebe. Etliche der bis Oktober 1986 auf dreihundert angewachsenen Selbstverwaltungsbetriebe waren als Genossenschaften organisiert, andere arbeiteten auf die Rechtsform hin. So zum Beispiel das Restaurant «Beizengenossenschaft Hirscheneck», mit Kulturprogramm in Basel, kurz «Hirschi» genannt, dass

560 Gisela Notz: Kämpferin für Frieden und Frauenrechte: Amalie Pinkus-De Sassi (1910–1996), in: Jahrbuch für Forschungen zur Geschichte der Arbeiterbewegung (3), Berlin 2010, S. 81–96.

561 Christa Piotrowski: Die Literatur der Verfolgten gesammelt, in: Der Tagesspiegel (o. Nr.), 24.12.1989.

1979 zur Genossenschaft geworden war und sich bis heute großer Beliebtheit erfreut.[562] Allerdings ist es, wie viele Kollektivbetriebe aktuell, durch die Auswirkungen der langanhaltenden Pandemie in ein Finanzloch geraten, aus dem es sich mit Hilfe solidarischer Gäste hoffentlich bald herausarbeiten wird.

Das «Netzwerk für Selbstverwaltung» begann im Jahre 1994 die Chancen für einen alternativen Wirtschaftsverband auszuloten. Damit trat der damals 13 jahre alte Zusammenschluss von Alternativbetrieben die Flucht nach vorn an. Auslöser war der Rückgang der zur Verfügung stehenden Finanzmittel. Das Projekt für einen alternativen Wirtschaftsverband führte zu keinem Erfolg. Die Arbeit des Vereins wurde im Laufe des Jahres 1994 schließlich aufs Eis gelegt. Die Dokumentation über die aktiven Betriebe wurde in der Folge auch nicht mehr weitergeführt.[563]

Ein paar Jahre später, 1998, wurde in der Schweiz die «Genossenschaft Netz Soziale Ökonomie» (GNSÖ) offiziell beschlossen und im Dezember des gleichen Jahres in das Genossenschaftsregister eingetragen. Sie besteht aus einem Verbund von lokalen Betrieben und Organisationen aus Wirtschaft, Kultur und anderen Bereichen, die sich gegenseitig unterstützen. Die Genossenschaft organisiert den wirtschaftlichen, sozialen und kulturellen Austausch zwischen den Mitgliedern und schafft dazu eine gemeinsame Infrastruktur. Sie erbringt beratende und andere Dienstleistungen hinsichtlich Unternehmensgründung, Betriebswirtschaft, Öffentlichkeitsarbeit, Marketing und Bildung.[564] Alle Mitglieder müssen die folgende Voraussetzungen erfüllen: Sie haben eine demokratische Betriebsstruktur, das kann, muss aber offensichtlich nicht eine Genossenschaft sein, verpflichten sich sozialen, ökologischen und kulturellen Werten und sichern das Eigenkapital langfristig für alle Beteiligten. Eine Untersuchung von Betrieben, die im «Netz Soziale Ökonomie» zusammengeschlossen sind, ergab, dass elf von zwölf Betrieben bereits über zwanzig Jahre lang bestehen, es aber seit zehn Jahren wieder Neugründungen gibt, zwei Drittel zahlten sich zum Zeitpunkt der Untersuchung (2012) noch Einheitslohn, fast

562 Beizgenossenschaft Hirscheneck: https://tel.search.ch/basel/lindenberg-23/beizgenossenschaft-hirscheneck (Zugriff: 25.6.2020).

563 Hannes Reiser, Markus Gmür: Selbstverwaltete Betriebe zwischen Tradition und Markt, Freiburg 2012. Working Paper SES Nr. 430, S. 5.

564 Verein Soziale Ökonomie: Soziale Ökonomie Genossenschaft, auf Sozialökonomie. https://sozialeoekonomie.org/genossenschaft/ (Zugriff: 24.6.2020).

alle verzichten auf Hierarchien und sind ihren kollektiven Strukturen treu geblieben.[565] Womit auch in der Schweiz das eherne Gesetz von Franz Oppenheimer als weitestgehend widerlegt betrachtet werden kann.[566]

In der Zwischenzeit sind Genossenschaften in der Schweiz im Aufwind. Der «Genossenschaftsmonitor 2020» zeigt als relevanteste Trends für Schweizer Genossenschaften «Umwelt und Nachhaltigkeit, Digitalisierung und Überalterung der Gesellschaft». Besonders die Bereiche der Energiegenossenschaften, Plattformgenossenschaften und Dienstleistungsgenossenschaften zur Gesundheits- und Altenversorgung sowie Wohnungsbaugenossenschaften werden demnach in Zukunft eine große Rolle spielen.[567]

8.1.2 Mondragón im spanischen Baskenland

Die «Mondragón Corporación Cooperativa» (MCC) im spanischen Baskenland ist ein Beispiel für eine erfolgreiche Großgenossenschaft. MCC ist weltweit zum Inbegriff für die Verwirklichung der Genossenschaftsidee auf breiter Ebene geworden.[568] Sie ist die größte Industriegenossenschaft weltweit und das siebtgrößte Unternehmen Spaniens. Der baskische Genossenschaftsverbund beschäftigt mehr als 74333 Menschen in 264 Unternehmen auf fünf Kontinenten.[569] Die «Mondragón»-Gruppe besteht aus Industriebetrieben, vor allem im Werkzeugbau und als Zulieferer für die Automobilindustrie, Elektronik und Haushaltsgeräte sowie aus Einzelhandels-Supermärkten. Wie im richtigen Leben auch, sind die Männer in den Metall-Betrieben mehrheitlich vertreten und die Frauen halten die Supermärkte am Leben.[570] Das heißt, die geschlechtsspezifische Arbeitsverteilung ist wie (fast) überall in der europäischen Wirtschaft. Die Cooperativa betreibt eine eigenen Bank (Arbeiter-

565 Reiser, Gmür: Selbstverwaltete Betriebe, S. 11.

566 Siehe hierzu Kapitel 3..

567 Idée coopérative: Genossenschaften in der Schweiz, S. 21.

568 Peter Heisig: Das Genossenschaftsexperiment von Mondragón, in: Gisela Notz u. a. (Hg.): Selbstverwaltung in der Wirtschaft. Alte Illusion oder neue Hoffnung, Köln 1991, S. 303–320.

569 IKERLAN: Una Corporación presente en los cinco continentes., auf: Ikerlan. https://www.ikerlan.es/mondragon. (Zugriff: 26.5.2020).

570 Elisabeth Voß: Mondragón im spanischen Baskenland, in: Contraste (344 / 345), 2013, S. 7.

sparkasse), eine eigenen Kranken- und Rentenversicherung, ein Forschungs- und Entwicklungszentrum, eine Schüler- und Studentengenossenschaft, eine polytechnische Fachhochschule[571] sowie eine Universität mit ca. 9000 Studierenden, ein Fortbildungsinstitut und 15 Technologiezentren. Das Wachstum hat allerdings seinen Preis: Nur 110 der 289 Unternehmen sind tatsächlich genossenschaftlich organisiert. Vom Hauptquartier aus koordinieren 63 Mitarbeiter die interne Zusammenarbeit.[572]

8.1.2.1 Geschichte

In der Kleinstadt Mondragón begann man im Jahre 1943 während des Zweiten Weltkriegs und nicht lange nach dem Ende des Spanischen Bürgerkriegs mit der Gründung einer demokratisch orientierten Berufsschule auf Initiative des katholischen Priesters und Sozialreformers José Maria Arizmendiarrieta mit Unterstützung der lokalen Arbeiterschaft und einiger Kleingewerbebetreibenden. Es war die Zeit des spanischen Faschismus, der Ende der 1930er-Jahre an die Macht gekommen war und gegen den José Maria gekämpft hatte. Wegen seiner Aktivitäten war er festgenommen worden und konnte nur knapp der Hinrichtung entkommen. Danach wurde er der Kirchengemeinde Mondragóns zugewiesen.[573] Dort fand der Gründer UnterstützerInnen, die mit ihm das Ziel verfolgten, mit Hilfe der Genossenschaft Armut und Erwerbslosigkeit in der spanischen Bevölkerung zu lindern. «Unter dem schützenden Dach der Kirche» wollte Arizmendiarrieta seine christlich-sozialen Ideen propagieren, indem er während der Zeit der Franco-Diktatur langjährige Diskussions- und Studienkreise mit jungen BerufsschülerInnen leitete. Dort wurde offen und intensiv über soziale Probleme, philosophische und politische sowie verbotene kommunistische und sozialistische Theorien debattiert.[574] Neben der qualifizierten Berufsausbildung wollte Arizmendiarrieta die jungen

571 Die Fachhochschule «Eskola Politeknikoa José Maria Arizmendiarrieta» ist die frühere Berufsschule, die sich zur politechnischen Fachhochschule entwickelt hat.

572 Martina Groß: Gegenmodell, in: Le Monde diplomatique (o. Nr.), 10.1.2014.

573 Dan Swinney: In Chicagos Austin Gemeinde: Alinsky versus Arizmendi. Umverteilung oder Kontrolle des Reichtums, in: Verein zur Förderung der Solidarischen Ökonomie e. V. (Hg.): Schritte auf dem Weg zur Solidarischen Ökonomie, Kassel 2011, S. 70–76; hier S. 71.

574 Heisig: Das Genossenschaftsexperiment, S. 304.

Menschen zu christlich-humanistischen Persönlichkeiten, zum selbständigen Handeln und zur praktischen Umsetzung der eigenen Ideale und Vorstellungen erziehen. Seine Überzeugung lässt sich in dem Satz zusammenfassen: «Wir sind nicht auf der Welt, um zu meditieren oder zu lamentieren, sondern um zu transformieren.»[575] Schließlich verwies er damit darauf, dass Beten nicht hilft und dass der Kapitalismus nicht die geeignete Wirtschaftsform ist, um die anstehenden Probleme zu lösen.

Aus den so ausgebildeten BerufsschülerInnen ging Mitte der 1950er-Jahre eine Gruppe von fünf Industrietechnikern hervor, die ihre Vorstellungen von dem, was sie gelernt hatten, in die Praxis umsetzen wollten. Sie wollten in einem Betrieb arbeiten, in dem die «Partizipation der Beschäftigten am Unternehmenskapital und an der Leitung» von einer «Gemeinschaft der Arbeitenden» (communidad de trabajo) verwirklicht wird. Da sich ihre Arbeitgeber als reformunwillig erwiesen und von den Ideen nicht begeistert waren, blieb für sie nur der Weg in die Selbstständigkeit. Deshalb gründeten sie 1956 mit 18 weiteren GenossInnen die Produktivgenossenschaft «Ulgor», die zunächst Paraffinöfen herstellte, schnell expandierte und sich zum führenden spanischen Haushaltsgerätehersteller entwickelte. Die spanische Gesetzgebung machte die Gründung von Genossenschaften attraktiv.[576]

Hauptmotiv für die Gründung war neben der Verwirklichung der beschriebenen demokratisch-beteiligungsorientierten Betriebsorganisation die Möglichkeit, eigene Produktideen umzusetzen und Arbeitsplätze am Wohnort zu schaffen, um die Abwanderung in andere Städte oder Länder (zum Beispiel: als Gastarbeiter in die BRD) zu vermeiden.[577]

Keine Firma sollte mehr als 500 Beschäftigte haben, denn es sollten Transparenz und Partizipation gewährleistet sein, auch im alltäglichen Umgang miteinander.[578] Drohte eine Fabrik zu groß zu werden, wurde eine Produktionslinie in eine neu gegründete Genossenschaft ausgegliedert.

Bereits Anfang der 1960er-Jahre waren in Mondragón mehr als 20 Genossenschaften entstanden. 1964 kamen weitere Ge-

---

575 Joxe Azurmendi: El hombre cooperativo. Pensamiento de Arizmendiarietta, Mondragón 1984.

576 Heisig: Das Genossenschaftsexperiment, S. 305.

577 Ebd., S. 306f.

578 Groß: Gegenmodell.

nossenschaften hinzu, indem sich «Ulgor» mit zwölf weiteren Produktivgenossenschaften zur Modragóner Genossenschaftsgruppe «Favor» zusammenschloss. Mitte der 1970er-Jahre waren es bereits 45 Unternehmen, die 17000 ArbeiterInnen in Produktion und Handel, in der Bank, der Berufsschule und in Wohnungsgenossenschaften beschäftigten. 1987 haben sich die Produktivgenossenschaften im «Genossenschafts-Kongress» neu zusammengeschlossen. Der Kongress, auf dem jede Basisgenossenschaft proportional zu ihrer Mitgliederzahl stimmberechtigt ist, soll die zukünftige allgemeine Unternehmenspolitik bestimmen und den zur Bildung von Risikokapital eingerichteten «Intergenossenschaftlichen Solidaritätsfonds» verwalten.[579] 2007 besaß die «Mondragón Corparación Cooperativa» 100 Genossenschaften, die 130.000 Personen beschäftigten.[580] Auch in anderen Tälern des Baskenlandes entstand eine Vielzahl von Arbeiter-Produktionsgenossenschaften, die allerdings nicht zu «Mondragón» gehörten. Sie orientierten sich am erfolgreichen Beispiel von «Ulgor» und bekamen durch die intensive Werbung der führenden Personen der «Mondragón»-Genossenschaften Unterstützung.

8.1.2.2 Entscheidungsstrukturen

Wie in deutschen Genossenschaften auch, ist die Generalversammlung aller Genossenschafts-Mitglieder das höchste Entscheidungsorgan (ein Mensch – eine Stimme). Bei MCC besteht Anwesenheitspflicht für die Versammlung. Die Teilnehmequote lag 1999 bei 70 Prozent.[581] Die Generalversammlung wählt den geschäftsführenden Vorstand, genehmigt den Unternehmensplan, entscheidet über Satzungsänderung und Betriebsordnung, Verteilung des Betriebsergebnisses und über Kapitalfonds und Betriebsänderungen. Der Vorstand ernennt den Geschäftsführer und auf dessen Vorschlag die Abteilungsleiter. Der Geschäftsführer berichtete den Vorstand regelmäßig, alle ein bis zwei Monate über den Geschäftsverlauf. Anschließend wird der Sozialrat informiert, dessen Mitglieder ihre Arbeitskollegen in kurzen «Informationszirkeln» unterrichten. Der Sozialrat als fakultatives Organ in Betrieben mit mehr als 40 Beschäf-

579 Heisig: Das Genossenschaftsexperiment, S. 309f.

580 Swinney: In Chicagos Austin Gemeinde, S. 71.

581 George Cheney: Values at work: Employee Participation Meets Market Pressure at Mondragón, New York 1999.

tigten ist eine besondere Einrichtung der «Mondragón»-Genossenschaften, weil er die ArbeiterInnen repräsentieren soll. Ursprünglich sollte er Informations- und Beratungsorgan für die Beschäftigten bzw. den Vorstand und die Geschäftsführung sein, ist aber als «ambivalentes Organ den größten und umstrittensten Veränderungen ausgesetzt».[582] Mit der Neufassung der Statuten und der Betriebsordnung zwischen 1985 und 1987 erhielt er auch Kontroll- und Verhandlungsrechte gegenüber Vorstand und Geschäftsführung. Die Gründer hatten es strikt abgelehnt, ihm eine gewerkschaftsähnliche Vertretung zuzubilligen. Dennoch beschäftigt er sich seit seiner ersten Sitzung 1957 mit traditionell gewerkschaftlichen Aufgaben, wie Entlohnung, Arbeitszeit etc.[583] Elisabeth Voß bezeichnete den Sozialrat 2013 als «vergleichbar mit Betriebsräten».[584] Allerdings hätten die Mitglieder der Sozialräte keine Zeitbudgets und bekämen keine Freistellung für ihre Arbeit. Dass sie mitunter wichtige Unterlagen erst viel zu kurzfristig bekommen, würde ihre Arbeit zusätzlich erschweren.[585]

Zwischen den Gewerkschaften und der «Mondragón»-Gruppe gab es zur Zeit der Forschung von Peter Heisig (ca. 1990) kaum Kontakte.[586] Drei DGB-Vertreter, die 2010 «Mondragón» besucht haben, bezeichnen das Verhältnis als «nicht spannungsfrei». Die Gewerkschaften würden die Erfolge der Genossenschaft anerkennen, beschwerten sich aber, dass sie zum Sozialrat nicht als Organisation, sondern nur als einzelne Mitglieder kandidieren können. Die Vertreter der Genossenschaft sind «nicht gegen die Gewerkschaften», berufen sich aber darauf, dass diese dort eine andere Funktion hätten, weil in Mondragón «die Arbeitnehmer gleichzeitig Eigentümer und Mitentscheider» seien.[587] Auch Wolfram Adolphi führt das gestörte Verhältnis unter anderem darauf zurück, dass die ArbeiterInnen bei MCC keine LohnarbeiterInnen sind, sondern assoziierte KleinproduzentInnen. Schließlich besitzen die Manager und die Arbeiter-

582 Heisig: Das Genossenschaftsexperiment, S. 313.

583 Ebd., S. 314.

584 Voß: Mondragón, S. 7.

585 Ebd.

586 Heisig: Das Genossenschaftsexperiment, S. 315.

587 Dieter Eich, Dietmar Hexel, Rainald Thannisch: Ein Vorbild für Deutschland? Unternehmenspolitik Mondragón, die größte Industriegenossenschaft der Welt, gewinnt Bedeutung als Modell für solidarisches Wirtschaften, in: Magazin Mitbestimmung (12), 2010.

Repräsentanten in den Verwaltungsräten denselben Anteil und nur eine Stimme bei der Abstimmung.[588] Er stellt sich die Frage, ob die Klassenposition der Arbeiter-Eigentümer von MCC einen Rückfall in eine kleinbürgerliche Vergangenheit oder einen Schritt in Richtung einer sozialistischen Produktionsweise der Arbeiterkontrolle darstellt. In Anbetracht der erfolgreichen Ausweitung von MCC entscheidet er sich für die zweite Antwort.

8.1.2.3 Unternehmensphilosophie

Ein Schritt in Richtung sozialistische Produktionsweise? Der Direktor für Öffentlichkeitsarbeit der «Mondragón»-Gruppe formuliert das gegenüber den deutschen Gewerkschaftern im September 2010 nüchterner: «Im Mittelpunkt unserer Unternehmenspolitik steht die Verpflichtung auf unsere Werte.» Die lauten heute: «Zusammenarbeit aller, Beteiligung, Teilhabe, soziale Verantwortung und Innovation.» «Mondragón» versteht sich nach seinen Aussagen nicht als eine Alternative zum kapitalistischen Produktionssystem, sondern als eine «menschlichere Unternehmensform im Kapitalismus», die mehr Beteiligung zulässt. Er weiß, dass das Unternehmen Gewinne machen muss, aber auch, dass es «eine andere Frage ist, was man mit den Gewinnen anstellt».[589]

8.1.2.4 Gewinnverteilung

Die Gewinnverteilung sieht so aus, dass 45 Prozent des Gewinns in den Kapitalstock der Genossenschaft fließen, 10 Prozent in Bildung und soziale Zwecke der Kommune, 45 Prozent werden an die Beschäftigten ausgeschüttet. Davon erhalten die Genossenschaftsmitglieder 75 Prozent.[590]

8.1.2.5 Lohngefüge/Arbeitszeiten / Autonome Arbeitsgruppen

Heisig nannte es die «Vergütungssolidarität». Sie bezieht sich auf die genossenschaftsinterne Gehaltsdifferenzierung, die 30 Jahre lang dem Verhältnis 1:3 zwischen niedrigstem und höchstem Monatsentgelt entsprach. Der Abwanderungsdruck von hochqualifizierten Arbeitskräften konnte durch die Einführung

---

588 Wolfram Adolphi: Mondragón und der Sozialismus des 21. Jahrhunderts, in: Luxemburg (3), 2011.

589 Eich, Hexel, Thannisch: Ein Vorbild für Deutschland.

590 Ebd.

einer 50-%igen Vergütungsprämie nicht gemildert werden, deshalb wurde 1987 die Spanne der Gehaltsdifferenzierung auf eins zu sechs erweitert. Daneben konnten bis zu 10 % der Beschäftigten als Nichtmitglieder zu Marktbedingungen eingestellt werden. Im Jahr 1990 verdiente ein Genossenschafter mit dem Arbeitsplatzindex eins umgerechnet 2055 DM brutto im Monat.[591] Im Jahr 2010 betrug die Verdienstspanne 1:4,5. Lediglich die Chefs sehr großer Kooperativen erhalten das Sechsfache; der Chef der gesamten «Mondragón»-Gruppe das Neunfache der einfachsten Tätigkeit, die mit rund 1000 Euro ungefähr dem Niveau von 1990 entspricht. Formelle Lohnunterschiede zwischen Frauen und Männern gibt es nicht. Das Niveau liegt etwas über den Tarifverträgen. Das gilt auch für die Arbeitszeiten. Die wöchentliche Arbeitszeit und deren Lage wird, wie in ganz Spanien, zwischen Geschäftsleitung und der Beschäftigenvertretung ausgehandelt. Entsprechend der Ausrichtung auf moderne Organisationsformen gab es seit den 1970er-Jahren Experimente mit autonomen Arbeitsgruppen, Aufgabenerweiterung und Jobrotation.[592] Im Jahr 2010 gab es kaum noch Personalfluktuation.[593]

8.1.2.6 Genossenschaftliche Arbeitersparkasse, Consulting und Sozialversicherung

Um aus eigener Kraft dem strukturellen Eigenkapitalmangel von Arbeitergenossenschaften entgegenzuwirken, gründeten 1959/60 vier Genossenschaften auf Initiative von Arizmendiarrieta die genossenschaftliche Arbeitersparkasse «Caja Laboral Popular – Lan Kide Aurrezkia» (CLP) unter dem Motto «Libreta o maleta» (Sparbuch oder Reisekoffer), das bedeutete «sparen oder auswandern». Damit wurde für die Funktion der CLP zur Akkumulierung des regionalen Sparkapitals und dessen Verwendung zur Schaffung von Arbeitsplätzen in Genossenschaften im Baskenland geworben.[594] Das hohe Anwachsen der Spareinlagen bestätigte die Strategie und ihre Bedeutung für die regionale Entwicklung. Tatsächlich konnten durch das Anwachsen der Sparraten Arbeitsplätze geschaffen werden, zumal die CLP auch einen Beratungsservice und günstige Finan-

591 Heisig: Das Genossenschaftsexperiment, S. 310.

592 Ebd., S. 312.

593 Eich, Hexel, Thannisch, Ein Vorbild für Deutschland.

594 Heisig, Das Genossenschaftsexperiment, S. 307.

zierungskonzepte für GenossenschaftsgründerInnen anbot. Die Unternehmensberatungsabteilung ist das eigentliche Verbindungsglied zwischen dem produktiven Bereich und dem Finanzbereich der Sparkasse. Die angeschlossenen Genossenschaften sind zugleich AnteilseignerInnen der Sparkasse und besetzen mehrheitlich deren Verwaltungsrat. Mit Markt- und Produktstudien, Wirtschaftlichkeitsprüfungen und Technologielösungen förderte das genossenschaftliche Beratungsunternehmen «División Empresarial» seit 1971/72 über dreißig Neugründungen bzw. Umwandlungen von Konkursbetrieben in wettbewerbsfähige Produktivgenossenschaften. Auch zur Bewältigung der Restrukturierung einiger Betriebe infolge der wirtschaftlichen Krise seit Ende der 1970er-Jahre hat das Beratungsunternehmen, das zum eigenständigen Consulting-Unternehmen wurde, wesentlich beigetragen.

Die Sozialversicherungsleistungen der in den 1960er-Jahren eingeführten genossenschaftlichen Sozialversicherung (Lagun Aro) stellten für andere Genossenschaften einen wichtigen Grund für den Beitritt zur «Mondragón»-Gruppe dar, denn 1958 waren die Genossenschafter aus dem staatlichen spanischen Versorgungssystem ausgeschlossen worden. Die Leistungspalette der Genossenschafts-Sozialversicherung erstreckte sich schon bald auf alle traditionellen Versicherungsbereiche und steht auch Nichtmitgliedern zur Verfügung.[595]

8.1.2.7 Schüler-, Studenten- und Frauengenossenschaften, Universität

Eine wichtige Rolle innerhalb des «Mondragón»-Gefüges spielt die Schüler- und Studentengenossenschaft «Ale-coop», die seit 1966 Halbtagstätigkeiten zur Finanzierung der Ausbildung anbietet. Da es in Spanien keine staatliche Ausbildungsförderung gibt, die dem bundesdeutschen BAföG vergleichbar wäre, wurde so eine Möglichkeit für den Erwerb einer qualifizierten Ausbildung geschaffen, die auch für wirtschaftlich schlechter gestellte junge Menschen offen steht. SchülerInnen und StudentInnen der Berufsschule, Hochschule und Universität sind – ebenso wie die ArbeiterInnen – drittelparitätisch an der Geschäftsführung der Produktivgenosssenschaft beteiligt.

1965 wurde die Frauengenossinenschaft «Auzo-Lan» gegründet. Sie gibt verheirateten Frauen und Müttern, die nach

595 Vgl. ebd., S. 307ff.

spanischem Gesetz bis 1970 ihren Arbeitsplatz aufgeben mussten, die Möglichkeit einer Teilzeitbeschäftigung. 1988 beschäftigte «Auzo-Lan» 355 Frauen und 5 Männer in traditionellen «Frauentätigkeiten». Dazu gehörte die Zubereitung von Kantinenessen für die örtlichen Schulen und Betriebe, Reinigungsdienste, Kinderbetreuung und Aushilfstätigkeiten in den Betrieben.

1968 wurde die Berufsschule zur Fachhochschule. 1997 wurde die «Mondragón Unibertsitatea» eine offiziell anerkannte gemeinnützige genossenschaftliche Universität gegründet. Ziel war es, eine Universität zu schaffen, die «den Bedürfnissen der Unternehmen nahekommt», die baskische Sprache und Kultur pflegt und für die gesamte Gesellschaft – unabhängig von der wirtschaftlichen Situation – offen ist. Im akademischen Jahr 2016/2017 studierten 1267 StudentInnen an der «Mondragón»-Universität. Sie hat vier Fakultäten (Ingenieurwissenschaften, Betriebswirtschaftslehre, Geistes- und Bildungswissenschaften, Gastronomie) und neun Standorte und bildet jährlich ca. 300 Menschen aus verschiedenen Ländern in sieben Wissensbereichen aus: Ingenieurwesen, Unternehmensführung, Wirtschaftswissenschaft, Bildung, Medienkommunikation, gastronomische und kulinarische Wissenschaften sowie Genossenschaftswesen.[596] Die Studierenden können dort den Bachelor- und den Master-Abschluss erwerben. Da die Universität eng mit den Genossenschaftsbetrieben verbunden ist, ist die Verbindung zwischen Theorie und Praxis und die Vorbereitung auf die berufliche Realität kein Problem. In den 1970er-Jahren entstand zusätzlich «Ikerlan» als erste gemeinsame Forschungs- und Entwicklungseinrichtung.

8.1.2.8 Konsumgenossenschaften

1969 fusionierten die fünf lokalen Konsumgenosssenschaften der «Mondragón»-Gruppe zur regionalen Genossenschaft «Eroski», um gegen die entstehenden Supermarktketten bestehen zu können. «Eroski» verbindet die Genossenschaften der Konsumenten mit der der Arbeiter. Der paritätisch besetzte Vorstand der Konsumgenossenschaft wird von Konsumenten und Beschäftigten gewählt. Er schließt auch die Form der Einkaufs-

596 Mondragón Unibertsitatea: International Students, auf: Mondragon. https://www.mondragon.edu/en/mobility-programmes/international-students (Zugriff: 25.6.2020).

genossenschaft für Einzelhändler ein. 1986 beschäftigte «Eroski» 1525 Personen in über 70 Supermärkten und belieferte 164 Einzelhandelsgeschäfte im Baskenland. Die Genossenschaft war das achtgrößte Handelsunternehmen in Spanien. Im Jahr 2007 wurde die Ladenkette «Eroski» durch die Übernahme von «Caprabo» mit 15000 Beschäftigten deutlich vergrößert und gehört nun zu den größten Lebensmittelketten in Spanien.[597] Ende 2013 verfügte sie über 40.000 Beschäftigte und mehr als 2200 Filialen in ganz Spanien sowie Südfrankreich.[598] Sie unterscheidet sich in ihrer Unternehmensstrategie von ihren KonkurrentInnen: Sie bietet Verbraucheraufklärung durch Seminare an und betreibt die Herausgabe eines monatlichen Verbrauchermagazins und ein Warentestlabor.

8.1.2.9 Ausbreitung der Genossenschaftsidee

Peter Heisig zeigte 1991 eine Reihe von Faktoren auf, die in den 1950er- und 1960er-Jahren für die Ausbreitung der Genossenschaftsidee im Baskenland förderlich waren. Dazu gehören:

- Die Jahrhunderte alte baskische Tradition von genossenschaftlicher Selbsthilfe, Nachbarschaftshilfe, Selbstverwaltung und Gemeineigentum;
- Praktische Erfahrungen der sozialistischen und der katholisch-, baskisch-nationalistischen Arbeiterbewegung mit Konsum- und Produktivgenossenschaften;
- Staatliche Förderung für die genossenschaftliche Unternehmensform während der zweiten Industrialisierungsphase der 1940er- und 1950er-Jahre im Baskenland und besonders nach 1959.

Die genossenschaftliche Unternehmensform stellte für die eigenkapitallose, aber an traditionelle Kooperationsmuster anknüpfende Arbeiterschaft eine reale Alternative zur wirtschaftlichen Selbständigkeit dar.[599] Auch die Ausschüttung des Ertragsgewinns mag Anreiz für die GenossInnen sein.

---

597 Vgl. Voß: Mondragón, S. 7. Anmerkung GN: «Eroski» arbeitet mit dem deutschen genossenschaftlich organisiertem Unternehmerverband EDEKA zusammen. Mit den Supermarktketten Intermarché, Coop (Schweiz), EDEKA (Deutschland) und anderen hat Eroski sich zu der Händlervereinigung Agecore zusammengeschlossen. Vgl. Manager Magazin vom 20. Februar 2018.

598 Groß: Gegenmodell.

599 Heisig: Das Genossenschaftsexperiment, S. 306.

8.1.2.10 Wirtschaftskrise

Als mittlerweile internationaler Konzern schien «Mondragón» der Wirtschaftskrise von 2008 erfolgreich zu trotzen. Allerdings hatte die Urgenossenschaft «Ulgor», heute heißt sie «Fagor Electrodomésticos», im Zuge der europäischen Wirtschaftskrise seit 2008 und der folgenden Konsumzurückhaltung in Spanien und Frankreich zu leiden. KritikerInnen warfen dem «Fagor»-Vorstand vor, die GenossInnen nicht rechtzeitig unterrichtet zu haben. Ein neues Managementmodell sollte die formalen Wege der Beteiligung für die ArbeiterInnen verbessern. Bis zuletzt hatten die Mitglieder und Beschäftigten gehofft, dass sie durch die solidarische Umverteilung innerhalb «Mondragóns» überleben könnten. Ein mit 70 Millionen Euro ausgestatteter Rettungsfonds sollte das Unternehmen an die globalen Markterfordernisse anpassen. Insgesamt hatte MCC «Fagor» mit gut 180 Millionen Euro beigestanden. Zur Tilgung der Schulden von 800 Millionen Euro reichte das nicht aus. Deshalb beschloss der Genossenschaftsverbund, auch um die übrigen Genossenschaften im Gesamt-Verbund nicht zu gefährden, die Reißleine zu ziehen. Man sei «an der Grenze der Belastbarkeit» angekommen».[600]

Im Oktober 2013 hat «Fagor» Insolvenz angemeldet. Seit 2007 waren die Umsätze rapide gefallen. Angesichts der «globalen Billigkonkurrenz» musste die genossenschaftliche Solidarität vor der Konkurrenz am Weltmarkt kapitulieren. Die GenossInnen hatten eine solch dramatische Entscheidung nicht erwartet und für die baskische Regierung war es die «schlechteste Wirtschaftsnachricht des Jahres».[601] Kritikern, die schon immer wussten, dass die Genossenschaftsidee innerhalb des kapitalistischen Systems scheitern muss, wollen Vertreter von MCC nicht folgen. «Das Genossenschaftssystem hat nicht versagt, sondern der Markt hat uns in diese Lage gebracht», so Balinaga, der schon dreißig Jahre in der Genossenschaft gearbeitet hatte.[602] Der «Mondragón»-Verbund arbeitet weiter und hofft, die erwerbslosen GenossInnen längerfristig wieder

600 Ralf Streck: Spanien: Auch bisher krisenfeste Genossenschaften wanken, auf: Telepolis (18.10.2013). https://www.heise.de/tp/news/Spanien-Auch-bisher-krisenfeste-Genossenschaften-wanken-1999934.html (Zugriff: 27.3.2020).

601 Ebd.

602 Ebd.

beschäftigen zu können. Zunächst mussten sie aber den Gang zum Arbeitsamt antreten.[603]

8.1.2.11 Orientierung auf den Weltmarkt

Seit den 1980er-Jahren orientiert sich «Mondragón» immer stärker auf den Weltmarkt, um z. B. in China, Brasilien oder Mexiko günstiger produzieren zu können als im Baskenland oder weil die Geschäftspartner dies verlangen. Das Problem ist, dass die Geschäftspartner im Ausland keine Genossenschaften, sondern Kapitalgesellschaften mit LohnarbeiterInnen sind, ebenso wie auch einige spanische Unternehmen des Verbundes.[604]

Elisabeth Voß, die sich im Januar 2013 eine Woche lang in «Mondragón» aufgehalten hat, berichtete, dass die Begriffe, die sie während ihres Besuchs am häufigsten gehört habe, «austerity» (Sparsamkeit) und «generosity» (Großzügigkeit) waren.[605] Sie erklärt, dass damit nicht der «europaweiten Kaputtsparpolitik und dem begleitenden Hochloben von Engagement und Wohltätigkeit» das Wort geredet werden sollte, sondern sie interpretiert damit «persönliche Eigenschaften», nämlich: «Die Menschen sollen sich durch Bildung und Zusammenarbeit zu besseren, fürsorglichen und sozialen Wesen entwickeln.»[606]

Hatte Peter Heisig noch 1991 geschrieben, dass die Genossenschaftsgruppe von «Mondragón» «durch ihre bisherige Entwicklung […] eindrucksvoll die wirtschaftliche und technologische Wettbewerbsfähigkeit ihres spezifischen Modells der industriellen Produktivgenossenschaft in einem kapitalistischen Wirtschaftssystem auf regionaler und nationaler Ebene bestätigt»[607], so erfuhr Elisabeth Voß 2013, dass den GenossInnen die Kluft zwischen Anspruch und Realität, zum Beispiel durch das Problem der Zusammenarbeit mit kapitalistischen Unternehmen, bewusst ist und dass das auch diskutiert wird. Deshalb wurde vor einigen Jahren beschlossen, alle Unternehmen des «Mondragón»-Verbandes in Genossenschaften umzuwandeln und allen MitarbeiterInnen die Gelegenheit zu geben, GenossInnen zu werden. Wo dies nicht möglich ist, sollen

603 Ebd., siehe auch: Elisabeth Voß: Eine Genossenschaft scheitert am Weltmarkt, in: Contraste (350), 2013, S. 5.

604 Voß: Mondragón, S. 7.

605 Ebd.

606 Ebd.

607 Heisig: Das Genossenschaftsexperiment, S. 319.

zumindest die Bedingungen für die Beschäftigten denen der GenossInnen angeglichen werden und es sollte ihnen die Möglichkeit geboten werden, sich finanziell am Unternehmen zu beteiligen und mitzuentscheiden. Umgesetzt ist die «Willensbekundung» ganz offensichtlich nicht.[608] Die krisengeschüttelte Urgenossenschaft «Fagor Electrodomésticos» hat hingegen einen Aufnahmestopp für neue Mitglieder ausgesprochen.[609]

Auch das Gerücht, dass in «Mondragón» keine ArbeiterInnen entlassen worden seien, fand Elisabeth Voß durch ihren Besuch nicht bestätigt. Von Kündigungen verschont blieben bisher lediglich die Mitglieder der Genossenschaften. Peter Heisig berichtete bereits 1991, dass seit 1980 ein Arbeitslosenfonds besteht, um die wirtschaftliche Rezession, die Ende der 1970er-Jahre die baskische Region in ein Krisengebiet verwandelte, aufzufangen. Er zeichnete ein ausgeklügeltes Krisenszenario, das für die GenossInnen gilt. Es besteht aus Lohnkürzungen, Umsetzung in andere Genossenschaften, Gewinn- und Verlustausgleich zwischen den Genossenschaften, Zentralisierung der Finanz-, Personal-, Marketing und anderen übergeordneten Abteilungen.[610]

8.1.2.12 Solidarische Instrumente

«Solidarische Instrumente» nennt Bruno Roelants die finanziellen gegenseitigen Hilfen sowie das zeitweise Ausleihen von Arbeitern von einer Genossenschaft in momentaner Krise an eine andere.[611] Interkooperation nennt er den Ausgleich zwischen den Genossenschaften. Das bedeutet auch, dass sich die einzelnen Genossenschaften gegenseitig mit Geld aushelfen, um Liquiditätsprobleme zu überbrücken, untereinander Manager, Innovationen und Know-how austauschen und gemeinsam einkaufen. «Durch diese Synergie erhalten wir in dieser großen Wirtschaftskrise Arbeitsplätze», so ein langjähriger Beschäftigter.[612]

---

608 Voß: Mondragón, S. 7.

609 Elisabeth Voß: Der Genossenschaftsverbund Mondragón. Insel im Meer des Kapitalismus, in: Sozialistische Zeitung (5), 2013.

610 Heisig: Das Genossenschaftsexperiment, S. 315ff.

611 Bruno Roelants: Antworten der Arbeiterbewegung auf Insolvenzen in Europa. Staatliche Programme und regulierende Rahmenbedingungen, in: Verein zur Förderung der Solidarischen Ökonomie e. V. (Hg.): Schritte auf dem Weg zur Solidarischen Ökonomie, Kassel 2011, S. 21–29; hier: S. 27.

612 Groß: Gegenmodell.

Sollten Genossenschafter erwerbslos werden, erhalten sie für 12 Monate «Arbeistlosengeldzahlungen» in Höhe von 80 Prozent ihres bisherigen Basiseinkommens; wobei die weiterarbeitenden KollegInnen zur Kasse gebeten werden sollten. Das Konzept wird ergänzt durch eine Umschulungsverpflichtung seitens der Genossenschaft im genossenschaftseigenen Fortbildungsinstitut sowie Abfindungs- und Vorruhestandsregelungen für GenossInnen von denen auch zusätzliche Kapitaleinlagen gefordert werden können. An die Mitglieder werden im Krisenfall ermäßigte Personalkredite gegeben, die über Gehaltskürzungen über fünf Jahre zurückgezahlt werden können. Im Wesentlichen funktionierte dieses Konzept offensichtlich auch 2013. Elisabeth Voß berichtet unter anderem, dass bei ihrem Besuch langjährige GenossenschafterInnen oft schon mehrmals einen Genossenschaftswechsel erlebt haben und dass darauf geachtet wird, dass niemand länger als zwei Jahre erwerbslos ist. Auch käme es immer wieder vor, dass Genossenschaften beschließen, die eigenen Arbeitsentgelte abzusenken, um andere Genossenschaften zu unterstützen. Allerdings wären solche Beschlüsse nicht mehr so selbstverständlich wie früher und von wesentlich mehr Gegenstimmen begleitet. Offenbar werden GenossInnen, auch in den vorzeitigen Ruhestand geschickt, denn Voß verweist darauf, dass dieser durch die besseren Leistungen der «Lagun Aro» gegenüber der staatlichen Sozialversicherung in Spanien humaner gestaltet wird.[613] Dazu konnten die Betroffenen allerdings nicht gefragt werden, sie waren ja nicht mehr im Betrieb.

Von den befragten ArbeiterInnen scheinen viele auf das Modell stolz zu sein, andere beklagen, dass ihnen ArbeitnehmerInnenrechte, wie das Streikrecht, verwehrt blieben. «Wozu auch sich selbst bestreiken?», fragt Elisabeth Voß und räumt ein, dass in der zweiten Generation «vielleicht sogar die ArbeitnehmerInnen-Mentalität» überwiegt und «genossenschaftliche Werte und unternehmerische Mitverantwortung» auf der Strecke bleiben könnten.[614] Für neue Mitglieder werden nun Kurse angeboten, um ihnen genossenschaftliche Werte und Prinzipien zu vermitteln. Allerdings berichtet Peter Heisig über einen früheren Streik in der Pioniergenossenschaft «Ulgor» Mitte der 1970er-Jahre an den sich jahrelange Diskussionen anschlossen.

613 Voß, Mondragón, S. 7.

614 Ebd.

Als Reaktion wurden damals sogenannte «organisierte Meinungsgruppen» für gewerkschaftliche bzw. politisch engagierte Mitglieder ins Leben gerufen, von denen jedoch kaum Gebrauch gemacht worden sei.[615]

In der Zwischenzeit wurde in Mondragón eine neue Stiftung «Mundikide» gegründet, um weltweit solidarische Projekte durchzuführen. Ehrenamtliche der Stiftung unterstützen auch Landlose der «Brasilianischen Movimento dos Sem Terra» (MST) beim Aufbau von Genossenschaften. Zur Vernetzung mit sozialen Bewegungen und für regionale Projekte wurde der Verein «Bagara» gegründet. Ein neues Managementmodell ist in Arbeit, das die formalen Wege der Partizipation verbessern soll.[616]

«Lasst uns in Gleichheit denken, lasst uns mit Intelligenz bauen, lasst uns für den Wandel innovativ sein.» So steht es nach wie vor auf den Internetseiten von «Mondragón». Und «Mondragón – Humanity at Work» verspricht der Firmenslogan am Haupteingang des Verwaltungsgebäudes. Die Verbreitung des Genossenschaftsgedankens sehen die GenossenschafterInnen nach wie vor als eine ihrer Hauptaufgaben. Sie wissen, dass es weiterhin gilt, dass Genossenschaften weltweit widerstandsfähiger als andere Firmen sind. Adolphi sieht die Leistung von «Mondragón» vor allem darin, dass die ArbeiterInnen zeigen, was die «Herrschaft der Arbeiterklasse» im Sozialismus für ein neues Jahrhundert bedeuten kann.[617] Dem kann nur beigepflichtet werden. Schließlich haben sie ein Fenster in eine andere Welt aufgetan.

8.1.3 Frankreichs engagierte Tee-Rebellen: Die Tee-Fabrik Scop-Ti

Die Belegschaften der Teefabrik «Scop-Ti» in Gémenos bei Marseille/Frankreich haben es vorgemacht: Nach zähen Auseinandersetzungen mit den Unternehmern besetzten die MitarbeiterInnen den Betrieb und nahmen schließlich in Eigenregie die Produktion wieder auf: demokratisch, ökologisch nachhaltig und mit besseren Arbeitsbedingungen für alle.

Das Beispiel «Scop-Ti» zeigt anschaulich, wie aus Arbeitskämpfen Genossenschaften hervorgehen können und welche

615 Heisig: Das Genossenschaftsexperiment, S. 314.

616 Voß: Der Genossenschaftsverbund.

617 Adolphi: Mondragón.

Voraussetzungen notwendig sind, damit sie am Markt bestehen können.[618]

«Scop Ti» (Société Coopérative Ouvrière Provençale de Thés et Infusions) ist eine 2016 gegründete Arbeiterkooperative zur Teeherstellung im südfranzösischen Gémenos. Die Idee entstand im Herbst 2016 auf dem Euromediterranean Workers Economy Treffen in Thessaloniki. Dort wurden Ansätze diskutiert, wie (internationale) Vertriebsnetzwerke zwischen übernommenen Fabriken und Kollektiven organisiert werden könnten.

Das Unternehmen entstand aus einer vierjährigen Betriebsbesetzung der traditionsreichen Teefabrik «Fralib» durch ihre ArbeiterInnen. Der Unilever-Konzern, dem die Fabrik gehörte, wollte die Produktion 2010 einstellen und an einen nach seiner Meinung günstigeren Standort in Polen verlagern. Für einige der 182 Beschäftigten gab es das Angebot dort für 500 Euro monatlich zu arbeiten. Ein Hohn für die ArbeiterInnen, die bereits Unilever nachziehen mussten, als diese vor einigen Jahren die Produktion in Le Havre stilllegte. Auch das Gericht erklärte den Sozialplan für ungültig. Als im April 2011 die Kündigungen in den Briefkästen lagen, besetzten die ArbeiterInnen den Betrieb. Drei Monate später mussten sie wieder eingestellt werden, weil auch die nächste Instanz den Sozialplan annulierte. Sie gaben die Besetzung auf. Am 10. Mai 2012 erfuhr der Betriebsrat, dass die Maschinen abtransportiert werden sollten. Die ArbeiterInnen besetzten daraufhin 1336 Tage lang ihre Fabrik erneut. Ihr Schutzpatron Che Guevara prangt immer noch als Graffiti groß über der Lkw-Rampe.[619] Als GenossenschafterInnen übernahmen sie am Ende der Besetzungszeit ihren Betrieb selbst und gründeten die Genossenschaft «Scop-Ti». Da ihre Proteste, die notwendig wurden, weil sie die alten Teemarken (Lipton-Produkte) nicht übernehmen durften, keinen Erfolg hatten, produzieren sie verschiedene eigene Teesorten, unter anderen auch Bio-Tees und einen Tee mit dem Namen «1336», benannt nach den 1336 Tagen Kampf um ihre Fabrik. Darüber hinaus arbeitet «Scop-Ti» am Aufbau eigener Handelsbeziehungen. Die

618 union coop // föderation: It's Teatime – Scop-Ti jetzt auch in Deutschland, auf: Union – Coop (16.10.2017). https://www.union-coop.org/2017/10/16/its-teatime-scop-ti-jetzt-auch-in-deutschland/ (Zugriff: 20.2.2020).

619 Alix Arnold: Darauf einen 1336. In Gémenos bei Marseille haben Arbeiter_innen dem Konzern Unilever eine Teebeutelfabrik abgetrotzt, in: ak (622), 13. Dezember 2016, S. 21.

GenossInnen beziehen bereits Teeblätter aus fairem Handel und Lindenblütentee aus regionaler Produktion. Für die Winterzeit gibt es einen Apfel-Zimt-Tee. Mit Hilfe der in der «union coop» (Föderation gewerkschaftlicher Kollektivbetriebe) organisierten Betriebe bewerkstelligen sie zudem einen regelmäßigen Import und Export für «Scop-Ti»-Produkte. Dank der Übernahme einer guten Maschinerie steht die Genossenschaft ökonomisch gut da. 100 KollegInnen arbeiten in der Teefabrik, 2/3 Männer und 1/3 Frauen und sie wollen noch mehr werden. Alle wichtigen Entscheidungen werden auf der Vollversammlung getroffen, die alle drei Monate stattfindet und bei Bedarf auch öfter.[620] Für kleinere Entscheidungen gibt es einen Verwaltungsrat und ein dreiköpfiges Leitungsgremium. Die Zahl 1336 ist nicht nur eine Teemarke, sondern in diesen Tagen sind die KollegInnen zum Kollektiv zusammengewachsen. Wegschieben lassen sie sich nicht mehr und zu den alten Strukturen zurück wollen sie auch nicht.[621]

8.2 Außereuropäische Länder

Dass es sich bei genossenschaftlichen Betrieben und Projekten nicht nur um kleine lokale und regionale Einheiten im nationalen oder im europäischen Raum handeln muss, illustrieren faire Handelsinitiativen oder Kooperativen wie «Cecosesola»,[622] die 1967 in der Hauptstadt des venezolanischen Bundesstaates Lara als Kooperative mit einem Bestattungs- und Busunternehmen gegründet wurde. Nachdem dieses durch staatliche Repression zerschlagen wurde, nutzte die Kooperative die verbliebenen Fahrzeuge für den Transport von Gemüse, das ihre Mitglieder anbauten. Daraus entstanden Gemüsemärkte, die mittlerweile mehr als 300.000 Menschen günstig mit Lebensmitteln versorgen. Darüber hinaus betreibt die Kooperative ein Gesundheitszentrum. «Cecosesola (Central Coperativa de Servicios Sociales del Estado Lara)» ist ein hierarchiefreier, solidari-

620 Ebd.

621 Siehe auch die beiden Dokumentarfime: Pot de Thé – Pot de Fer (2011) und 1336 Tage. Höhen, Tiefen aber immer aufrecht (2015). Beide kann man bei labournet.tv ausleihen.

622 Siehe hierzu: Cecosesola: Auf dem Weg – Gelebte Utopie einer Kooperative in Venezuela, Berlin 2012.

scher Verbund von Genossenschaften. Über fünfzig Basisorganisationen mit insgesamt 20.000 Mitgliedern (Beschäftigte und Nutzer) sind inzwischen dem Verbund angeschlossen. 1200 Kooperativistas arbeiten als «Hauptamtliche» (trabajadores asociados) und bekommen ihren (bescheidenen) Unterhalt direkt vom Gesamtverbund. «Cecosesola» wirtschaftet genossenschaftlich und solidarisch – nicht nur für die eigenen Mitglieder, sondern für die ganze Bevölkerung.[623]

Da «Cecosesola» schon ausführlich dokumentiert und kommentiert ist, soll in diesem Zusammenhang ein Großprojekt aus Bolivien ausführlicher dargestellt werden. An diesem Projekt kann exemplarisch die Vernetzung zwischen verschiedenen Genossenschaften in zahlreichen Ländern aufgezeigt werden. Außerdem wird deutlich, dass auch der Umweltschutz ein große Rolle spielt.

8.2.1 «El Ceibo»

Die Bolivianische Produzentengenossenschaft «El Ceibo» stellt in ihrer Fabrik in El Alto rund 60 verschiedene Bio-Schokoladenprodukte – von der Tafel über das Schokoladen-Müsli bis zu edlen Pralinen – her.[624]

8.2.1.1 Vorgeschichte

Anfang der 1960er-Jahre verließen Tausende Menschen das karge dicht bevölkerte, grenznahe bolivianische Hochland. Es waren vor allem Bergarbeiter, die nach der Schließung der Zinn-Minen keine existenzsichernde Arbeit mehr bekommen konnten. Zudem galt das Hochland als «überbevölkert» und die ge-

623 Der Film «De un funeral a un hospital – un proceso de integración cooperativa» (Von einem Begräbnis zu einem Krankenhaus – ein Prozess der kooperativen Integration, spanisch mit deutschen Untertiteln) hat das Großprojekt bekannt gemacht. Er steht online auf labournet.tv (Zugriff: 25.6.2020). Siehe auch: Cecosesola: Integración Comunitaria, auf: Cecosesola. https://cecosesola.org (Zugriff: 25.6.2020) sowie kriktisch hierzu: Peter Nowak: Schlagwort: Cecosesola. Mit Faktor C nach Utopia, auf: Peter Nowak. https://peter-nowak-journalist.de/tag/cecosesola/ (Zugriff: 26.6.2020). Peter Nowak kritisiert vor allem die Gewerkschaftsfeindlichkeit und die spirituelle Ideologie der Kooperative.

624 Frank Eichinger: EL CEIBO – Erfolgsgeschichte zwischen Anden und Amazonas, auf: Fairtrade-Deutschland (14.1.2014). https://blog.fairtrade-deutschland.de/tag/el-ceibo/ (Zugriff: 26.6.2020).

ringen Ernteerträge der Landwirtschaft reichten zur Ernährung der Bevölkerung nicht aus, sodass die Region unter erheblichen sozialen Spannungen litt. Der bolivianische Staat hatte deshalb ein von der US-amerikanischen Entwicklungsagentur USAID[625] koordiniertes und finanziertes Umsiedlungsprogramm aufgelegt, mit dem umzugswillige Bergarbeiterfamilien aus dem bolivianischen Altiplano die Umsiedlung in die fruchtbare Tieflandregion Alto Beni im Amazonasbecken, etwa 150 km von La Paz entfernt, nahegelegt wurde. Der bolivianische Staat überließ jeder umsiedlungsbereiten Familie im Tiefland zwölf Hektar Land, etwas Saatgut und Werkzeug, außerdem versprach er technische Beratung und andere Hilfsleistungen. Den NeusiedlerInnen wurde der Anbau von Kakao empfohlen, einem Produkt, für dessen Anbau es sowohl in Bolivien als auch unter den NeusiedlerInnen keine Erfahrungen gab. Dennoch folgten die SiedlerInnen der Empfehlung und begannen sich eine neue Existenz aufzubauen.

Das funktionierte zunächst eher schlecht als recht. Die staatliche Unterstützung erwies sich als unzureichend und viele UmsiedlerInnen, überwiegend Quecha- und Aymara-IndianerInnen, waren größeren Entbehrungen als vorher ausgesetzt. Im Hochland unbekannte Krankheiten wie Malaria zehrten im neuen Umfeld an ihren Kräften und rafften viele dahin. Die Erträge der Kakaobauern waren klein und die Qualität war schlecht. Es fehlte an Fachwissen und an Organisation. Einige ZwischenhändlerInnen erkannten diese Defizite und nutzten sie zu ihren Gunsten aus. Sie kauften die ersten Ernteerträge zu ausbeuterisch niedrigen Preisen auf, sodass das Einkommen oft nicht für das Nötigste reichte, das die Familien zum Leben brauchten. Viele Kinder mussten den ganzen Tag auf dem Feld arbeiten, um genug Essen für den Haushalt zu erwirtschaften. An den Schulbesuch oder gar an eine weitergehende Ausbildung war nicht zu denken. Da die Bezahlung im konventionellen Kakaoanbau zudem nach Weltmarktpreisen erfolgte, die unter anderem auch durch den Preiskampf im Lebensmittelhandel der Industrieländer sehr niedrig waren und starken Schwankungen unterlagen, nagten viele Kakaobauern-Familien bald am Hungertuch.

---

625 United States Agency for International Development, deutsch: «Behörde der Vereinigten Staaten für internationale Entwicklung».

8.2.1.2 Die Entstehung der Genossenschaft

Die Bauern erkannten, dass sie als Einzelne keine Chance gegen die Händler hatten und schlossen sich im Jahr 1977 zur Genossenschaft «El Ceibo» zusammen, um im Kollektiv mehr zu erreichen. Die Gründerpersonen hatten eine klare Vision von einer gemeinsam organisierten Zukunft. Diese Vision wurde von Generation zu Generation weitergegeben. Die Genossenschaft benannten sie nach dem scheinbar unsterblichen feuerrot blühenden Baum El Ceibo, der auch «unsterblicher Urwaldbaum» genannt wird (deutsch Korallenbaum). Weil er immer wieder neue Schösslinge treibt, ist er ein Symbol für Hoffnung und Stärke; er wurde zum Logo der Genossenschaft. Begonnen hat «El Ceibo» mit zwölf Basiskooperativen. Heute gehören «El Ceibo» 50 Kakaokooperativen an, die aus ca. 1500 Kleinbauernfamilien bestehen, die im Regenwaldgebiet am Rio Beni leben. Die meisten GenossenschafterInnen bearbeiten ihr Land individuell im Rahmen ihrer Großfamilien, einige Kooperativen bewirtschaften es im Kollektiv. Laufend kommen neue GenossenschafterInnen hinzu.[626]

Die Bauern nutzen die Genossenschaft, um den Kakao gemeinsam zu vermarkten, sich gegenseitig zu helfen und ihre Interessen bei Verhandlungen gemeinsam zu vertreten. Sie konnten größere Anschaffungen wie z. B. einen Lkw, Gerätschaften für die Ernte oder neue Kakaopflanzen für die Kooperative organisieren. Die stärkere Verhandlungsposition nutzten sie auch, um höhere Preise für ihre Ernte zu verlangen. Sie konnten Schulungen durchführen, um zu lernen, wie sie die Qualität ihrer Ware verbessern und damit wiederum höhere Preise erzielen können. Bereits in den 1970er-Jahren haben die Kleinbauern begonnen, mit AbnehmerInnen des Fairen Handels in den USA und Deutschland zu kooperieren. Langfristige Handelsbeziehungen ermöglichten den BäuerInnen auch eine bessere individuelle und kollektive Planung. Seit Anfang der 1980er-Jahre wurde Kakao eines der wichtigsten Agrarhandelsgüter und die Einkommensgrundlage von bis zu fünfzig Millionen Menschen weltweit.

---

626 claro fairtrade aG: Central de Cooperativas El Ceibo Ltda, auf: Claro. https://www.claro.ch/de/producer/335 (Zugriff: 17.7.2019).

8.2.1.3 Ökologischer Anbau und fairer Handel

Die Tatsache, dass man in den 1970er- und 1980er-Jahren kein Geld für chemische Dünger und Pestizide gehabt hatte, erwies sich nachträglich als Glücksfall: So musste und konnte die Genossenschaft bereits 1978 auf ökologischen Anbau umstellen. Mitte der 1980er-Jahre spezialisierten sich die Mitglieder von «El Ceibo» auf Biokakao, 1988 konnten sie den ersten Biokakao nach Europa verkaufen. Heute werden rund 90 Prozent des Kakaos in Bio-Qualität angebaut. «El Ceibo»-Kakao ist zudem stark entölt und ungezuckert. Die christliche Hilfsorganisation «Brot für die Welt» und der Deutsche Entwicklungsdienst (DED) sorgten für die notwendigen Kontakte zur Zertifizierung und Beratung und verkauften Saatgut und Schädlingsbekämpfungsmittel.

Zu den Geschäftspartnern gehört seit 1986 die deutschlandweit größte Fairtrade-Importorganisation GEPA, die mit Rohstoffen wie Kakaobutter beliefert wird und vor allem für Deutschland produziert.[627] «El Ceibo» ist seit 25 Jahren Partner der österreichischen EZA (Fairer Handel GmbH) und entwickelte zusammen mit Fair-Handelsorganisationen ein Qualitätssicherungsprogramm. Die Genossenschaft «El Ceibo» gehört damit zu den ältesten Partnern deutsch/österreichischer Fairhandelsorganisationen. Der Faire Handel öffnete der Genossenschaft den Zugang zum Weltmarkt. In der Schweiz wurde 1991 durch die Fairtrade-Organisation «Claro» die erste fair gehandelte Schokolade der Welt entwickelt und produziert und auf den Markt gebracht – mit Kakao von «El Ceibo». Um die Idee des ökologischen Anbaus in Bolivien weiterzuverbreiten, gründete «El Ceibo» 1991 zusammen mit anderen Organisationen den nationalen Verband der ökologischen Agrarproduzenten AOPEB.[628] Seit 1998 kann die Genossenschaft auf eine Fairtrade- und Bio-Zertifizierung verweisen. Bio-zertifiziert sind Kakaobohnen, -butter, -pulver und -masse.

627 GEPA: Gesellschaft zur Förderung der Partnerschaft mit der Dritten Welt mbH mit Sitz in Wuppertal.

628 GEPA mbH: El Ceibo, auf: Gepa. https://www.gepa.de/produzenten/partner/el-ceibo.html (Zugriff: 17.7.2019).

8.2.1.4 Die selbstverwaltete Schokoladenfabrik

Mit Krediten von Oikocredit, die inzwischen alle zurückgezahlt sind, baute «El Ceibo» Anlagen, in denen Kakao verarbeitet wird, und Mitte der 1990er-Jahre eine eigene Schokoladenfabrik in El Alto, hoch über der bolivianischen Hauptstadt La Paz. Die durch die ArbeiterInnen selbstverwaltete Schokoladenfabrik wurde die berühmteste Schokoladenfabrik Boliviens. Rund sechzig Schokoladenspezialitäten, von der Edelschokoladen-Tafel, über Schokoriegel bis zu den feinsten Pralinen sowie Osterhasen und Ostereier werden dort produziert. Der Frauenanteil in der Fabrikproduktion beträgt 40 %. Die 140 Angestellten, die derzeit in El Alto in der Zentrale der Genossenschaft arbeiten, waren früher meist selbst Kakaobauern rund um das Dorf Sapecho mitten im tropischen Regenwald.[629] Heute kann die Genossenschaft den Kakaopreis in der Region mitbestimmen und leistet auf vielen Ebenen einen unersetzlichen Beitrag zur Unterstützung der lokalen Bevölkerung. Der Anbau von Kakaobäumen und die Ernte von Kakao verschaffte den KollektivistInnen ein existenzsicherndes Einkommen.[630]

90 Prozent des Kakaos wird von den zur Genossenschaft gehörenden Bauernfamilien direkt fermentiert und getrocknet. Nach wie vor breiten die Kleinbauern ihre Bastmatten auf den Trockengestellen aus, um den Inhalt der reifen Kakaoschoten zu trocknen, die dann zu Kakao bzw. Kakaobutter verarbeitet werden.[631] Zwei Lastwagen der Genossenschaft sammeln die vorbereiteten Säcke am Straßenrand ein und bringen sie in das Zentrallager in Sapecho in der Nähe von La Paz.

Während in den ersten Jahrzehnten die Produktion von «El Ceibo» nahezu ausschließlich in den Fairen Handel in Europa und Nordamerika geflossen ist, werden heute Teile der Kakaoproduktion auch nach Argentinien, Bolivien und Chile exportiert. Insgesamt macht der Auslandsexport 30 % aus; der Anteil des Inlandabsatzes hatte 2019 bereits mehr als 70 % erreicht.

---

629 Knut Henkel: Süße Schokolade aus den Anden, in: Publik-Forum (20), 2017.

630 Frank Eichinger: El Ceibo, (Zugriff: 17.7.2019).

631 Weltladen Gießen, Solidarische Welt e.V.: Kakao, auf: Weltladen – Giessen. https://weltladen-giessen.de/kakao/ (Zugriff: 17.7.2019).

8.2.1.5 *Von der Kakaopflanze bis zur fertigen Schokolade*

«El Ceibo» verarbeitet, wie bereits erwähnt, selbst Produkte für den Markt. Die Genossenschaft verfügt über eine vollständige Produktionskette von der Aussaat des Kakaos über die Aufzucht der Pflanzen bis zum Verkauf der fertigen Schokolade.[632] Dadurch, dass der Verkauf generell so gut läuft, konnten die GenossInnen viele Investitionen tätigen und neue Maschinen anschaffen und damit auch das Sortiment ihrer eigenen Marke erweitern. Die kleinbäuerliche Mischwirtschaft, in der Kakao zusammen mit anderen Kulturen wie etwa Yuca, Mais, Mandarinen, Mangos und Bananen angebaut wird, erweist sich als wesentlich umweltverträglicher als die in Monokulturen angelegten Großplantagen. Zudem erlaubt der diversifizierte Anbau den Bauern auch abseits der viermonatigen Kakaoernte Einnahmen zu erzielen.[633]

Die biologisch hergestellte und fair gehandelte Schokolade wurde sehr erfolgreich. «El Ceibo» hat nicht nur als Genossenschaft Vorbildwirkung, sondern auch durch seine Produkte. Die internationalen Beziehungen ermöglichen globale Kooperation anstelle von profitgesteuerter Konkurrenz. Auch dadurch kann Ressourcen- und Umweltschonung erreicht und konkurrenzbedingte Überproduktion vermieden werden. Da es das Ziel der Genossenschaft ist, die natürlichen Ressourcen zu schützen und die Lebensbedingungen im Alto Beni auf Grundlage des Kakaoanbaus zu verbessern, kommt den Ausbildungsteams aus Agrarfachleuten, die die Kakaobauern im organischen Anbau fortbilden und beraten, eine besondere Rolle zu.[634] Sie entwickeln Fortbildungs- und Trainingsprogramme sowohl für den Agrarbereich als auch für technische und Verwaltungsfragen; und zwar sowohl für die Bauern und Bäuerinnen als auch für die MitarbeiterInnen. Zudem erhalten die GenossInnen eine Reihe von Sozialleistungen: eine Art Krankenversicherung, Arztkostenbeihilfe, Kindergeld, Stipendien für die Schulausbildung der Kinder und Weiterbildungskurse für die Erwachsenen. Die junge Generation bekommt durch die Kooperative erstmals

632 Peter Hoffmann: El Ceibo – Unser Land, unsere Bäume, unsere Schokolade, in: Chocolate-Maker (o. Nr.), 28.3.2012.

633 Knut Henkel: Perspektive aus der braunen Bohne, in: taz (9906), 15.9.2012, S. 5.

634 Die Verbraucher INITIATIVE e.V.: Kakao: El Ceibo in Believien, auf: Öko-fair. www.oeko-fair.de/index.php/cat/1021/title/Kakao%3A_El_Ceibo_in_Bolivien (Zugriff: 17.7.2019).

die Möglichkeit zu studieren. Nach dem Studium können die gut ausgebildeten Leute wieder Funktionen innerhalb der Genossenschaft übernehmen. Aber auch die Älteren profitieren weiter von den genossenschaftlichen Errungenschaften. Mit der Fair Trade Prämie werden alle Mitglieder bereits, wenn sie das 55. Lebensjahr erreichen, finanziell unterstützt. Die Älteren bekommen Rentenzahlungen, damit sie auch im Alter noch genügend Geld zum Leben haben. In einem Land wie Bolivien, in dem selbst die medizinische Versorgung der Menschen keine Selbstverständlichkeit ist, ist das eine große Errungenschaft.[635] Seit Beginn des einundzwanzigsten Jahrhunderts gilt «El Ceibo» als die erfolgreichste Kakaogenossenschaft in Bolivien.[636] Dieser Erfolg hat auch Einfluss auf die Bildung weiterer Genossenschaften: Etliche genossenschaftseigene Läden in La Paz, Cochabamba und Santa Cruz sorgen für den Verkauf der Produkte.

Probleme ergeben sich dadurch, dass sie – wie andere Genossenschaften – meistens nur einen Teil der gesamten Ernte über den fairen Handel verkaufen, wodurch sich die Mehreinnahmen in Grenzen halten. Kinderarbeit ist auch durch die Kriterien des fairen Handels nicht ausgeschlossen. Auch wenn Kinder – nach Aussagen der ExpertInnen – lediglich in den Ferien oder nach der Schule in die Arbeit einbezogen werden, ist das Kinderarbeit. Dass biologischer und ökologischer Landbau den Arbeitsaufwand gegenüber Betrieben, die nicht auf Chemie verzichten, verstärkt, kann dabei nicht als Entschuldigung gelten. Aufgrund klimatischer Veränderungen ist der Ertrag der Kakaoplantagen in der letzten Zeit etwas rückläufig, was dazu führt, dass der europäische Markt nicht mit steigenden Volumina bedient werden kann. Die Nachfrage nach den Produkten der Genossenschaft steigt jedoch kontinuierlich. Öko- und fair gehandelte Produkte sind im Aufwind.

Erst nachdem sich die Bauern und Bäuerinnen zu einer Genossenschaft zusammengeschlossen hatten, verbesserte sich ihr Leben langsam. Am schnellen Anwachsen der Mitglieder kann man erkennen, wie wichtig die Kooperation unter den Kleinbauern geworden ist und wie «ansteckend» die Idee gewirkt hat. Auch die einzelnen Mitglieder sind durch die Genossen-

635 GEPA: El Ceibo, (Zugriff: 18.7.2019).

636 Knut Henkel: Blühendes Geschäft in El Alto, in: taz (o. Nr.), 15.7.2019, S. 9.

schaft stärker geworden, besonders was die Durchsetzung ihrer Interessen angeht. Die große Nachfrage nach den Produkten der Kooperative hängt auch mit einem gesteigerten Interesse an gesunden und ökologischen Produkten zusammen. Gleichzeitig zeigt sie, wie Kleinbauern ihr Leben verändern können, wenn sie sich zusammenschließen. Durch Menschen aus der ganzen Welt – sowohl GeschäftspartnerInnen als auch Privatpersonen – die die Genossenschaft besuchen, bekommen die Kakaobauern und -bäuerinnen neue Impulse. Alle Mitglieder können an den Unterstützungsprogrammen der Genossenschaft teilhaben. Neu hinzukommende müssen nicht nur KakaoprozentInnen sein und über mindestens drei Hektar Land verfügen. Sie sollten außerdem das Ziel der gemeinsamen Zusammenarbeit unterstützen – oder noch besser, es verinnerlicht haben. Außerdem haben sie die Möglichkeit, sich in den verschiedenen Aufgabenfeldern der Kooperative zu betätigen. Dazu gehört schon lange der Erhalt und die Schonung des Regenwaldes. Umweltschutz ist generell ein wichtiges Thema für die Kooperative. Die Kooperative der bolivianischen Kakaobauern dient heute als Vorbild für neue Zusammenschlüsse im ganzen Land.

9 Kritische Einschätzung der Genossenschaften

Handwerkergenossenschaft eG. Betrieb in Selbstverwaltung, Mannheim, 1981

Genossenschaften und besonders Produktivgenossenschaften taten sich immer schwer, in einer kapitalistischen Ökonomie zu überleben, in der es auf einzelwirtschaftliche Rentabilität ankommt. Dort wo es ihnen gelang, sich am Markt zu behaupten, blieb ihr Anspruch, andere Arbeits- und Sozialstrukturen zu etablieren und zu praktizieren, häufig auf der Strecke. Das gilt auch für den Klima- und Umweltschutz. Dennoch war ihr teilweises Gelingen immer auch praktischer Ausdruck der Möglichkeit, egalitär-partizipative Arbeits- und Organisationsformen und einen ethisch orientierten Wirtschaftsstil zu erproben.

9.1 Gibt es ein richtiges Leben im falschen?

MarxistInnen und andere Linke betrachten die «alten» und «neuen» Genossenschaften oft immer noch skeptisch. Einige sehen sie als festen Bestandteil des kapitalistischen Systems. Sie unterstellen den AktivistInnen zwar mitunter bessere Absichten als den kapitalistischen Unternehmern, sehen sie aber auch als bessere oder als «soziale Kapitalisten»[637]. Linke Kritik richtet sich – wie früher schon – gegen GenossenschaftsgründerInnen, die sie als realitätsferne UtopistInnen oder als IdealistInnen und IndividualistInnen bezeichnen, die vor der gesellschaftlichen Verantwortung zur Einläutung einer radikalen Veränderung der kapitalistischen Produktionsverhältnisse flüchten, sich auf den Spielwiesen der «Risikogesellschaft»[638] tummeln, ihre Hoffnung in der Dissidenz sehen, den Protest quasi von der Straße holen, anstatt revolutionären Kampf zu organisieren, um die kapitalistischen Produktionsverhältnisse umzustürzen. Tatsächlich liegt die Perspektive der meisten VertreterInnen der «alten» wie der «neuen» – auch der sozialistischen – Genossenschaften, ähnlich wie bei den FrühsozialistInnen und AnarchistInnen, in der Entwicklung eigenverantwortlichen Arbeits- und Lebenskulturen *neben* der vorherrschenden kapitalistisch-patriarchalen Wirtschaft, *bevor* durch eine revolutionäre Umgestaltung die allgemeinen Bedingungen dazu geschaffen sind.

Auch wenn Adorno in Minima Moralia, einem zwischen 1944 und 1947 im kalifornischen Exil entstandenen Buch, schreibt: «Es gibt kein richtiges Leben im falschen», meint er keinesfalls, dass es gleichgültig sei, wie man sein Leben im bestehenden (falschen Leben) gestaltet. Er plädiert nicht für Resignation und Nichtstun, solange nicht das ganze falsche Leben verändert ist. Wenn es schon kein richtiges Leben im falschen geben kann, so gibt es doch immerhin ein «stellvertretendes», eine Gegengesellschaft. Er fragt sich, ob es nicht möglich sei, durch frei assoziierte Individuen eine «Gegenvergesellschaftung» und damit Modelle eines richtigen Lebens zu erstellen. Dort müsse man so leben, «wie man dem eigenen Erfahrungsbereich nach sich vorstellen könnte, dass das Leben von befreiten, friedlichen und miteinander solidarischen Menschen beschaffen sein müsste»[639]. Das erinnert an die AnarchistInnen und die ArbeitergenossenschafterInnen der 1920er-Jahre. Allerdings sagt Adorno auch, dass davon ausgegangen werden

637 Hannes Koch: Soziale Kapitalisten, Berlin 2007.

638 Ulrich Beck: Risikogesellschaft. Auf dem Weg in eine andere Moderne, Frankfurt/Main 1986.

639 Theodor W. Adorno: Minima Moralia. Reflexionen aus dem beschädigten Leben. Berlin/Frankfurt/M. 1951, S. 326.

muss, dass sich die Spielräume für derartiges Agieren unter verschärfendem Krisendruck deutlich verringern. Daher gilt weiterhin: «Keine Emanzipation ohne die der Gesellschaft».[640] Damit schließt er nicht aus, dass Fenster in eine andere Welt innerhalb des kapitalistischen Systems im Hier und Jetzt geöffnet werden können. Vielleicht gelingt es den KollektivistInnen «ihre Anschauungen in neue Kreise zu tragen, wo sie sich fruchtbar auswirken können»[641], wie es (nicht nur) der Anarchosyndikalist und Historiker Rudolf Rocker für die neu entstehenden Bewegungen nach dem Zweiten Weltkrieg erhofft hatte.

9.2 Fenster in eine andere Welt

Nicht nur durch ihre genossenschaftlichen Betriebe, Wohnungen und Einrichtungen, sondern auch durch ihre politischen Aktivitäten wirken Genossenschaften nach innen und nach außen. Sie setzen auf ein aktives Vorleben für eine Gesellschaft, in der die «freie Entwicklung eines jeden die Bedingung für die freie Entwicklung aller ist».[642] Sie sind der Überzeugung, dass es notwendig ist, Macht, Ausbeutung, Unterdrückung und Gewalt in unserer Gesellschaft grundsätzlich in Frage zu stellen, anstatt zu glauben, sie für die eigenen Zwecke gestaltbar und nutzbar machen zu können. Sie stellen sich den Herausforderungen der GrenzgängerInnen und versuchen, aus Träumen Wirklichkeit werden zu lassen. Etliche der jüngeren Genossenschaften verbinden kollektive Arbeits- und/oder Wohnungszusammenhänge mit politischen Kampagnen und Aktionen und unterstützen beispielsweise die Mieterinitiativen in ihrem Stadtteil oder die Umweltbewegung in ihrer Region. Wohngenossenschaften halten Wohnungen für geflüchtete Personen vor und genossenschaftliche Kultureinrichtungen beteiligen sich an Kampagnen und Aktionen gegen Rassismus, Ungleichheit und Sexismus. An ihrer Existenz kann beispielhaft aufgezeigt werden, dass Möglichkeiten einer anderen, demokratischen und ebenbürtigen Lebens- und Arbeitswelt nicht nur in den Köpfen und Büchern

640 Ebd.

641 Rudolf Rocker: Zur Betrachtung der Lage in Deutschland. Die Möglichkeit einer freiheitlichen Bewegung, New York / London / Stockholm 1947, S. 13.

642 Karl Marx, Friedrich Engels: Das Kommunistische Manifest.

von Menschen zu finden sind, die sich theoretisch damit auseinandersetzen, sondern dass sie in Ansätzen hier und heute lebbar sind. Und das, obwohl utopisches Denken nicht gerade hoch im Kurs steht und Visionen unter dem Zweifel an der konkreten Machbarkeit stehen.

Was nach wie vor fehlt, ist die eindeutige Unterstützung der Gewerkschaften als Vertretung der abhängig beschäftigten Menschen. Schließlich gibt es Genossenschaftsbetriebe, die seit Jahrzehnten bestehen, Wohngenossenschaften in der Zwischenzeit seit mehr als einem Jahrhundert. Die kapitalistische Wirtschaftsordnung mit ihrem Fetisch Privateigentum und ihrer familistischen Ideologie funktioniert nur zum Nutzen eines kleinen Teils von privilegierten Menschen auf Kosten eines großen Teils von ausgebeuteten und unterdrückten.

Die Folgen sind nicht mehr zu übersehende Schäden an der Mit- und Umwelt und fortschreitende Zerstörung der ökologischen Ressourcen, sich ausbreitende Armut und psychische Verelendung, Vernichtung der Existenzgrundlagen der Menschen im globalen Süden.

Der Slogan «Weniger arbeiten, anders arbeiten, besser leben» war während der Ausbreitung der Alternativökonomie-Bewegung der 1970er-Jahre, die auch die Grundlage für eine «neue Genossenschaftlichkeit» bildete, weit verbreitet. Damals wurde er auch für gewerkschaftliche AktivistInnen aktuell und er sollte es für die Zukunft wieder werden.[643] Mit zunehmender neoliberaler Globalisierung der warentauschenden Gesellschaft werden auch für die Gewerkschaften Konzepte für eine Neuordnung des globalen, politischen und ökonomischen Systems der Wirtschaft unumgänglich. Beispiele können Konzepte der Arbeiterräte und Mieterräte, der Wirtschaftsdemokratie und der erweiterten Mitbestimmung sein, wie sie in der Bundesrepublik sowohl in der sozialrevolutionären Rätebewegung in der Novemberrevolution 1918/19 nach dem Ersten Weltkrieg, in der Spätphase der Weimarer Republik als auch nach dem Zweiten Weltkrieg und in den 1970er- und 1980er-Jahren diskutiert und zum Teil praktiziert wurden. Die Erfahrungen einer demokratischen und ökologischen Betriebs- und Arbeitsorganisation könnten nicht nur für weitere genossenschaftliche Projekte,

643 Hinrich Oetjen: Auf der Suche nach Alternativen, in: DGB-Bundesjugendschule (Hg.): Kapitalismus ohne Alternativen?, Neu-Ulm 1999, S. 142–146; hier S. 146.

sondern auch für die Weiterentwicklung gewerkschaftlicher Betriebs- und Tarifpolitik genutzt werden. Das war in den letzten Jahren nur wenig der Fall. Wenn das gelänge, könnte es dazu führen, dass im Ausschreibungs- und Vergaberecht nicht nur die Einhaltung von nationalen und internationalen Standards, sondern auch soziale Standards wie kollektive Betriebsordnungen und fairer Umgang mit dem Betriebskapital berücksichtigt werden.

Wenn eine verstärkte Zusammenarbeit zwischen Parteien, Gewerkschaften, Genossenschaften, der globalisierungskritischen und der Klimabewegung und anderen sozialen Bewegungen gelänge, könnten die jeweiligen Erfahrungen von mehreren Seiten genutzt werden. Dies ist umso wichtiger, weil Unsicherheit und Ungleichheit europa- und weltweit zunehmen und die Armut in erschreckendem Maße steigt. Prekäre Arbeitsbedingungen, unsicherer Wohnraum und soziale Risiken, die bis in die Mittelschichten reichen, sind fast schon zur Normalität geworden. Gleichzeitig fehlen sozial-ökologische Konzepte, die auf breiter Ebene machbar sind. Eine neue Genossenschaftlichkeit wird deshalb dringend notwendig. Es geht nach wie vor um nicht mehr und nicht weniger als um die Lebenssicherung für alle Menschen und um die Verantwortung für das ganze Leben – weltweit. Genossenschaften und genossenschaftsähnliche Betriebe und Einrichtungen, auch wenn sie nicht ausnahmslos diese Rechtsform gewählt haben, stehen nach wie vor im Zentrum des alternativ-ökonomischen Interesses, zumal sie weltweit verbreitet sind.

Bei der Suche nach Alternativen zum kapitalistischen Wirtschaftssystem erweist sich die Rechtsform der Genossenschaft als modernes und nachhaltiges Modell.[644] Inwieweit sie entbürokratisiert und vereinfacht werden sollte, könnte durch ExpertInnen und VertreterInnen von Genossenschaften, alternativer Wirtschaft und anderen Interessierten erarbeitet werden. Vor allem der Verzicht auf Gewinnmaximierung eröffnet Handlungsspielräume, die nach dem jeweiligen genossenschaftlichen

644 Martens: Anders Wirtschaften, S. 45.

Format ausgestaltet werden können.[645] Genossenschaften sind wichtig zur Stützung von kooperativen und regionalen Unternehmensformen und damit zur Stärkung lokaler Wirtschaftsstrukturen sowie von Erzeugern und Verbrauchern. In der globalisierten Wirtschaft ist es aber ebenso wichtig, die internationale Ebene zu berücksichtigen.

Das zeigen Berichte über deutsche Konzerne, die sich in ihren globalen Produktions- und Lieferketten über menschenrechtliche Standards hinwegsetzen. Deutlich wird, dass es dringend notwendig wird, ein Lieferkettengesetz zu verabschieden, das Unternehmen verpflichtet, Arbeits- und Menschenrechte weltweit einzuhalten. Ein solches Gesetz fordern neben 18 Nichtregierungsorganisationen (NGOs) auch 42 Unternehmen, darunter finden sich Start-ups und Handelsgenossenschaften.[646]

Wünschenswert für die Zukunft ist eine Gründungswelle neuer Genossenschaften von sozial-ökologisch inspirierten Unternehmen, die nicht von VermögenseigentümerInnen geführt werden, sondern von denjenigen, die dort arbeiten. Beispiele dafür gibt es auf der ganzen Welt; Beratungsangebote auch. Sie müssen nur ausgebaut werden. Ebenso wie die Möglichkeit durch genossenschaftliche Banken an günstige Kredite zu gelangen.

Der soziale – und v. a. auch der finanzielle – Spielraum der abhängigen Beschäftigten, sich eigene Strukturen zu schaffen, ist heute wesentlich größer als zu Beginn der Genossenschaftsbewegung in Deutschland. Auch handelt es sich heute nicht mehr nur um gelegentliche Versuche vereinzelter Arbeiter. Eine weitere Ausbreitung von Genossenschaften mit politischem Anspruch kann zu weiterer Vergemeinschaftung von Grund und Boden und Eigentum und damit zu Interventionen führen, die zu einem tiefgreifenden gesellschaftlichen Wandel hinleiten. Vermutlich wird es in der Zukunft auch andere demokratische Organisationsformen neben den Genossenschaften geben und andere Formen des Zusammenlebens, wie sie in der Selbstverwaltungswirtschaft und in kommunitären Lebensformen bereits bestehen.

645 Vgl. Marleen Thürling: Genossenschaftliche Neugründungen: Lösungspotential in Zeiten der Krise?, in: Frank Schulz-Nieswandt, Ingrid Schmale (Hg.): Entstehung, Entwicklung und Wandel von Genossenschaften, Berlin 2013, S. 85–109; hier: S. 90.

646 Initiative Lieferkettengesetz: o.T., auf: Lieferkettengesetz. https://lieferkettengesetz.de/pressemitteilung/ (Zugriff: 14.11.2020).

Dringend notwendig werden Abgrenzungen nach rechts. Das «Netzwerk der solidarischen Landwirtschaftsgenossenschafte», das die Prinzipien der Solidarischen Landwirtschaft (Solawi) mit denen der genossenschaftlichen Rechtsform verbindet, hat sie bereits vorgenommen. Obwohl die Genossenschaften noch keine Erfahrungen mit rechtsgerichteten Gemeinschaften haben und diese – so ist es zu hoffen – an den Prüfungsverbänden scheitern, hat das Netzwerk verabschiedet, dass es «keine rassistischen, fremdenfeindlichen und andere diskriminierenden oder menschenverachtenden Bestrebungen» in seinen Reihen duldet. Dem widersprechende Handlungen sowie ein Engagement in Parteien und Organisationen, die zu diesen Zielen im Widerspruch stehen, sind mit einer Mitgliedschaft im Netzwerk der Solawi-Genossenschaften nicht vereinbar. Das Netzwerk der Solawi-Genossenschaften distanziert sich daher ausdrücklich von rechten Initiativen und Vereinen, die im Umfeld von Landwirtschaft tätig sind.[647] Leider ist anzunehmen, dass sich noch andere emanzipatorische Netzwerke distanzieren müssen. Genossenschaftsforscher halten es für durchaus möglich, dass die Szene die Genossenschaftsidee für sich entdeckt.[648] Eine Gegenstrategie könnte sein, dass möglichst viele links-emanzipatorische Projekte Genossenschaften bilden.

Eine Möglichkeit ist die Gründung von Genossenschaften für und mit Solo-Selbständigen (KünstlerInnen, WissenschaftlerInnen etc.), die im Zuge der Corona-Pandemie im Jahre 2020 von den Maßnahmen zur Eindämmung der Pandemie besonders hart betroffen sind.[649]

In Österreich werden sie bereits durch die Arbeiterkammer und den Raiffeisenverband bei der Gründung unterstützt.

Die Experimente müssen weitergehen. Und denjenigen, die Genossenschaften *ausschließlich* als Komparsen der Marktwirtschaft ansehen oder die GenossInnen als «soziale Kapitalisten» bezeichnen, weil sie im Hier und Jetzt Fenster in eine andere Welt auftun wollen, bevor durch eine revolutionäre Umgestaltung die allgemeinen Bedingungen dazu geschaffen sind,

647 Solawi – Genossenschaften: Startseite, auf: Solawi-Genossenschaften. https://solawi-genossenschaften.net (Zugriff: 19.7.2020)

648 Zur «Szene» vgl. Gisela Notz: Familismus und die neue Rechte. Vortragsmanuskript AK Geschlechterbewegungen im Institut für Protest- und Bewegungsforschung, Tagung am 25.11.2017 in Berlin.

649 SMartDe eG: Smart – die Genossenschaft, auf: Smart – eg. https://www.smart-de.org (Zugriff: 14.11.2020).

möchte ich ein Zitat des Anarchosyndikalisten und Historikers Rudolf Rocker aus seiner Schrift «Der Kampf ums tägliche Brot», die in den 1920er-Jahren erschienen ist,[650] mit auf den Weg geben:

«Wer den Arbeitern stets nur von dem großen Endziel zu erzählen weiß und ihnen im übrigen einzureden versucht, dass jede Verbesserung innerhalb der heutigen Gesellschaft für sie zwecklos, ja unmöglich ist, der handelt ungeachtet seines angeblichen ‹Radikalismus› nicht anders wie die Pfaffen, die den Hungrigen das Himmelreich versprechen, damit sie sich leichter über die Hölle ihres irdischen Daseins hinwegtäuschen.»

650 Rudolf Rocker: Der Kampf ums tägliche Brot, Frankfurt/M. 2. Ausgabe 1975. Die Erstausgabe der Broschüre erschien in den 1920er-Jahren im Verlag «Der Syndikalist», Berlin, ohne Jahresangabe.

11 Genossenschaftsstiftungen, Archive, Museen und Institute

Zur Förderung und Weiterverbreitung der Genossenschaftsidee gibt es eine Reihe von Einrichtungen, die genossenschaftliche Fragestellungen behandeln, veröffentlichen oder archivieren. Einige sollen hier kurz dargestellt werden.

11.1 Heinrich-Kaufmann-Stiftung

Die «Heinrich-Kaufmann-Stiftung» wurde 1955 vom «Zentralverband deutscher Konsumgenossenschaften e. V.» (ZdK) wiedergegründet, nachdem sie von den Nazis verboten worden war. Sie geht zurück auf die 1928 aus Anlass des Todes von Heinrich Kaufmann (1864–1928), dem Generalsekretär und Gründer des ZdK, gegründeten Stiftung. Sie dient der Förderung der Genossenschaftswissenschaften, insbesondere im Bereich der Rechts-, Wirtschafts- und Sozialwissenschaften. Sie vergibt Stipendien zu genossenschaftswissenschaftlichen Fragen, erstellt Lehrmaterialien und führt wissenschaftliche Tagungen zu genossenschaftlichen Fragestellungen durch. Außerdem betreibt sie das «Hamburger Genossenschafts-Museum» im dortigen Gewerkschaftshaus und unterhält das «Heinrich-Kaufmann-Archiv» zur Geschichte der Konsumgenossenschaften.[651]

11.2 Adolph von Elm Institut für Genossenschaftsgeschichte e. V.

Das «Adolph von Elm Institut für Genossenschaftsgeschichte» ist maßgeblich beteiligt an der Ausrichtung der jährlichen genossenschaftshistorischen Tagungen in Hamburg und hat bereits eine Reihe von Büchern zur Genossenschaftsgeschichte

651 Heinrich-Kaufmann-Stiftung: Über uns: Die Heinrich Kaufmann Stiftung. Kaufmann – Stiftung. https://www.kaufmann-stiftung.de (Zugriff: 14.4.2020).

herausgegeben. Es arbeitet eng mit der «Heinrich-Kaufmann-Stiftung» zusammen.

11.3 Stiftung Genossenschaftliches Archiv (GenoArchiv)

Das GenoArchiv beherbergt das Genossenschaftsarchiv sowie eine Bibliothek, eine Objektsammlung und eine Forschungsstelle für regionale Genossenschaftsgeschichte der niedersächsischen Landkreise Harburg, Lüneburg und Heidekreis. Obwohl die Sammlung eine relativ kleine Region umfasst, ist sie in ihrer Vielfalt exemplarisch für die Genossenschaftsgeschichte in Deutschland. Das Archiv steht unter der Schirmherrschaft des Niedersächsischen Ministeriums für Wirtschaft, Arbeit und Verkehr.[652]

11.4 Genossenschaftsmuseen und GIZ

Die sechs Genossenschaftsmuseen in Deutschland laden interessierte BürgerInnen ein, sich über die lange Tradition und Erfolgsgeschichte der deutschen Genossenschaften zu informieren und das Wirken der genossenschaftlichen Gründerväter Friedrich Wilhelm Raiffeisen und Hermann Schulze-Delitzsch hautnah zu erleben.[653] Die sechs Museen sind:

- Schulze-Delitzsch-Haus – Deutsches Genossenschaftsmuseum, Delitzsch
- Deutsche Raiffeisenmuseum, Hamm
- Raiffeisenhaus, Flammersfeld
- Hamburger Genossenschafts-Museum
- Museum der Volksbank Raiffeisenbank Dachau eG, Dachau
- Huberhaus, Wernigerode

Hinzu kommt das «Genossenschaftshistorische Informationszentrum in Berlin» (GIZ). Es enthält ein wissenschaftliches Archiv, eine Sammlung und eine Bibliothek zur Geschichte des Deutschen Genossenschaftswesens. Das GIZ bewahrt die Medien- und Objektsammlung, die historischen Archivbestände der DZ BANK, des Deutschen Raiffeisenverbands (DRV) und des

652 Stiftung genossenschaftliches Archiv: GenoArchiv, auf GenoArchiv. https://www.genoarchiv.de (Zugriff: 14.4.2020).

653 DGRV: Genossenschaftsmuseen und Archive, auf: Genossenschaften. https://www.genossenschaften.de/genossenschaftsmuseen-und-archive (Zugriff: 14.4.2020).

Bundesverbands der Deutschen Volksbanken und Raiffeisenbanken (BVR). Zum GIZ gehört die – nach der Bibliothek der DZ Bank in Frankfurt am Main – zweitgrößte Spezialbibliothek zum Genossenschaftswesen im deutschsprachigen Raum.[654]

11.5 Genossenschaftswesen an den Universitäten

Im Lauf der über 150-jährigen Genossenschaftsgeschichte wurden seit Anfang des 20. Jahrhunderts und besonders während der Weimarer Republik an etlichen Universitäten Forschungsinstitute für Genossenschaftswesen eingerichtet. Die meisten arbeiten interdisziplinär. Einige sollen in der Reihenfolge ihrer Gründung exemplarisch für verschiedene Epochen und Regionen dargestellt werden.

11.5.1 Seminar für Genossenschaftswesen der Universität zu Köln

Das «Seminar für Genossenschaftswesen der Universität zu Köln» wurde 1926 als universitäres Institut, das sich mit Fragen der Genossenschaften sowie anderer kooperativer Wirtschaftsformen wissenschaftlich auseinandersetzt, gegründet. Es ist eines der ältesten Seminare für Genossenschaftswesen in Deutschland. Sein breit angelegtes Lehr- und Forschungsprogramm umfasst neben betriebs- und volkswirtschaftlichen Perspektiven auch die sozialwissenschaftliche Sicht auf kooperatives Wirtschaften und genossenschaftliche Unternehmen.[655]

Der 1955 gegründete «Verein zur Förderung der genossenschaftswissenschaftlichen Forschung an der Universität Köln e. V.» (FgF) schafft eine Verbindung des Seminars für Genossenschaftswesen zur Praxis der Genossenschaften und stellt finanzielle Mittel für Forschungsvorhaben zur Verfügung. Er ist am Seminar für Genossenschaftswesen der Universität zu Köln angesiedelt. Die Genossenschaftswissenschaft wird an der Universität zu Köln als anwendungsorientierte Wissenschaft betrachtet. Der Förderverein dient dabei als Brücke, die Theorie und

654 Stiftung GIZ: Genossenschaftshistorisches Informationszentrum Berlin. Stiftung – GIZ. https://www.genossenschaften.de/genossenschaftshistorisches-informationszentrum-berlin (Zugriff: 14.4.2020).

655 Universität zu Köln: Seminar für Genossenschaftswesen, auf: Uni - Köln. https://genosem.uni-koeln.de/de (Zugriff: 28.3.2020).

Praxis verbindet. Verein und Universität wünschen sich nicht nur einen finanziellen, sondern ebenso auch einen ideellen Transfer. Einem solchen Dialog dient das Theorie-Praxis-Forum.[656]

11.5.2 *Forschungsinstitut für Genossenschaftswesen an der Universität Erlangen-Nürnberg*

Das «Forschungsinstitut für Genossenschaftswesen an der Universität Erlangen-Nürnberg» wurde am 19.12.1949 als eine mit der damaligen Friedrich-Alexander-Universität Erlangen verbundene Institution gegründet. Seit 1977 hat es seinen Sitz in Nürnberg, seit 2006 im Gebäude der ehemaligen Handelshochschule (Ludwig-Erhard-Gebäude). Das Institut wird wissenschaftlich von einem ehrenamtlichen Vorstandskollegium geleitet.[657] Rechtlicher und finanzieller Träger des Instituts ist die «Gesellschaft zur Förderung des Forschungsinstituts für Genossenschaftswesen an der Universität Erlangen-Nürnberg e. V.», die den engen Kontakt mit der genossenschaftlichen Praxis herstellt und zugleich durch die von ihr bereitgestellten Fördermittel die Unabhängigkeit der wissenschaftlichen Arbeit sicherstellt.[658]

11.5.3 *Institut für Genossenschaftswesen an der Humboldt-Universität zu Berlin*

Das «Institut für Genossenschaftswesen an der Humboldt-Universität zu Berlin» ist eine von wissenschaftlichen Stiftungen und der Genossenschaftspraxis unterstützte Lehr- und Forschungseinrichtung. Sie wurde am 15. Oktober 1990 in der Form eines gemeinnützig anerkannten eingetragenen Vereins gegründet. Die Gründung des Instituts geht auf eine Initiative von WissenschaftlerInnen und des genossenschaftlichen Verbunds zur gezielten Unterstützung des Genossenschaftswesens zurück. Das Institut knüpft an alte Traditionen der Genossenschaftsforschung und -lehre an der Humboldt-Universität an,

---

656 Universität zu Köln: Verein zur Förderung der genossenschaftswissenschaftlichen Forschung. Uni-Köln. https://foerderverein-geno.uni-koeln.de/de (Zugriff: 28.3.2020).

657 Universität Erlangen - Nürnberg e.V.: Forschungsinstitut für Genossenschaftswesen, auf: Genossenschaftsinstitut. https://www.genossenschaftsinstitut.de/Institut (Zugriff: 28.3.2020).

658 Universität Erlangen - Nürnberg e.V.: Fördergesellschaft, auf: Genossenschaftsinstitut. https://www.genossenschaftsinstitut.de/Fördergesellschaft (Zugriff: 28.3.2020).

deren Spuren bis in das Jahr 1906 zu den ersten genossenschaftswissenschaftlichen Vorlesungen zurückreichen.[659]

Durch die Zusammenarbeit von HochschullehrerInnen und WissenschaftlerInnen aus unterschiedlichen Fachbereichen verfügt das Institut über interdisziplinäre wissenschaftliche Kompetenz, welche die Forschungsbereiche der Wirtschafts-, Sozial-, Agrar- und Rechtswissenschaften abdeckt. In Forschung und Lehre kooperiert das Institut eng mit weiteren Instituten der «Arbeitsgemeinschaft genossenschaftswissenschaftlicher Institute (AGI)», mit PraktikerInnen aus Genossenschaften und deren Verbänden und mit zahlreichen national und international anerkannten WissenschaftlerInnen.

Das Institut fungiert auch als zentrale Anlaufstelle für Genossenschaftsforschung an den Universitäten in den ostdeutschen Bundesländern. Dabei sieht es sich nicht nur in Deutschland als Mittler der Transformation zwischen West und Ost, sondern auch als Kontaktadresse und Brücke für die Erforschung und Unterstützung von Genossenschaften in Mittel- und Osteuropa sowie im asiatischen Raum. Über sein Vorlesungsangebot und das Mitwirken in Diplom- und Masterstudiengängen sichert das Institut die Verankerung und Vermittlung genossenschaftswissenschaftlichen und managementorientierten Grundlagenwissens an der Humboldt-Universität zu Berlin ab. Im Sommersemester 2017 sind sechzig Masterstudentinnen und -studenten für das Fach Kooperation und genossenschaftliche Organisationen eingeschrieben gewesen. Weitere Angebote sind aufgrund der großen Nachfrage im Aufbau.[660]

11.5.4 Arbeitsstelle für Genossenschaftsgeschichte an der Universität Hamburg

Am 16. Juni 2008 wurde am Historischen Seminar der Universität Hamburg eine Arbeitsstelle für Genossenschaftsgeschichte eingerichtet. Damit will auch die Universität Hamburg der sozial- und wirtschaftsgeschichtlichen Bedeutung des Genossenschaftswesens Rechnung tragen.

Aufgabe der Arbeitsstelle für Genossenschaftsgeschichte ist es, die Forschung zur Geschichte des Genossenschaftswesens

---

659 Humboldt-Universität zu Berlin: Institut für Genossenschaftswesen (IfG), auf HU-Berlin. https://www.agrar.hu-berlin.de/de/institut/departments/daoe/koopwiss/ifg (Zugriff: 28.3.2020).

660 Ebd.

zu intensivieren sowie durch Lehrveranstaltungen den Studierenden und durch Veranstaltungen und Veröffentlichungen einem breiteren Publikum die Bedeutung der Genossenschaften in Wirtschaft und Gesellschaft näherzubringen. Die seit 2006 vom Historischen Seminar unterstützten Tagungen zur Genossenschaftsgeschichte werden nun von der Arbeitsstelle ausgerichtet. Seit dem Wintersemester 2008/09 wurden regelmäßig Lehrveranstaltungen zum Thema Genossenschaften in das Lehrprogramm aufgenommen. In Zusammenarbeit mit dem «Adolph von Elm Institut für Genossenschaftsgeschichte e. V.» (Hamburg) ist der Aufbau einer Datenbank als biografisches Lexikon zur Genossenschaftsgeschichte geplant.[661] Die Arbeitsstelle wurde in die «Arbeitsgemeinschaft Genossenschaftswissenschaftlicher Institute e. V.» (AGI) aufgenommen.

11.5.5 Arbeitsgemeinschaft Genossenschaftswissenschaftlicher Institute e. V. (AGI)

Die «Arbeitsgemeinschaft Genossenschaftswissenschaftlicher Institute e. V.» (AGI) wurde 1969 gegründet. Sie versteht sich als Kommunikationsplattform der an der Genossenschaftsforschung interessierten Wissenschaftseinrichtungen im deutschsprachigen Raum. Sie hat sich zum Ziel gesetzt, den Austausch und die Weiterentwicklung von Wissen auf dem Fachgebiet des Genossenschaftswesens national und international zu fördern. Gezielt setzt sie sich für die Förderung von jungen NachwuchswissenschaftlerInnen ein und unterstützt den Kontakt zwischen Genossenschaftsforschung und Genossenschaftspraxis.

Die Forschung und Wissensvermittlung erfolgt durch:

- Förderung von Arbeitstagungen zur Förderung von Forschungsprojekten und Dissertationen im Genossenschafts- und Kooperationswesen
- Internationale Genossenschaftswissenschaftliche Tagung.

In der «Arbeitsgemeinschaft Genossenschaftlicher Institute» sind – neben den bereits dargestellten Instituten für Genossenschaftswesen – folgende Institute als Mitglieder vertreten:

- Verbandsmanagement Institut (VMI) Universität Fribourg/ Schweiz

661 Universität Hamburg: Arbeitsstelle für Genossenschaftsgeschichte in Hamburg gegründet, Hamburg 2008. Pressemitteilung 16. Juni.

- Institut für Genossenschafts- und Kooperationswesen an der Justus-Liebig-Universität Gießen
- Internationales Institut für Genossenschaftsforschung im Alpenraum, Innsbruck
- Kompetenzstelle Genossenschaftsrecht der Universität Luzern
- Interdisziplinäre Wissenschaftliche Einrichtung für Genossenschafts- und Kooperationsforschung an der Universität Halle (IWE GK)
- Sechs weitere Institute österreichischer und deutscher Universitäten.[662]

Mit ihrer Aktivitäten beschränkt sich die AGI nicht auf den universitären Bereich, sondern richtet sich an alle Organisationen und Personen, die sich am Austausch und der Weiterentwicklung von Wissen um das Genossenschafts- und Kooperationswesen beteiligen.[663]

Die AGI gibt die «Zeitschrift für das gesamte Genossenschaftswesen» (ZfgG) heraus, die bereits seit 1950 erscheint. Sie behandelt Fragen des Genossenschaftswesens aus wirtschaftswissenschaftlicher, juristischer und soziologischer Sicht. Die Redaktion hat ihren Sitz am Forschungsinstitut für Genossenschaftswesen an der Universität Erlangen-Nürnberg.[664]

---

662 Arbeitsgemeinschaft Genossenschaftswissenschaftlicher Institute e. V.: Mitglieder, auf: AGI – Genoforschung https://www.agi-genoforschung.de/mitglieder/ (Zugriff: 28.3.2020).

663 Arbeitsgemeinschaft Genossenschaftswissenschaftlicher Institute e. V.: Willkommen, auf: AGI – Genoforschung. https://www.agi-genoforschung.de (Zugriff: 28.3.2020).

664 DeGruyter: Zeitschrift für das gesamte Genossenschaftswesen, auf: DeGruyter. https://www.degruyter.com/view/journals/zfgg/zfgg-overview.xml (Zugriff: 28.3.2020).

Gisela Notz

Theorien alternativen Wirtschaftens

Fenster in eine andere Welt

3. Auflage 2022, 192 Seiten,
kartoniert, 12,00 EUR
ISBN 3-89657-644-5
Reihe theorie.org

Die Einführung liefert eine überschaubare und zugleich fundierte Darstellung exemplarischer Theorien alternativen Wirtschaftens und ihrer Umsetzung in die Praxis. Vorgestellt werden zunächst theoretische Modelle und ihre Protagonisten, von den Frühsozialisten, über die Zeit der beginnenden und fortschreitende Industrialisierung bis heute. Um eine Verständigungsbasis herzustellen, nimmt die Autorin Begriffserklärungen vor und erklärt Betriebe und Betriebsformen, die Ansätze eines solchen Wirtschaftens verfolgen. Es folgen aktuelle Beispiele aus der Genossenschaftsbewegung, aus der Alternativbewegung der 1970er-Jahre, der Kommunebewegung, der Ökonomie des Gemeinwesens, der Tauschökonomie und Umsonstökonomie und der Kommunalen Gemeinschaftsgärten.

Am Ende steht die Frage, wie es angesichts des Siegeszugs der Globalisierung der warentauschenden Gesellschaft und der weltweiten Krise gelingen kann, Theorien für eine andere, herrschaftsfreie Welt in weitere Kreise zu tragen. Auch wenn utopisches Denken heute nicht gerade hoch im Kurs steht.

Praktisch, handlich, gut: Das Buch bietet einen fundierten Überblick über eine Vielzahl von Ansätzen alternativen Wirtschaftens, skizziert die Theorie, ihre praktische Umsetzung und deren Akteur_innen.
«Wir Frauen»

schmetterling verlag

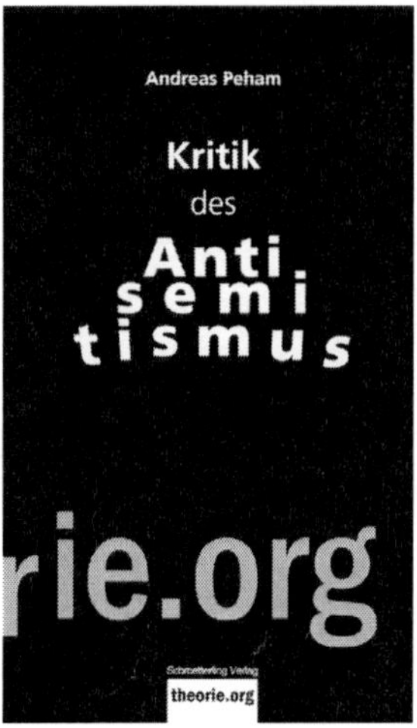

Andreas Peham:

Kritik des Antisemitismus

240 Seiten, kartoniert, 12,00 EUR,
ISBN 3-89657-689-5
Reihe theorie.org,

Seit jeher helfen Juden mit den ihnen zugeschriebenen bösen Taten oder Absichten, das Unerklärliche erklärbar zu machen. Mit der antisemitischen Feindbildproduktion lässt sich insbesondere in Krisen- und Umbruchzeiten die Sehnsucht nach einfachen, klaren Antworten befriedigen.

Diese Einführung zeigt Geschichte, Formen, Inhalte und Bilder des Antisemitismus auf, angefangen von der Antike, über Christentum und Mittelalter sowie die bürgerliche Gesellschaft bis hin zu Nationalssozialismus und dem «Neuen Antisemitismus» der Postmoderne. Sie interessiert sich für Funktionen und Wirkungsweisen des Antisemitismus, der seine aktuellen Motive vor allem aus einer spezifischen Bearbeitung des Nationalsozialismus und des Nahostkonfliktes bezieht, zeigt dabei gängige Theorien auf und setzt sich mit Israelfeindschaft, Antizionismus, islamischem Antisemitismus sowie dem Verhältnis Geschlecht/Sexismus und Antisemitismus auseinander.

Schließlich werden Ansätze und Konzepte zur Bekämpfung des Antisemitismus sowie Grundzüge antisemitistischer Arbeit in unterschiedlichen Bereichen kritisch beleuchtet.

schmetterling verlag

Ulrike Marz

Kritik des Rassismus

Eine Einführung

240 Seiten, kartoniert, 12,00 EUR

ISBN 3-89657-699-2

Reihe theorie.org

Der Begriff des Rassismus ist nicht nur politisch, sondern auch theoretisch weithin umkämpft. Das hat nicht zuletzt damit zu tun, dass auch das rassistische Denken selbst historischen Veränderungen unterliegt. Wo Rassisten/innen einst biologistisch argumentierten und Menschen aufgrund ihrer «Rasse» Eigenschaften zuschrieben, fand seit Ende des Nationalsozialismus eine Verschiebung hin zu einem Rassismus statt, der kulturelle Prägungen zu unveränderlichen Wesensmerkmalen der Menschen erklärt.

Mit der Vielfalt von Auffassungen darüber, was Rassismus nun ist, geht eine Breite an möglichen Erklärungen über die Genese des Rassismus einher.

Ulrike Marz skizziert die historische Entwicklung rassistischen Denkens seit der ersten Formulierung von Rassetheorien in der Kolonialzeit bis in die Gegenwart. Von ökonomie- und ideologiekritischen Ansätzen über Diskurstheorie bis zu postkolonialen Ansätzen gibt sie dabei eine Einführung in verschiedene Theorien, mit denen sich das Phänomen Rassismus erklären lässt.

Bei ihrem Durchgang durch die Theorien gelingt es Marz überzeugend, ihre jeweiligen Stärken, aber auch ihre blinden Flecken und Lücken aufzuzeigen – am sinnvollsten erscheint es wohl, die unterschiedlichen Erklärungsansätze miteinander zu kombinieren.

Max Preglau
in «aep-Informationen», 2/2020

schmetterling verlag